国家中等职业教育改革发展
示范学校建设项目成果教程

个 金 业 务

陈 阳 编

西安电子科技大学出版社

内 容 简 介

本书是为促进邮政金融企业转型升级及快速发展，加快金融行业高技能人才队伍建设，完备岗位技能人才评价多元化体系而编写。全书分为九个项目，包括个人金融入门、网点操作规范、储蓄业务、卡业务、国内汇兑业务、电子银行业务、个人理财业务、国际个金业务和职业规范与操守等内容，系统地介绍了个金业务岗位技能要求。书中关键项目从操作流程、关键点、风险点、控制措施、注意事项和文件依据等方面进行了详细的说明和讲解，便于直观理解，且易操作和掌握。

本书可作为银行业个金业务、职工培训、职业教育、职业技能鉴定的教学培训、考评辅导与自学用书。

图书在版编目(CIP)数据

个金业务/陈阳编. —西安：西安电子科技大学出版社，2015.2
国家中等职业教育改革发展示范学校建设项目成果教材
ISBN 978-7-5606-3618-4

Ⅰ. ① 个… Ⅱ. ① 陈… Ⅲ. ① 邮政储蓄—储蓄业务—中等专业学校—教材 Ⅳ. ① F618.3

中国版本图书馆 CIP 数据核字(2015)第 024890 号

策　　划　云立实
责任编辑　买永莲　云立实
出版发行　西安电子科技大学出版社(西安市太白南路 2 号)
电　　话　(029)88242885　88201467　　邮　　编　710071
网　　址　www.xduph.com　　电子邮箱　xdupfxb001@163.com
经　　销　新华书店
印刷单位　北京京华虎彩印刷有限公司
版　　次　2015 年 2 月第 1 版　2015 年 2 月第 1 次印刷
开　　本　787 毫米×1092 毫米　1/16　印 张 15
字　　数　356 千字
定　　价　24.00 元
ISBN 978 - 7 - 5606 - 3618 - 4/F

XDUP 3910001-1

前　言

为适应我国金融产业转型升级及快速发展，加快金融行业高技能人才队伍建设，完备岗位技能人才评价多元化体系，依照贴近生产需要、贴近岗位要求、贴近员工素质技能标准以及《国家职业分类大典》的邮政储汇业务员岗位企业技能人才评价标准，编写了本书。

本书通过理论实践一体化模式的讲解，可使读者全面、系统掌握个金业务知识，从而为金融专业人员继续学习与职业规划提供保障。

本书在编写的过程中，紧密结合邮政金融业务的最新发展和银行业最新法律法规及其行业规章制度，以确保本书知识的规范性和实用性。

本书是结合编者20多年金融从业和教学培训经验，在培训讲义的基础上编写而成的。

在本书的编写过程中，得到了石家庄邮电职业技术学院杨湘慈、中国邮政储蓄银行陕西分行叶健、陕西邮政公司金融代理局夏磊等老师的热忱指导，同时得到了陕西通信技师学院各级领导的大力支持和指导，在此深表谢意。

由于时间紧迫，加之编者的理论水平和写作水平有限，书中难免存在疏漏和不足之处，恳请读者批评指正。

编者

2014年12月

目　　录

项目一 个人金融入门

项目导入

客户来银行网点办理业务，请以客户经理的角色给客户介绍个金业务，讲解储蓄存款的种类及其利息的计算方法，并讲解假币的识别方法以及数字的规范写法。

学习目标

知识目标

- 储蓄的业务种类和利息的计算方法；
- 人民币的防伪特征和数字的书写规范。

能力目标

- 能熟练掌握储蓄利息的计算方法；
- 能熟练鉴别人民币并书写规范数字。

任务一 储 蓄 入 门

任务导入

客户来银行办理储蓄业务，请给客户讲解储蓄存款利息的计算方法，假币的识别方法以及数字的书写规范。

任务分析

- 储蓄的产生和发展；
- 储蓄的概念、对象和范围；
- 储蓄业务种类。

应知应会

1.1.1 储蓄概述

1. 储蓄的发展

储蓄作为现代经济生活中的一种信用行为，先后经历了实物储蓄形式、货币储蓄形式和信用储蓄形式三个阶段。

2. 储蓄的概念

储蓄是社会生活中的一种经济行为。广义的储蓄概念是指一定时期的国民收入减去被消费掉的部分。广义的储蓄按储蓄主体标准划分，包括居民储蓄、企业储蓄和政府储蓄；按照储蓄构成标准划分，包括货币储蓄和实物储蓄。狭义的储蓄则指居民个人在银行等储蓄机构的存款。我国现阶段的储蓄指的是狭义的储蓄，是个人把节余下来的或暂时不用的钱有条件地存入储蓄机构的一种信用行为，即把货币的使用权暂时让渡给储蓄机构的一种信用行为。因明确了储蓄的对象是个人，故任何单位和个人不得将公款以个人名义转储蓄存款。

3. 储蓄的本质和特征

储蓄的本质是货币所有者以保值、取得收益和调剂生活为目的，把自己节余的或暂时闲置的货币存入储蓄机构的一种信用行为。

储蓄行为是一种以储户为债权人、银行和其他金融机构为债务人的信用行为，具有信用的一般特征，具体为储蓄行为的自主性，储蓄对象的暂时闲置性、积累性，储蓄价值的保值性、收益性等特征。

4. 储蓄原则

《储蓄管理条例》规定："储蓄机构办理储蓄业务，必须遵循存款自愿，取款自由，存款有息，为存款人保密的原则。"这是储蓄工作必须遵守的法律准则，也是储户保护自身权益的法律依据。

1) 存款自愿

存款自愿是指储户存不存款、存多存少、存何种类、存期长短、存款地点等都由储户按照储蓄章程和意愿选择决定，任何单位和个人不得以任何借口和方式加以干涉，储蓄机构只能根据不同性质的资金和储户的心理需要进行宣传引导，不得强迫储户存款。

2) 取款自由

取款自由是指储户在其存款额度内取多少款、什么时候取、用途如何，都由储户自己决定，储蓄机构必须照章支付，不得加以限制或干预。

3) 存款有息

存款有息是指储蓄机构按照国家规定的利率、存款金额、存款期限和储蓄种类，给储户支付利息。它体现了储蓄存款利息收入的合法性和储户获取利息的基本权利。

4) 为存款人保密

为存款人保密是指储蓄机构对储户的信息，如存款户名、性别、年龄、身份、地址、签章式样、存取款金额、存取时间、有奖储蓄等及委托储蓄机构收付的款项等必须保守秘密。这是保障储户利益、贯彻宪法保护公民储蓄所有权的一项重要措施。

5. 储蓄存款的对象和范围

储蓄存款的对象和范围是指城乡居民个人正当、合法的货币收入，包括工资、奖金、稿费、资金投资收益及正常的劳务收入等。国家、集体的公款，不属于个人所有的款项，不应列入储蓄范围。邮政储蓄目前只办理人民币储蓄存款，逻辑大集中后逐渐在全国范围内开办相关外币储蓄存款业务。

1.1.2 储蓄管理条例

为了发展储蓄事业，保护储户的合法权益，中国人民银行自1993年3月1日起实施《储蓄管理条例》。该条例加强了银行业储蓄管理工作，要求凡在中国境内办理储蓄业务的金融机构和参加储蓄的个人，都必须严格遵守执行。其主要的内容有：

1. 储蓄相关规定

该条例所称的储蓄指个人将属于其所有的人民币或者外币存入储蓄机构，储蓄机构开具存折或者存单作为凭证，个人凭存折或者存单可以支取本金和利息，储蓄机构依照规定支付存款本金和利息的活动。

任何单位和个人不得将公款以个人名义转储蓄存款。该条例所称储蓄机构是指经中国人民银行或者其分支机构批准，各银行、信用合作社办理储蓄业务的机构，以及邮政企业依法办理储蓄业务的机构。国家保护个人合法储蓄存款的所有权及其他合法权益，鼓励个人参加储蓄。储蓄机构办理储蓄业务，必须遵循“存款自愿，取款自由，为存款人保密”的原则。

中国人民银行负责全国储蓄管理工作。中国人民银行及其分支机构负责储蓄机构和储蓄业务的审批，协调、仲裁有关储蓄机构之间在储蓄业务方面的争议，监督、稽核储蓄机构的业务工作，纠正和处罚违反国家储蓄法律、法规和政策的行为。

中国人民银行经国务院批准，可以采取适当措施稳定储蓄，保护储户利益。

除储蓄机构外，任何单位和个人不得办理储蓄业务。

2. 储蓄机构相关规定

储蓄机构的设置，应当遵循统一规划、方便群众、注重实效、确保安全的原则。

储蓄机构的设置，应当按国家有关规定报中国人民银行或其分支机构批准，并申领《经营金融业务许可证》，但中国法律、行政法规另有规定的除外。

储蓄机构的设置必须具备下例条件：

(1) 有机构名称、组织机构和营业场所；

(2) 熟悉储蓄业务的工作人员不少于四人；

(3) 营业时间内应确保双人临柜；

(4) 从业人员接受不少于1个月的上岗培训并考核合格。

(5) 有必要的安全防范措施。

经当地中国人民银行分支机构批准，储蓄机构可以设立储蓄代办点。储蓄代办点的管理办法，由中国人民银行规定。储蓄机构应当按照规定时间营业，不得擅自停止或者缩短营业时间。储蓄机构应当保证储蓄存款本金和利息的支付，不得违反规定拒绝支付储蓄存款本金和利息。储蓄机构不得使用不正当手段吸收储蓄存款。

1.1.3 储蓄业务

1. 储蓄业务种类

储蓄业务种类包括活期储蓄存款、整存整取定期储蓄存款、零存整取定期储蓄存款、存本取息定期储蓄存款、整存零取定期储蓄存款、定活两便储蓄存款、华侨(人民币)整存整取定期储蓄存款等。

经中国人民银行批准开办的其他种类的储蓄存款。经外汇管理部门批准，储蓄机构可以办理的外币储蓄业务有活期储蓄存款和整存整取定期储蓄存款。

经中国人民银行批准开办的其他种类外币储蓄存款。办理外币储蓄业务，存款本金和利息应当用外币支付。

储蓄机构办理定期储蓄存款时，根据储户的意愿，可以同时为储户办理定期储蓄存款到期自动转存业务。根据国家住房改革的有关政策和实际需要，经当地中国人民银行分支机构批准，储蓄机构可以办理个人住房储蓄业务。经中国人民银行或其分支机构批准，储蓄机构可以办理下列金融业务：发售和兑付居民个人为发行对象的国库券、金融债券、企业债券等有价证券、个人定期储蓄存款存单小额抵押贷款业务。

2. 储蓄存款利率和计息

储蓄存款利率由中国人民银行拟订，经国务院批准公布，或者由国务院授权中国人民银行制定、公布。

2004 年 10 月 29 日，中国人民银行决定放开人民币存款利率的下限，允许金融机构下浮存款利率。金融机构根据中国人民银行规定的存款基准利率，结合自身经营目标，具体制定本机构的存款利率。

2012 年 6 月 8 日，中国人民银行在调整金融机构存贷款基准利率的同时，对金融机构存贷款利率浮动区间也进行了调整，其中存款利率浮动区间的上线从基准利率调整为基准利率的 1.1 倍。

2014 年 11 月 22 日，中国人民银行决定对金融机构存款基准利率只下调 0.25 个百分点，至 2.75%。同时央行还宣布，结合推进利率市场化改革，将金融机构存款利率浮动区间的上限由存款基准利率的 1.1 倍调整为 1.2 倍；其他各档次贷款和存款基准利率相应调整，并对基准利率期限档次作适当兼并。

储蓄机构必须挂牌公告储蓄存款利率。

1) 定期储蓄存款利息计算

未到期的定期储蓄存款，提前支取的，按支取日挂牌公告的活期储蓄存款利率计付利息，其余部分到期时按存单开户日挂牌公告的定期储蓄存款利率计付利息。

逾期支取的定期储蓄存款，其超过原定存期部分，除约定自动转存的外，按支取时挂牌公告的活期储蓄存款利率计付利息。

定期储蓄存款在存期内遇有利率调整，按存单开户日挂牌公告的相应的定期储蓄利率计付利息。

2) 活期储蓄存款利息计算

活期储蓄存款在存入期间遇有利率调整，按结息挂牌公告的活期储蓄存款利率计付利息，全部支取的活期存款，按清户日挂牌公告的活期储蓄存款利率计付利息。

储户认为储蓄存款利息支付有错误时，有权向经办的储蓄机构申请复核，经办的储蓄机构应当及时受理、复核。

3. 提前支取、挂失、查询和过户

未到期的定期储蓄存款，储户提前支取的，必须持存单和存款人的身份证明办理；代储户支取的，代支取人还必须持其身份证证明。

存单、存折分为记名和不记名两种，记名式的存单、存折可以挂失，不记名式的存单、存折不挂失。

储户遗失存单、存折或者留有印鉴或印章的，必须立即持本人身份证明，并提供储户的姓名、开户时间、储蓄种类、金额、账号及住址等有关信息，向其开户的储蓄机构书面申请挂失。在特殊情况下，储户可以用口头或者函电形式申请挂失，但必须在五天内补办书面申请挂失手续。

储蓄机构受理挂失后，必须立即停止支付该储蓄存款；受理挂失前该储蓄存款已被他人支取的，储蓄机构不负赔偿责任。

储蓄机构及其工作人员对储户的储蓄情况负有保密责任。储蓄机构除客户本人外，不得代任何单位和个人查询、冻结或者划拨储蓄存款，国家法律、行政法规另有规定的除外。

储蓄存款的所有权发生争议，涉及办理过户的，储蓄机构依据人民法院发生法律效力的判决书、裁定书或者调解书办理过户手续。

1.1.4　邮政储蓄的产生和发展

1. 邮政储蓄的代办阶段(1990 年 1 月 1 日前)

为发挥邮政点多面广的优势，向广大群众提供基础金融服务，积聚社会资金，发展国民经济，根据国务院的指示，邮电部和中国人民银行联合发文，于 1986 年 4 月 1 日正式开办邮政储蓄业务，邮政储蓄吸收的存款全部缴存中国人民银行统一使用，中国人民银行根据缴存存款的平均余额付给邮政部门手续费。

2. 邮政储蓄的自办阶段(1990 年 1 月 1 日至今)

1) 1990年1月1日至2003年8月1日

邮政部门和中国人民银行缴存存款的业务关系转变为转存款关系，邮政储蓄吸收的存款转存中国人民银行，中国人民银行支付转存利息，邮政储蓄由代办转为自办。邮政储蓄计算机联网工程开始建设，实现了部分重点城市之间邮政活期储蓄的通存通取；办理了代发工资等中间业务。

1998 年邮电分营、邮政独立运行后，邮政储汇业务保持快速发展的势头，建成了全国邮政储蓄计算机异地实时交易系统，活期储蓄异地通存通取业务深受客户欢迎。

2) 2003年8月1日至2006年12月

以国家对邮政储蓄存款实行新老划段，老转存款仍存放中国人民银行，新增资金开始自主运用政策为标志，邮政储汇业务进入了新的历史时期，邮政储汇向资产、负债、中间业务的全面、协调发展迈出了重要一步。

3) 2007年3月20日

2007 年 3 月 20 日，“中国邮政储蓄银行有限责任公司”在北京挂牌成立。“中国邮政储蓄银行有限责任公司”简称“中国邮政储蓄银行(POSTAL SAVINGS BANK OF China，PSBC)”。

“中国邮政储蓄银行”在北京设立总行，在31个省、自治区、直辖市和5个计划单列市建立省级分行(一级分行)，原则上在地市建立市级分行(二级分行)、县市支行(一级支行)和营业网点。

未来的中国邮政储蓄银行将依托邮政的国家信誉和百年品牌，发挥资产、负债、中间业务的联动优势，更加专业、敬业地为广大客户提供全面周到而又独特、个性化的金融服务。

实训案例

客户来网点办理储蓄存款业务，咨询各类个人储蓄存款的存期、收益，请以大堂经理的身份根据客户本次要存入资金的闲置时间、用途，做储蓄规划。

案例分析：

当你走进邮政储蓄银行，想要把钱存进银行得到一定的利息时，首先要确定存款的性质，是活期存款，还是定期存款，如果是存定期，还需确定要存多长时间，是半年、三个月，还是一年、两年。现在能够让人们选择的储蓄存款种类和档次不少，不同的种类和档次均有不同的设置理由，要想使储蓄投资的收益最大化，必须首先搞清楚储蓄存款的不同种类和性质特点。

储蓄的种类是银行按照居民生活经济状况和货币收支规律而制定的具体存储方式和方法，其目的是满足城乡居民生活理财的不同层次和不同形式的实际需要。储蓄业务的种类大致可分为活期储蓄、定期储蓄和定活两便储蓄三大类。

(1) 活期储蓄是银行不规定存期，储户随时可以存取款，存取金额不限的一种储蓄方式。活期储蓄的优点很多，概括起来主要有四点：一是时间、金额不受限制，随时存取，灵活方便；二是有利于培养计划开支、节约储蓄的习惯；三是既可保障款项安全，又可得到利息收入；四是通过活期储蓄的积累，可为转存定期储蓄创造条件。活期储蓄的存取方式为可以零元开户，多存不限，由银行发给存折，凭折支取，存折记名，可以挂失；利息每季结算一次，并入本金起息。也有少数地区的银行为适应一次性款项的临时存储需要，设置了一种活期存单的方式，以存单为存款凭证，一次存入，随时可以支取，支取时利随本清。

(2) 定期储蓄是储户在存款时约定存期，一次或按期分次存入本金，整笔或分期、分次支取本金或利息的一种储蓄方式。定期储蓄存款的特点是，存款期限固定，存期较长，金额较大，利率较高，存款相对稳定。定期储蓄的优点是适合于城乡居民生活结余款和积少成多的大宗用款的存储。对储户来说，参加定期储蓄存款有利于合理地、有计划地安排生活；对国家来说，一部分流通货币转化为定期储蓄存款，就意味着城乡居民推迟了部分社会购买力的实现，国家可以按照现实的货币购买力合理组织商品流通，调节市场的商品供应，同时把这部分储蓄所代表的消费基金转化为生产基金，支援国家建设。定期储蓄的不足之处是如果储户需要提前支取本金，则已存期间的利息按实际支取日的活期存款利息率计算。

定期储蓄存款主要有整存整取定期储蓄、零存整取定期储蓄、存本取息定期储蓄和整存零取定期储蓄四种形式。

① 整存整取定期储蓄是指银行和储户约定存期，整笔存入，到期一次支取本息的一种储蓄。整存整取定期储蓄的特点是手续简便，保密性好，稳定性高。它适合于较长期不用的款项、较大的生活节余款以及个人积累的存储。整存整取定期储蓄一般 50 元起存，多存不限，存期分为三个月、半年、一年、二年、三年和五年，由储蓄机构发给存单，到期凭存单支取本息。

② 零存整取定期储蓄是银行为适应储户将零星小额节余款积零成整的需要而设置的储蓄方式。零存整取定期储蓄为每月固定存款，存期分为一年、三年、五年，存款金额由储户自定，一般 5 元起存，由银行发给存折，每月存入一次，中途如有漏存，应在次月补齐，到期凭存折支取本息。零存整取定期储蓄由于需要月月存储，对储户具有一定的约束力，有利于培养储户勤俭节约、坚持参加储蓄的良好习惯；而到期后积零成整的大笔存款既可以解决特定用途的需要，如购买大件电器，又能转存为整存整取定期储蓄，谋取更高的利息。

③ 存本取息定期储蓄是指约定存期，整笔存入，分次取息，到期还本的储蓄方式。一般是 5000 元起存，存期分为一年、三年、五年，由储蓄机构发给存款凭证，到期一次支取本金，利息凭存单分期支取，具体支取时间由储户和储蓄机构协商确定，一个月或几个月均可。如果储户需要提前支取本金，则要按定期存款提前支取的规定计算存期内利息，并扣除多支付的利息。

④ 整存零取定期储蓄是指本金一次性存入，一般 1000 元起存，存期分为一年、三年、五年，由储蓄机构发给存折，凭存折分期支取固定本金，支取本金周期分为一个月、三个月、半年一次，由储户与储蓄机构协商确定，利息于期满结清时支取。

(3) 定活两便储蓄是银行为那些存款数额较大，又需要频繁支出的储户而设置的特殊储蓄方式。定活两便储蓄的特点是既可以在存期较长的情况下按照规定获得较多的利息收入，又可以享受活期储蓄的支取之便。储户在存款时不必约定存期，银行根据储户存款的实际存期按规定计算，一般是 50 元起存，由储蓄机构发给存单，存单分记名和不记名两种，记名式可以挂失，不记名式不挂失。但是，由于定活两便储蓄会增加银行的利息支出，故许多储蓄机构实际上并不办理此项业务。

还有一种属于定活两便性质的储蓄方式，叫个人通知存款，起存金额为 50000 元，由储蓄机构发给储户存单，储户一次存入，一次或分次支取，存期分为 7 天、15 天、1 个月、2 个月、3 个月、……、12 个月等档次，每个档次的利息率都不同，按支取金额和实际存期的利息率计算，利随本清，不计复利。

在我国的储蓄存款种类中，曾经有过一种特殊的储蓄存款——保值储蓄。保值储蓄是国家银行根据物价上涨的幅度，对期限较长的人民币定期储蓄存款(一般是三年以上)在规定的期限内给予一定的保值补贴的储蓄方式。保值贴补的幅度也即保值贴补率，是按照存期内物价上涨幅度与利率标准之差计算的，由中国人民银行按月公布。如果当月的物价指数高于储蓄利率水平，则由银行对这个月的利息进行贴补，使储蓄利率与保值贴补率之和相当于物价的上涨指数，以确保储户的存款不被贬值。如果当月的物价指数低于储蓄利率水平，保值贴补率为零。保值储蓄开办于1988年9月10日，当时的贴补范围包括存期在三年以上的城乡居民整存整取定期储蓄，华侨人民币定期储蓄，存本取息定期储蓄。1991年12月1日，随着物价的回落和市场的稳定，保值储蓄被暂时取消。1993年，鉴于国民经济中通货膨胀的压力增大，为稳定货币，增加储蓄存款，中国人民银行宣布，从1993年7月11日起，对已存入的3年、5年、8年期定期储蓄存款实行保值贴补，保值期从1993年7月11日算至存款到期日为止。进入1996年后，国家的宏观调控政策收到显著成效，物价涨幅回落到银行利率之下，从1996年4月1日起，国家又取消了保值储蓄。

储蓄存款是家庭投资品种中最稳妥可靠的投资工具，一般具有以下特点：

(1) 安全性高。储蓄在所有投资品种中是最安全的，特别是当存款机构是国营银行时，基本上是以国家的信誉作担保的，所以没有到期不能兑付的违约风险。

(2) 变现性好。所有储蓄基本上都是可以立即变现的，包括定期存款。虽然定期存款提前支取会损失掉部分利息收入，但不影响其变现能力。所以我们可以把储蓄认同为流动资金，特别是活期存款与现金类同。

(3) 操作简易。相对于其他投资工具，储蓄的操作非常容易，不管是开户、存取、销户以及特殊的业务如挂失等，流程都比较简单。对个人来说，使用身份证即可办理。由于银行机构的网点比较多，存取业务非常方便，特别是ATM自助终端，更是随时随地都可办理。

(4) 收益较低。相对其他投资品种，储蓄的收益可能是最低的，其唯一的收入就是利息，且需扣除利息税。这一特点是由它的低风险因素决定的，也符合收益和风险正相关的投资第一基本原则。

任务二　人民币基础知识

任务导入

客户持现金办理存款业务，柜员发现有残缺币和疑似假币，请以柜员角色给客户讲解人民币防假以及残缺人民币的挑剔方法，并介绍假币的收缴规定和方法。

任务分析

- 人民币的挑剔标准和方法；
- 人民币的防伪技术与鉴别方法；
- 假币鉴定与收缴。

应知应会

1.2.1　人民币基础知识

1. 人民币简介

人民币由我国的中央银行——中国人民银行依法发行，一经发行即具有法律所赋予的强制通用力。人民币以“元”为单位，辅币为“角”、“分”，国内代号为“¥”，国际代号为

“RMB¥”。它执行价值尺度、流通手段、支付手段等职能。

《中国人民银行法》第三章第十六条规定：“中华人民共和国的法定货币是人民币。”1948 年 12 月 1 日，中国人民银行在河北石家庄成立，同时发行了第一套人民币(董必武为该套人民币题写了“中国人民银行”行名)；1955 年 3 月 1 日发行第二套人民币(俗称“五三版”)；1962 年 4 月 15 日开始发行第三套人民币；1987 年 4 月 27 日开始陆续发行第四套人民币；1999 年 10 月 1 日开始发行第五套人民币。目前市场上流通的人民币以第四套、第五套为主。

2. 人民币的挑剔与兑换

1) 人民币的挑剔

为维护人民币的国家尊严及信誉，并方便广大民众使用，银行等金融机构在现金收付、整点票币时，应随时将损伤票币按中国人民银行的有关规定挑剔出来，由中国人民银行负责逐级收回销毁。

2004 年 1 月 1 日起执行的《不宜流通的人民币挑剔标准》如下：

(1) 纸币票面缺少面积在 20 平方毫米以上。

(2) 纸币票面裂口 2 处以上，长度每处超过 5 毫米；裂口 1 处，长度超过 10 毫米。

(3) 纸币票面有纸质较绵软，褶皱较明显，脱色、变色、变形，不能保持其票面防伪功能等情形之一。

(4) 纸币票面污渍、涂写字迹面积超过 2 平方厘米；不超过 2 平方厘米，但遮盖了防伪特征之一。

(5) 硬币有穿孔，裂口，变形，磨损，氧化，文字、面额数字、图案不清等情形之一。

2) 残缺、污损人民币的兑换

残缺、污损人民币是指票面撕裂、损缺，或因自然磨损、侵蚀，外观、质地受损，颜色变化，图案不清晰，防伪特征受损，不宜继续流通使用的人民币。

凡办理人民币存取款业务的金融机构(以下简称金融机构)营业部门应按 2004 年 2 月 1 日实施的《中国人民银行残缺污损人民币兑换办法》无偿为公众办理兑换，不得拒绝兑换。其主要规定如下：

(1) 残缺、污损人民币兑换分“全额”、“半额”两种情况。

能辨别面额，票面剩余四分之三(含四分之三)以上，其图案、文字能按原样连接的残缺、污损人民币，金融机构应向持有人按原面额全额兑换。

能辨别面额，票面剩余二分之一(含二分之一)至四分之三以下，其图案、文字能按原样连接的残缺、污损人民币，金融机构应向持有人按原面额半额兑换。

纸币呈正十字形缺少四分之一的，按原面额的一半兑换。

(2) 兑付额不足一分的，不予兑换；五分按半额兑换的，兑付二分。

(3) 金融机构在办理残缺、污损人民币兑换业务时，应向残缺、污损人民币持有人说明认定的兑换结果。不予兑换的残缺、污损人民币，应退回原持有人。

(4) 残缺、污损人民币持有人同意金融机构认定结果的，对兑换的残缺、污损人民币纸币，金融机构应当面将有本行行名的“全额”或“半额”戳记加盖在票面上；对兑换的残缺、污损人民币硬币，金融机构应当面使用专用袋密封保管，并在袋外封签上加盖“兑换”戳记。

(5) 残缺、污损人民币持有人对金融机构认定的兑换结果有异议的，经持有人要求，金融机构应出具认定证明并退回该残缺、污损人民币。持有人可凭认定证明到中国人民银行分支机构申请鉴定，中国人民银行应自申请日起5个工作日内做出鉴定并出具鉴定书。持有人可持中国人民银行的鉴定书及可兑换的残缺、污损人民币到金融机构进行兑换。

(6) 金融机构应按照中国人民银行的有关规定，将兑换的残缺、污损人民币交存当地中国人民银行分支机构。

3. 假币的处理

根据2003年7月1日起实施的《中国人民银行假币收缴、鉴定管理办法》中的相关规定，商业银行、城乡信用社和邮政储蓄的业务机构在办理货币存取款和外币兑换业务时，发现假币有权收缴。

1) 假币的收缴

(1) 办理假币收缴业务的柜员，应当取得“反假币上岗资格证书”。

(2) 办理现金存款类业务发现假币时，由两名以上业务人员当面予以收缴。对假币，应当面加盖“假币”字样的戳记；对各种假硬币，应当面以统一格式的专用袋加封，封口处加盖“假币”字样的戳记；并在专用袋上注明币种、券别、面额、张(枚)数、冠字号码、收缴人、复核人名章等细项。

(3) 向持有人出具中国人民银行统一印制的“假币收缴凭证”，并告知持有人如对被收缴的货币真伪有异议，可向中国人民银行当地分支机构或中国人民银行授权的当地鉴定机构申请鉴定。收缴的假币，不得再交予持有人。

(4) 在收缴假币过程中有下列情形之一的，应当立即报告当地公安机关，提供有关线索：一次性发现假人民币20张(枚)(含20张(枚))以上、假外币10张(含10张)以上的；属于利用新的造假手段制造假币的；有制造贩卖假币线索的；持有人不配合金融机构收缴行为的。

对收缴的假币实物应视同现金独立管理，并建立人民币收缴代保管登记簿。收缴的假币，网点每月上缴邮储一级支行(县市局)，办理交接登记，由邮储一级支行(县市局)解缴当地中国人民银行分支机构，由中国人民银行统一销毁，不得自行处理。

2) 假币的鉴定

客户有异议时，可以自收缴之日起3个工作日内，持有“假币收缴凭证”通过收缴网点向中国人民银行当地分支机构或中国人民银行授权的当地鉴定机构提出书面鉴定申请。

(1) 中国人民银行分支机构和中国人民银行授权的鉴定机构应当自收到鉴定申请之日起2个工作日内，通知收缴网点报送需要鉴定的货币。收缴网点应当自收到鉴定单位通知之日起2个工作日内，将需要鉴定的货币送达鉴定单位。

(2) 对盖有“假币”字样戳记的人民币纸币，经鉴定为真币，由鉴定单位交收缴网点按照面额兑换完整券退还持有人，收回持有人的“假币收缴凭证”，盖有“假币”戳记的人民币按损伤人民币处理；经鉴定为假币的，由鉴定单位予以没收，并向收缴单位和持有人开具“货币真伪鉴定书”和“假币没收收据”。

(3) 对收缴的外币纸币和各种硬币，经鉴定为真币的，由鉴定单位交收缴单位退还持有人，并收回“假币收缴凭证”；经鉴定为假币的，由鉴定单位将假币退回收缴单位依法收缴，并向收缴单位和持有人出具“货币真伪鉴定书”。

(4) 持有人对金融机构做出的有关收缴或鉴定假币的具体行政行为有异议时，可在收到“假币收缴凭证”或“货币真伪鉴定书”之日起60个工作日内向直接监管该金融机构的中国人民银行分支机构申请行政复议，或依法提起行政诉讼。

各级金融机构对没收的伪造变造人民币必须由专人负责登记、保管，做到账实相符，防散失。各金融机构对所辖年度内发现的伪造变造人民币，均应按所在地中国人民银行具体规定的要求进行汇总，并上交中国人民银行当地分行的货币发行管理部门。

1.2.2　人民币的防伪与鉴别

1. 纸币的防伪技术

人民币纸币的防伪特征与措施主要体现在纸张、油墨、制版与印刷技术等方面。

1) 纸张防伪技术

货币专用纸张的主要原材料是棉纤维和高质量的木浆，而且未添加任何增白剂，因而纸币本身没有荧光反应。用手指在纸面上轻弹，会发出清脆而响亮的声音。在专用钞票纸的制造过程中，还专门采取了以下的防伪技术：水印(是在生产过程中通过改变纸浆纤维密度的方法制成)；安全线(是在造纸的过程中采用特殊技术在纸张中嵌入一条比较薄的金属或塑料线)；彩色纤维和无色荧光纤维；彩色的圆点和荧光圆点。

2) 人民币采用的油墨

油墨是印制钞票最主要的成分之一。印制人民币的油墨是经过专门技术配制而成的。具有防伪性能的油墨一般称为安全油墨或防伪油墨，常见的主要有以下几种：有色荧光油墨、无色荧光油墨、磁性油墨、光变油墨、防复印油墨、红外光油墨、珠光油墨。

3) 人民币的制版与印刷技术

人民币的制版采用先进的机器雕刻与手工雕刻相结合的技术，印刷采用多色接线技术和正反面对印技术。

2. 假人民币的类型和特征

钞票的防伪有许多办法，但在印钞时不可能把这些技术都应用上，而只是根据国家的技术水平和实际情况，选择一些最适用的防伪技术和措施。假人民币是真币的伴生物，综合各种人民币假币的主要特征和制作手段，一般可归纳为伪造币和变造币两类。

1) 伪造币

伪造币是指伪造真币的图案、形状、色彩等，采取各种手段制作的假货币。有用油印定位、手工着色、正背面经分别仿制后粘贴而成的，有用木刻后手工修饰的，有依照人民币图案绘画、着色的，但这种纯手工绘制的很少见，有彩色复印或黑白复印后手工着色的，更多的是用印刷机印刷的。

(1) 机制假币：是利用现代化的制版印刷设备伪造的假币，其质量高、数量多，极易扩散，危害性最大，是反假币最重要的目标。目前市场上的伪造人民币主要是机制胶印假币。

(2) 拓印假币：是指利用化学原理，以一定化学物质浸泡真币，使真币颜色脱离、转移，构成拓印的假币。

(3) 彩色复印假币：是指利用分辨率很高的彩色复印机，复印伪造出来的假币。

(4) 手工描绘或手工刻版印制的假币：是采用传统的原始造假币手段制作的，制版材料质量低劣，伪造出来的假币质量很差，容易识别。

(5) 照相假币：是指利用相纸作为钞纸材料，利用照相设备拍摄冲洗成型的假币，此类假币纸张厚且脆，易产生裂痕。

(6) 铸造假币：是指用浇铸或印模锻压制造的假硬币。用浇铸方式造的假硬币，一般图纹粗糙、模糊，没有金属光泽，易于辨别。通过真币做成模板，刻制印模，再用冲床机压印出来的假硬币，与真币较相似，欺骗性较强。

2) 变造币

变造币是指在人民币真钞基础上，利用挖补、揭层、涂改、拼凑、移位、重印等多种方法制作，改变真币原有形态的假币。由于变造币在变造后改变了真币的一些特征，因此一般容易识别。

3. 人民币的鉴别方法

鉴别票币的真伪，必须在熟悉真币的特征和主要防伪技术的前提下进行。其鉴别方法主要有以下几种：

1) 眼看、手摸、耳听法(普通比较法、眼看手摸法)

到目前为止，在社会上发现和破获的假币绝大多数是靠这个方法发现的。所以，这种方法在鉴别工作中是比较有效的。

(1) 眼看：看外观颜色、水印、安全线、胶印微缩文字、红色和蓝色纤维、隐形面额数字、光变面额数字、对印图案、横竖双号码等。

(2) 手摸：依靠手指触摸钞票的感觉来分辨。真钞是由印钞专用纸张印制，其手感光滑、厚薄均匀，坚挺有韧性，且票面上的行名、盲文、国徽和主景图案一般采用凹版印刷工艺，用手触摸有凹凸感。

(3) 耳听：抖动使钞票发出声响，真钞会发出清脆响亮的声音。

2) 简易工具检测法

(1) 通过放大镜或显微镜检测。

(2) 通过标准尺或两脚规检测，具体方法是用尺衡量钞票规格尺寸。(例如：第四套人民币，100 元券规格为 165 毫米 × 77 毫米，50 元券规格为 160 毫米 × 77 毫米；第五套人民币，100 元券规格为 155 毫米 × 77 毫米)。

(3) 通过小型防伪钞票检测仪器检测。

3) 先进仪器检测法

用以上方法很难鉴别真伪时，就需要借助于检测仪器来鉴别。简单的是用放大镜观察，看其线条、图案是否与真币相同。还可利用磁性检测仪和紫光灯检测，看在磁性印记部位有无磁性反应；在紫光灯下检测无色荧光图纹，看是否出现异常荧光反应。如第五套人民币 100 元券安全线防伪措施是缩微文字和磁性，横号码有磁性，两种彩色纤维是红色、蓝色。其他的检测仪器还有磁性油墨检测仪、红外票证检测仪、多功能伪钞鉴别仪、高倍显微对比仪。

4. 第五套人民币相关知识

根据中华人民共和国国务院令第 268 号，中国人民银行于 1999 年 10 月 1 日开始在全国发行第五套人民币，这是首次由我国自行设计完成的，采取“一次公告，分次发行”。第五套人民币继承了中国印制技术的传统经验，借鉴了国外钞票设计的先进技术，在防伪性能和适应货币处理现代化方面有了较大提高。各面额货币正面均采用建国初期的毛泽东头像；底衬采用中国著名花卉图案；背面主景图案通过选用有代表性的寓有民族特色的图案，充分表现了中国悠久的历史和壮丽的山河，弘扬了中国伟大的民族文化。第五套人民币先后发行了 8 种面值。至 2005 年 8 月 31 日，中国人民银行又再次发行 2005 版第五套人民币。

1) 第五套人民币各面值版面主要特征及发行时间

(1) 1999 年 10 月 1 日发行 100 元纸币，主色调为红色，正面主景为毛泽东头像，背面为人民大会堂，水印为毛泽东头像。2005 年 8 月 31 日发行 2005 版。

(2) 2001 年 9 月 1 日发行 50 元纸币，主色调为绿色，正面主景为毛泽东头像，背面为布达拉宫，水印为毛泽东头像。2005 年 8 月 31 日发行 2005 版。

(3) 2000 年 10 月 16 日发行 20 元纸币，主色调为棕色，正面主景为毛泽东头像，背面为桂林山水，水印为荷花。2005 年 8 月 31 日发行 2005 版。

(4) 2001 年 9 月 1 日发行 10 元纸币，主色调为蓝黑色，正面主景为毛泽东头像，背面为长江三峡，水印为月季花。2005 年 8 月 31 日发行 2005 版。

(5) 2002 年 11 月 18 日发行 5 元纸币，主色调为紫色，正面主景为毛泽东头像，背面为泰山，水印为水仙花。2005 年 8 月 31 日发行 2005 版。

(6) 2004 年 7 月 30 日发行 1 元纸币，主色调为橄榄绿，主景为毛泽东头像，背面为西湖，水印为兰花。

(7) 2000 年 10 月 16 日发行 1 元硬币，图案为菊花，材质为钢芯镀镍，直径为 25 毫米。

(8) 2002 年 11 月 18 日发行 5 角硬币，图案为荷花，材质为钢芯镀铜合金，直径为 20.5 毫米。

(9) 2000 年 10 月 16 日发行 1 角硬币，图案为兰花，材质为铝合金，直径为 19 毫米。

2) 第五套人民币防伪特征

下面以 1999 年版第五套人民币 100 元、50 元纸币为例，说明其防伪特征。

(1) 固定人像水印均位于票面正面左侧空白处，迎光透视可看到立体感很强的水印。100 元、50 元纸币的固定水印均为毛泽东头像。

(2) 手工雕刻头像。正面主景均为毛泽东头像，采用手工雕刻、凹版印刷工艺，形象逼真、传神，凹凸感强，易于识别。

(3) 隐形面额数字。正面右上方均有一装饰图案，将票面置于与眼睛接近平行的位置，面对光源作平面旋转 45° 或 90°，分别可看到面额数字“100”、“50”。

(4) 胶印缩微文字。正面胶印图案中，多处均有缩微文字，100 元的缩微文字为“RMB”和“RMB100”，50 元的为“50”和“RMB50”。

(5) 雕刻凹版印刷。正面主景毛泽东头像、“中国人民银行”行名、面额数字、盲文标记和背面主景图案等均采用雕刻凹版印刷，用手指触摸有明显凹凸感。

(6) 横竖双号码。冠字号码采用 2 位冠字，8 位号码。100 元、50 元纸币票面正面均采用横竖双号码印刷，横号码均为黑色，竖号码分别为蓝色和红色。

(7) 红、蓝彩色纤维。在票面上均可以看到纸张中有不规则分布的红色和蓝色纤维。

(8) 安全线。在票面正面中间偏左，均有一条安全线。100 元、50 元纸币的安全线，迎光透视，分别可以看到缩微文字“RMB100”、“RMB50”。

(9) 光变油墨面额数字。100 元、50 元票面正面左下方分别印有“100”、“50”字样，与票面垂直角度观察分别为绿色和金色，倾斜一定角度则分别变为蓝色和绿色。图 1.1 所示为光变油墨面额数字。

图 1.1 光变油墨面额数字

(10) 阴阳互补对称印刷图案。100 元、50 元票面正面左下角和背面右下角均有一圆形局部图案，迎光透视，均可以看到正背面图案合并组成一个完整的古钱币图案。

3) 2005 年版第五套人民币与 1999 版第五套人民币的区别

(1) 调整防伪特征布局。2005 年版第五套人民币 100 元、50 元纸币正面左下角胶印对印图案调整到主景图案左侧中间处，光变油墨面额数字左移至原胶印对印图案处，背面左下角胶印对印图案调整到主景图案左侧中间处。

(2) 调整防伪特征。

① 隐形面额数字：调整了原各券别纸币的隐形面额数字观察角度。2005 年版第五套人民币各券别纸币正面右上方有一装饰性图案，将票面置于与眼睛接近平行的位置，面对光源做上下倾斜晃动，分别可以看到面额数字，如图 1.2 所示。

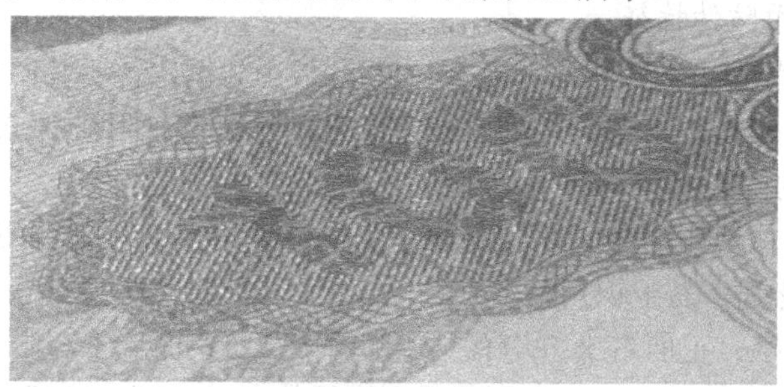

图 1.2 隐形面额数字

② 全息磁性开窗安全线：将 2005 年版第五套人民币 100 元、50 元、20 元纸币的原磁性缩微文字安全线改为全息磁性开窗安全线。2005 年版第五套人民币 100 元、50 元纸币背面中间偏右，有一条开窗安全线，开窗部分分别可以看到由缩微文字符“¥100”、“¥50”组成的全息图案。2005 年版第五套人民币 20 元纸币正面中间偏左，有一条开窗安全线，开窗部分可以看到由缩微文字符“¥20”组成的全息图案。

③ 双色异形横号码：将 100 元、50 元纸币的原横竖双号码改为双色异形横号码。2005 年版第五套人民币 100 元、50 元纸币正面左下角印有双色异形横号码，左侧部分为暗红色，右侧部分为黑色，且号码由中间向左右两边逐渐变小。

④ 雕刻凹版印刷：2005 年版第五套人民币 20 元纸币背面主景图案桂林山水、面额数字、汉语拼音行名、民族文字、年号、行长章等均采用雕刻凹版印刷，用手触摸，有明显凹凸感，如图 1.3 所示。

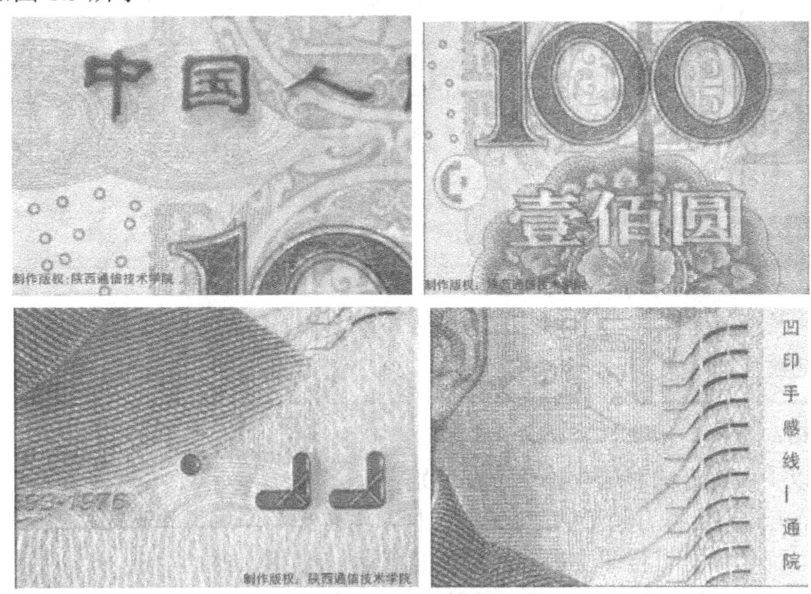

图 1.3　凹、凸、平印技术

(3) 增加防伪特征。

① 白水印：2005 年版第五套人民币 100 元、50 元纸币的正面双色异形横号码下方，以及 20 元纸币的正面双色横号码下方，迎光透视，分别可以看到透光性很强的水印面额数字字样，如图 1.4 所示。

图 1.4　黑、白水印

② 凹印手感线：2005 年版第五套人民币各券别纸币正面主景图案右侧，有一组自上而下规则排列的线纹，采用雕刻凹版印刷工艺印制，用手指触摸，有极强的凹凸感。

③ 阴阳互补对称印刷图案：2005 年版第五套人民币 20 元纸币正面左下角和背面右下角均有一圆形局部图案，迎光透视，可以看到正背面的局部图案合并为一个完整的古钱币图案。

④ 2005 年版第五套人民币各券别纸币背面主景图案下方的面额数字后面，增加人民币单位的汉语拼音“YUAN”，年号改为“2005 年”。

⑤ 2005 年版第五套人民币取消各券别纸币纸张中的红蓝彩色纤维，改为荧光纤维，如图 1.5 所示。

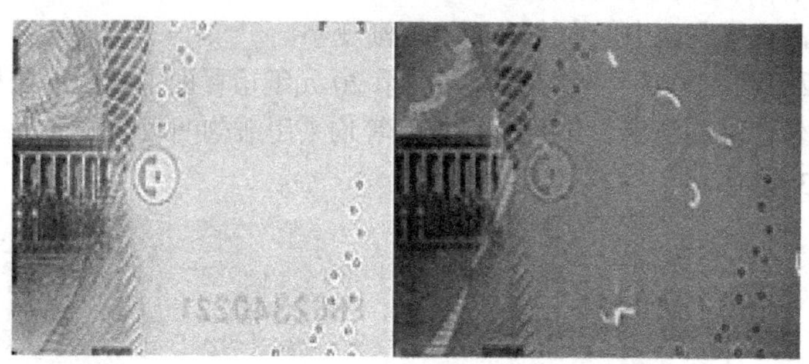

图 1.5 荧光纤维

实训案例

有客户持多张冠字号码开头为 HD90 的百元钞票来网点办理储蓄存款业务，请鉴别真伪和防范要点。

案例分析：

可采用以下六种方法对这些钞票进行鉴别：

(1) 票面正面右上方有隐形的“100”字样，需要把票面放得和眼睛接近平行，对着光源才能看到。而假币是直接印上去的，任何角度都能看到“100”。

(2) 票面正面行名、中间大小写面额数字、毛泽东头像、凹印手感线、盲文点等部位，用手摸，凹凸感会非常明显。假币则没有凹凸感。

(3) 票面金属线无论正反面透光看，真币都是完整的一条线，假币中间一般有明显断续。

(4) 对着光看，真币正反两面的图形会合在一起，成为一个非常完整的中国古铜钱“孔方”形状。而假币全都不能合成圆形，非常明显。

(5) 票面正面左下方有白水印面额数字，也有个“100”的隐形字样。假币也有，但和真币对照看，颜色偏黄，差别很明显。

(6) 把真币上下晃动，票面正面左下角的面额数字“100”的字样会变颜色，一会儿变蓝，一会儿变绿。假币完全不变。

其中(1)、(3)、(6)三种方法，肉眼鉴别非常方便。

HD90 假钞并不像坊间所传的那样“高仿真”，其假币的特征是比较明显的：

(1) 印刷及纸张。该冠字号码的假币为机制胶印，纸张较脆，无韧性。

(2) 水印。固定人像水印及“100”白水印均用无色油墨直接印在纸张正面，水印模糊，没有立体感。

(3) 伪造了安全线。目前发现的冠字号码假币有两种安全线：一种是用银黑色磁带夹在正背面纸张中，并在背面用银色油墨烫印全息图案；另一种是用黑色油墨在假币正面印刷黑色条纹、背面用银色油墨烫印全息图案，并刷上磁粉。

(4) 光变油墨面额数字，用珠光油墨印制而成，无光变效果。

(5) 阴阳互补对称印刷图案错位。

(6) 假币的凹凸感是用坚硬金属模具压制而成的。

(7) 隐形面额数字用无色油墨印刷，无需旋转角度即可看见面额“100”的字样。

任务三　点钞技术及要求

任务导入

新入行员工来银行网点营业厅观摩学习，请为其讲解点钞方法、要领以及残损币、假币的处理方法。

任务分析

- 持钞方法及要领；
- 清点方法及要领；
- 捆扎及名章的加盖；
- 残损币、假币的处理。

应知应会

1.3.1　点钞方法

点钞是从事财会、金融、商品经营等工作必须具备的基本技能，对于为社会经济提供信用中介、支付中介以及各项金融服务的银行来说尤其重要。

点钞包括整点纸币和清点硬币(此处只介绍纸币的清点)。点钞方法多种多样，概括而言，可以分为手工点钞和机器点钞两大类。

对于手工点钞，根据持票姿势不同，又可分为手按式点钞方法和手持式点钞方法。手按式点钞方法是将钞票放在台面上操作；手持式点钞方法是在手按式点钞方法的基础上发展而来的，其速度远比手按式点钞方法快，因此，该方法应用得比较普遍。

手持式点钞方法根据指法的不同又可分为单指单张、单指多张、多指多张、扇面式点钞等四种。本处重点介绍单指单张点钞法。

用一个手指一次点一张的方法叫做单指单张点钞法。这种方法是点钞中最基本也是最常用的一种，使用范围较广，频率较高，适用于收款、付款和整点各种新旧大小钞票。这种点钞方法由于持票面小，能看到票面的四分之三，容易发现假钞及残钞，但缺点是点一张记一个数，比较费力。其具体操作方法如下：

1. 持票

左手横执钞票，下面朝向身体，左手拇指在钞票正面左端约四分之一处，食指与中指在钞票背面与拇指同时捏住钞票，无名指与小指自然弯曲并伸向钞票前左下方，与中指夹紧钞票，食指伸直，拇指向上移动，按住钞票侧面，将钞票压成瓦形，左手将钞票从桌面上擦过，拇指顺势将钞票向上翻成微开的扇形，同时，右手拇指、食指做点钞准备，如图1.6所示。

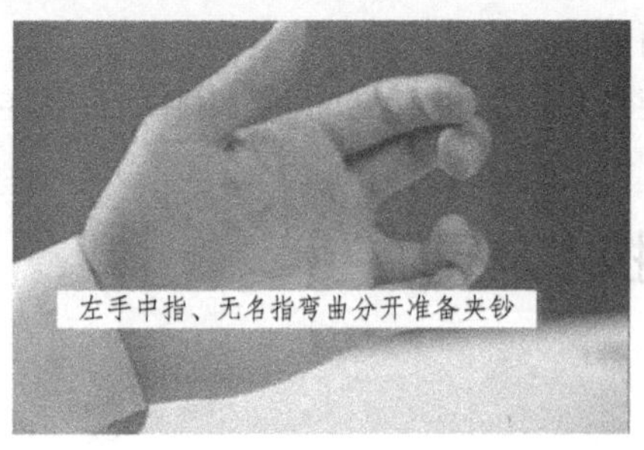

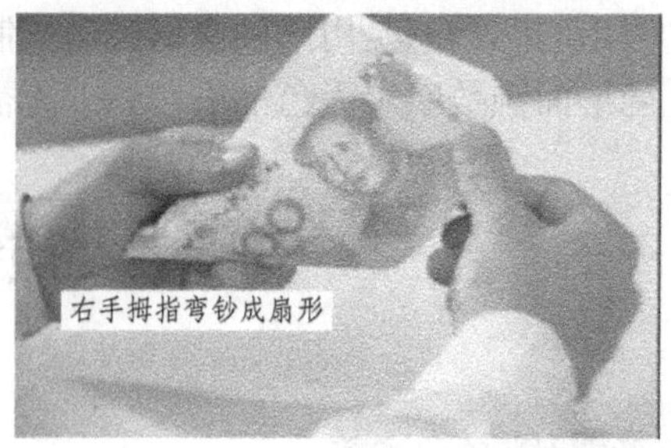

图 1.6　持票

2. 清点

左手持钞并形成瓦形后，右手食指托住钞票背面右上角，用拇指尖逐张向下捻动钞票右上角，捻动幅度要小，不要抬得过高。要轻捻，食指在钞票背面的右端配合拇指捻动，左手拇指按捏钞票不要过紧，要配合右手起自然助推的作用。右手的无名指将捻起的钞票向怀里弹，要注意轻点、快弹。其过程如图 1.7 所示。

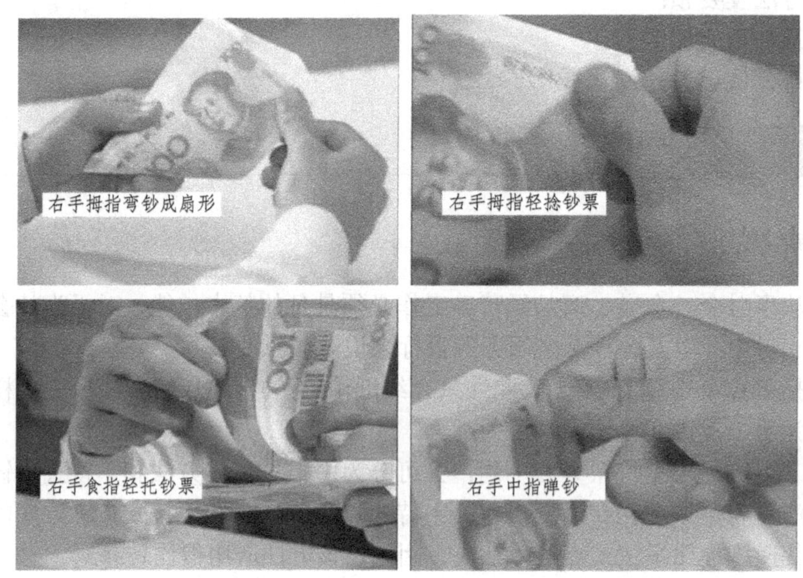

图 1.7　清点过程

3. 记数

记数与清点同时进行。在清点速度快的情况下，往往由于记数迟缓而影响点钞的效率，因此记数应该采用分组记数法，即把 10 作 1 记，即 1、2、3、4、5、6、7、8、9、1(即 10)，1、2、3、4、5、6、7、8、9、2(即 20)，依此类推，数到 1、2、3、4、5、6、7、8、9、10(即 100)。采用这种记数法记数字既简单又快捷，且容易记忆。注意记数时默记，不要念出声，做到脑、眼、手密切配合。

1.3.2　人民币现金整点的要求

纸币要按券别、版别分类，点准、挑准、挑净、墩齐、捆紧且盖章清楚，平铺整理捆扎，一百张为把，扎把时腰条扎在中央；十把为捆，正面均需向上，并加以垫纸，用线绳双十字捆扎，结头应结于垫纸之上、封签之下的中位。

硬币要按面额分类，100 枚(或 50 枚)为一卷，10 卷为捆，依不同方法捆扎。

损伤币除按上述规定整理外，必须采用双腰条在票币两端的四分之一处分别捆扎。整点两截、火烧等损伤币时，必须用纸粘贴好，严禁用金属物连接。

经复点整理的票币，应逐把(卷)加盖带行号的经手人名章(不得打捆后再补章)；成捆票币应加贴封签，注明行名、券别、金额、封捆日期，加盖封包员、复核员名章；整捆损伤票币应在封签上加盖“损伤”字样戳记，以便识别；经复点整理的票币，应达到“五好钱捆”标准，即点数准确、残币挑净、平铺整齐、把捆扎紧、印章清楚。

清点票币时要看清票面，鉴别真伪，按规定随时挑剔残币。发现假币，换人复核并在持币人的视线内当面予以收缴。

挑出的损伤券币应在一笔款项收妥后再与内部券别调换，并单独放置；清点本币现钞时，除鉴别真伪外还应鉴别是否为现行流通的货币，若非现行流通的货币，应根据当地中国人民银行相关规定处理。

任务四　数字的书写

任务导入

客户递交取款凭单和存款凭证办理取款业务，柜员审核取款凭单时发现金额数字书写有错误，请指导客户填写存款凭单、取款凭单，并讲解阿拉伯数字的书写格式和汉字大写金额数字的书写规范。

任务分析

- 汉字大写金额数字的书写；
- 阿拉伯数字的书写；
- 账表凭证上的书写要求。

项目导入

1.4.1　汉字大写金额数字的书写

汉字大写金额数字要一律用正楷字或行书字书写，如壹、肆、陆、捌、拾、仟、亿、圆(元)、角、零、整(正)等易于辨认、不易涂改的字样，不得用一、二(两)、三、四、五、六、七、八、九、十、念、仨、毛、另(或 0)、园等字样代替。

1. “人民币”与数字之间不得留有空位

有固定格式的重要单证，大写金额栏一般都印有“人民币”字样，数字应紧接在“人民币”后面书写，在“人民币”与数字之间不得留有空位。大写金额栏没有印“人民币”字样的，应加填“人民币”三字。

2. “整(正)”字的用法

汉字大写金额数字到“圆”、“角”为止的，在“圆”、“角”字之后，应写“整”(或“正”)字，在“角”之后可以不写“整”(或“正”)字。汉字大写金额数字有“分”的，“分”字后面不写“整”(或“正”)字。“整”字笔画较多，在书写数字时，常常将“整”字写成“正”字。在汉字大写金额数字的书写方面，这两个字的作用是一样的。

3. 有关“零”的写法

阿拉伯金额数字有“0”时，汉字大写金额需根据“0”所在的位置进行书写。对于数字尾部的“0”，不管是一个还是连续几个，汉字大写到非零数位后，可以用一个“整(正)”字结尾，都不需用“零”来表示。如“¥8.50”，汉字大写金额可以写成“人民币捌圆伍角”或“人民币捌圆伍角整”，又如“¥200.00”，应写成“人民币贰佰元整”。至于阿拉伯金额数字中间有“0”时，汉字大写应按照汉语语言规律、金额数字构成和防止涂改的要求进行书写。

(1) 阿拉伯金额数字中间有“0”时，汉字大写金额要写“零”字。例如“¥704.76”，汉字大写金额应写成“人民币柒佰零肆圆柒角陆分”。

(2) 阿拉伯金额数字中间连续有几个“0”时，大写金额可以只写一个“零”字。例如“¥9,006.23”，汉字大写金额应写成“人民币玖仟零陆元贰角叁分”。

(3) 阿拉伯金额数字圆位是“0”，或者数字中间连续有几个“0”，圆位也是“0”，但角位不是“0”时，汉字大写金额中可以只写一个“零”字，也可以不写“零”。如“¥4,880.52”，汉字大写金额应写成“人民币肆仟捌佰捌拾圆伍角贰分”，或者写成“人民币肆仟捌佰捌拾圆零伍角贰分”；又如“¥92,000.48”，汉字大写金额应写成“人民币玖万贰仟圆肆角捌分”，或者写成“人民币玖万贰仟圆零肆角捌分”。

(4) 阿拉伯金额数字角位是“0”，而分位不是“0”的，汉字大写金额圆字后面应写“零”字。如“¥745.08”，大写金额应定写成“人民币柒佰肆拾伍圆零捌分”，又如“¥9，900.07”，应写成“人民币玖仟玖佰圆零柒分”。

(5) 壹拾几的“壹”字，在汉字大写金额数字的书写中不能遗漏。平时口语习惯说“拾几”、“拾几万”，在这里“拾”字仅代表数位，不是数字。“壹拾”既代表数位，又代表数字，所以壹拾几的“壹”字不能遗漏。如“¥317.78”，汉字大写金额应写成“人民币叁佰壹拾柒圆柒角捌分”；又如“¥160,000.00”应写成“人民币壹拾陆万元整”。

1.4.2 阿拉伯数字的书写

1. 与数位的结合

书写数字时，每一个数字都要占有一个位置，每一个位置表示各种不同的单位，数字所在位置表示的单位，称为“数位”。数位按照个、十、百、千、万的顺序，是由小到大、从右到左排列的，但写数和读数的习惯顺序，都是由大到小、从左到右的。

2. 三位分节制的采用

使用分节号能够较容易地辨认数的数位，有利于数字的书写、阅读和计算。

数的整数部分，采用国际通用的“三位分节制”，从个位向左每三位数用分节号“,”分开。一般账表凭证的金额栏有分位格，元位前每三位印一粗线代表分节号，元位与角位之间的粗线则代表小数点，记数时不要再另加分节号或小数点。

3. 人民币符号“¥”的使用

在填制凭证时，阿拉伯数字金额前一般均冠以人民币符号“¥”，“¥”是拼音文字“YUAN”(圆)的缩写，“¥”既代表了人民币的币制，又表示了人民币“圆”的单位。所以阿拉伯数字金额前填写“¥”以后，数字之后就不要再写“元”了。例如9,326.46，即“人民币玖仟叁佰贰拾陆元肆角陆分”。书写时，在“¥”与数字之间不能留有空位，以防止金额数字被人涂改。书写人民币符号“¥”，尤其是草写“¥”时，要注意与阿拉伯数字应有明显的区别。在登记账簿、编制报表时，不能使用“¥”符号，因为账簿、报表上，不存在金额数字被涂改而造成损失的情况。在账页或报表上如果使用“¥”符号，反而会增加错误的可能性。

4. 金额角、分的写法

在无金额分位格的凭证上，所有以圆为单位的阿拉伯数字，除表示单价等情况外，一律写到角、分；无角、分的，角位和分位可写“00”，不得用符号“-”替代；有角无分的，分位应写“0”，不得用符号代替。例如，“人民币肆拾柒元正”可以写成“¥47.00”，不可以写成“¥49.-”；“人民币捌拾贰元叁角正”应写成“¥82.30”，不能写成“¥82.2-”。

1.4.3　账表凭证上的书写要求

在有金额分位格的账表凭证上，主要是在账簿上，阿拉伯数字的书写，结合记账规则需要，有特定的要求：

(1) 数字的写法是自上而下，先左后右，要一个一个地写，不要连写，以免分辨不清。

(2) 斜度约以60°为准。

(3) 高度以账表格的二分之一为准。

(4) 除“7”和“9”上低下半格的四分之一、下伸次行上半格的四分之一处外，其他数字都要靠在底线上。

(5) “6”上半部分应伸至上半格的四分之一处。

(6) “0”字不要有缺口。

(7) “4”的顶部不封口。

(8) 从最高位起，以后各格必须写完。

(9) 数字写错需要更正时，不论写错的数字是一个还是几个，应把全部数字用一道红线划销，在红线左端加盖经手人私章，然后再把正确的数字写在错误数字的上面，不得任意涂改、挖补、刀刮和皮擦，更不得用药水销蚀，以保证数字的真实正确。

实训案例

客户持支票办理相关业务，请审核该凭证，并给客户做相关说明。

案例分析：

银行、单位和个人填写的各种票据和结算凭证是办理支付结算和现金收付的重要依据，直接关系到支付结算的准确、及时和安全。票据和结算凭证是银行、单位和个人凭以记载账务的会计凭证，是记载经济业务和明确经济责任的一种书面证明。因此，填写票据和结算凭证，必须做到标准化、规范化，要素齐全、数字正确、字迹清晰、不错漏、不潦草，防止涂改。用蓝色或黑色签字笔(钢笔)填写。

(1) 中文大写金额数字应用正楷或行书书写，如壹、贰、叁、肆、伍、陆、柒、捌、玖、拾、佰、仟、万、亿、元、角、分、零、整(正)等字样。不得用一、二(两)、三、四、五、六、七、八、九、十、念、毛、另(或0)填写，不得自造简化字。如果金额数字书写中使用繁体字如貳、陸、億、萬、圓的，也应受理。

(2) 中文大写金额数字到“元”为止的，在“元”之后，应写“整”(或“正”)字，在“角”之后可以不写“整”(或“正”)字。大写金额数字有“分”的，“分”后面不写“整”(或“正”)字。

(3) 中文大写金额数字前应标明“人民币”字样，大写金额数字应紧接“人民币”字样填写，不得留有空白。大写金额数字前未印“人民币”字样的，应加填“人民币”三字。在票据和结算凭证大写金额栏内不得预印固定的“仟、佰、拾、万、仟、佰、拾、元、角、分”字样。

(4) 阿拉伯小写金额数字中有“0”时，中文大写应按照汉语语言规律、金额数字构成和防止涂改的要求进行书写。

① 阿拉伯数字中间有“0”时，中文大写金额要写“零”字，如“¥1,409.50”应写成“人民币壹仟肆佰零玖元伍角”。

② 阿拉伯数字中间连续有几个“0”时，中文大写金额中间可以只写一个“零”字，如“¥6,007.14”应写成“人民币陆仟零柒元壹角肆分”。

③ 阿拉伯金额数字万位或元位是“0”或者数字中间连续有几个“0”，万位、元位也是“0”，但千位、角位不是“0”时，中文大写金额中可以只写一个“零”字，也可以不写“零”字，如“¥1,680.32”应写成“人民币壹仟陆佰捌拾元零叁角贰分”，或者写成“人民币壹仟陆佰捌拾元叁角贰分”；“¥107,000.53”应写成“人民币壹拾万柒仟元零伍角叁分”，或者写成“人民币壹拾万零柒仟元伍角叁分”。

④ 阿拉伯金额数字角位是“0”，而分位不是“0”时，中文大写“元”后面应写“零”字，如“¥16,409.02”应写成“人民币壹万陆仟肆佰零玖元零贰分”，“¥325.04”应写成“人民币叁佰贰拾伍元零肆分”。

⑤ 阿拉伯小写金额数字前面，均应填写人民币符号“¥”。阿拉伯小写金额数字要认真填写，不得连写，以免分辨不清。

⑥ 票据的出票日期必须使用中文大写。为防止变造票据的出票日期，在填写月、日时，月为壹、贰和壹拾的，日为壹至玖和壹拾、贰拾和叁拾的，应在其前加“零”；日为拾壹至拾玖的，应在其前加“壹”。如1月15日，应写成“零壹月壹拾伍日”；10月20日应写成“零壹拾月零贰拾日”。

⑦ 票据出票日期使用小写填写的，银行不予受理。大写日期未按要求规范填写的，银行可予受理，但由此造成损失的，由出票人自行承担。

对于票据和结算凭证的填写，国家有着明确规定，出纳人员应注意认真学习。根据1996年1月1日起施行的《票据法》、1996年6月17日财政部颁发的《会计基础工作规范》以及中国人民银行制定的《正确填写票据和结算凭证》等法规文件，银行票据填写规范如下：

(1) 收、付款人名称的填写要与其在银行开户的名称完全一致。一不写简称；二不添字漏字；三不写别字。个人姓名做到“三统一”：凭据上的、名章上的、身份证上的完全一致。

(2) “付款人开户银行”处改手工填写为银行加盖条章。凡购买的支票等票据未盖银行名称条章的，应到银行补盖上。

(3) 汉字大写金额数字的填写。如零、壹、贰、叁、肆、伍、陆、柒、捌、玖、拾、佰、仟、万、亿等，一律用正楷或者行楷书写，不得用0、一、二、三、四、五、六、七、八、九、十、百、千等字代替，不得任意自造简化字。大写金额数字到元或者角为止的，在“元”或者“角”字之后应当写“整”字或者“正”字；大写金额数字有“分”的，“分”字后面不写“整”字或者“正”字。大写金额数字前未印有货币名称的，应当加填货币名称，货币名称与金额数字之间不得留有空白。

(4) 小写金额的阿拉伯数字一定要书写标准、规范。除7、9外，其余8个数字不准通入下格；除6外，其余9个数字不要向上延伸，应按标准占半格。这个要求的目的不完全是为了整齐，主要是防范涂改、变造；数与数之间，尤其是0与0之间不要连笔。所有以元为单位(人民币以外的其他货币种类，为该种货币的基本单位，下同)的阿拉伯数字，除表示单价等情况外，一律填写到角分；无角分的，角位和分位可写“00”或者符号“-”占位；有角无分的，分位应当写“0”，不得用符号“-”代替。

(5) 阿拉伯金额数字“0”的填写。阿拉伯金额数字中间有“0”时，汉字大写金额要写“零”字；阿拉伯数字金额中间连续有几个“0”时，汉字大写金额中可以只写一个“零”字；阿拉伯金额数字元位是“0”，或者数字中间连续有几个“0”、元位也是“0”但角位不是“0”时，汉字大写金额可以只写一个“零”字，也可以不写“零”字。

(6) “用途”栏的填写注意两点。其一，收付款的用途一定要和收付款单位的生产、经营性质相吻合。其二，收付款项的用途要做到既明确又详细。如“贷款”应填为“钢材款”、“成衣款”、“还款”等字样，以防银行当成单位之间借用资金而发生退票。

(7) 票据和银行结算凭证的戳记应注意使用印泥，不宜使用印油，以防出现印记不清。

(8) 填写银行票据务必注意两点。一是大、小写金额一定要一致；二是银行票据金额、日期、收款人名称不可更改。否则，即为无效票据。

任务五 储蓄存款利息计算

任务导入

客户取款清户后对支付的利息提出异议，请给客户讲解利息计算的方法并复核客户的存款利息。

任务分析

- 储蓄存款利息的计算方法；
- 个人利息所得税的扣除及取消。

应知应会

1.5.1 储蓄存款利息的计算方法

1. 利息的计算规定

1) 利息计算的一般要求

年利率以“%”表示，月利率以“‰”表示，日利率以“‱”表示。

各种利率的换算关系为：

$$\frac{\text{年利率}}{12}=\text{月利率}，\quad \frac{\text{月利率}}{30}=\text{日利率}，\quad \frac{\text{年利率}}{360}=\text{日利率}$$

2) 存期天数的计算

(1) 用“算头不算尾”的方法，即从存入日起算至支取前一日止。全年按 360 天，每月(不论大月、平月、闰月)按 30 天，不满一个月的零头天数按实存天数计算。

(2) 各种定期储蓄存款的到期日，以对年、对月、对日为准。存入日为到期月份没有的，以到期月份的月末日为到期日。

(3) 31 日视同 30 日。30 日到期于 31 日支取，不算过期。31 日到期 30 日支取，不作提前支取，但应凭有效身份证件取款。30 日存入当月 31 日支取应计付一天利息。

(4) 2 月份不跨月按实际天数计算，跨月按 30 天计算。

(5) 如定期存款到期日恰逢法定节假日，客户不能按期取款，可在储蓄机构节假日前一天办理支取或转存，手续视同提前支取，需查验客户有效身份证件，利息按到期支取计付。

2. 利息计算

(1) 本金以“元”为单位，“元”以下的“角”、“分”不计利息，利息金额算至分位，分位以下四舍五入。

(2) 计算积数时，积数保留至厘位。

(3) 如遇利率调整需分段计息时，各段利息保留至厘位(计算至毫位，四舍五入后舍去)，各段加总后一次四舍五入至分位。

(4) 逾期支取的定期储蓄存款，其超过原定存期的部分，除约定自动转存的外，一律不计复息。

(5) 没收客户的存款或处理死亡绝户的存款时均不计息，存本取息已付给客户的利息要从本金中扣除，但活期储蓄已登入存折的利息不再扣除，发还集体所有制单位的贪污盗窃分子的个人储蓄存款照计利息。

1.5.2 个人利息所得税的扣除及取消

(1) 国务院《对个人储蓄存款利息所得收取个人所得税的实施办法》于 1999 年 11 月 1 日起实行，从即日起产生的利息开始扣税，按照 20% 的税率扣税。

(2) 自 2007 年 8 月 15 日起产生的利息按照 5% 扣税。

(3) 2008 年 10 月 9 日暂免利息税。

实训案例

客户对其存款利息产生质疑，请给该客户讲解储蓄利息的计算方法。

案例分析：

1. 储蓄利息计算的基本公式

利息＝本金×存期×利率

2. 定期储蓄利息计算的一般要求

1) 各种定期存款到期利息的计算

(1) 1993年3月1日前存入，在原定存期内利率未调整的，其利息按开户日所定利率计算；如在原定存期内遇利率调整，则依照“就高不就低”的原则，确定分段存期的适用利率。即：调低时，按开户时预约存期对应的原利率计息；调高时，执行分段计息的办法，自调整之日起按原定存期对应档次的新利率计算利息。

(2) 1993年3月1日以后存入的，按存单开户日所定利率计付利息，在存期内如遇利率调整，不论调高调低，均按存单开户日所定利率计付利息。但对1993年3月1日至7月10日(含10日)期间存入的一年期、两年期整存整取定期储蓄存款，在存款到期支取时实行分段计息。即：在原定存期内，从存单开户日起至7月11日止按活期存款年利率3.15%计息，7月11日至存款到期前一日止按原存期相应档次新利率(7月11日调整后的利率)计息。

2) 各种定期存款过期利息的计算

1993年3月1日前的过期部分，利率无变化时，按原利率计息。如遇利率调整，调整日前按原定利率计息，自调整日起按原存单所定存期的新利率计息。

1993年3月1日起的过期部分，按支取日挂牌活期利率计息。

3) 各种定期存款提前支取或部分提前支取利息的计算

整存整取可部分提前支取，零存整取、存本取息只限全部提前支取。

(1) 1993年3月1日以前存入的，存款未到期全部或部分提前支取的部分，存期不满3个月(零整、存本不满一年)按活期利率计算；存期在3个月以上(零整、存本满一年以上)分别按同类不同存期相应档次的利率计算；如遇利率调整，按照调整利率前后的新旧利率分段计算(即调高随高，调低随低)。未提前支取的部分，仍按原办法计算利息。

(2) 1993年3月1日以后存入的，全部或部分提前支取的部分，均按支取日活期利率计息，未提前支取的部分，仍按原存单开户日所定利率计付利息。

到期支取：利率采用开户日对应的整存整取利率。

提前支取：利率采用支取日挂牌的活期利率。

过期支取：到期部分＋过期部分(支取日挂牌的活期利率)。

例1　2003年6月4日存入整存整取1500.00元，定期三年，若(1) 2006年6月4日清户，(2) 2005年12月28日清户，(3) 2006年8月10日清户，计实付利息。

解　(1) 实付利息＝$1500.00 \times 3 \times 2.10‰ \times 12 \times 0.8 = 90.72$ (元)

(2) 实付利息＝$\dfrac{1500.00 \times 924 \times 0.6‰}{30} \times 0.8 = 22.18$　(元)

$$(3)\ 实付利息=\frac{1500.00\times 66\times 0.6‰}{30}\times 0.8=1.58\ (元)$$

合计实付利息 = 到期实付利息 + 过期实付利息 = 90.72 + 1.584 = 92.30 (元)

3. 零存整取利息计算的有关规定

采用日积数计息法(含固定零整和不固定零整)。

$$日积数=\sum(存款余额\times 实存天数)$$

$$利息=日积数\times 日利率$$

到期支取：采用开户日的利率。

提前支取：采用支取日的活期利率。

过期支取：到期部分 + 过期部分(利率采用支取日的活期利率)。

办理零存整取业务从 1999 年 6 月 10 日起，客户开立零存整取账户，存期内每月必须以约定金额存入；1999 年 6 月 10 日以前办理的零存整取账户，凡未约定固定金额的，从 1999 年 6 月 10 日后续存的第一笔零存整取业务开始，一律要约定固定金额，并按月存入，利率仍按存单开户日利率执行到期。客户中途如有漏存，应在次月补齐，未补存者，视同违约，对违约后存入的部分，支取时按活期利率计息。

例 2　2004 年 10 月 18 日存入一年期的零存整取，100 元/月，每月以固定日期存入，若(1) 2005 年 10 月 18 日清户，(2) 2005 年 9 月 20 日清户，(3) 2005 年 12 月 20 日清户，计实付利息。

解

$$(1)\ 实付利息=\frac{1200.00+100.00}{2}\times 12\times 1.425‰\times 0.8=8.89\ (元)$$

$$(2)\ 实付利息=\frac{200400\times 1\times 0.6‰}{30}\times 0.8=3.21\ (元)$$

$$(3)\ 过期部分实付利息=\frac{1200.00\times 62\times 0.6‰}{30}\times 0.8=1.190\ (元)$$

合计实付利息 = 到期实付利息 + 过期实付利息 = 10.08 (元)

4. 活期储蓄利息的计算

活期利息按日积数法计算。

$$日积数=\sum(存款余额\times 实存天数)$$

$$利息=日积数\times 日利率$$

计息规定：2005 年 9 月 21 日以前，活期储蓄以每年的 6 月 30 日为结息日，自 2005 年 9 月 21 日起，以每季季末月 20 日为结息日(3 月 20 日、6 月 20 日、9 月 20 日、12 月 20 日)；首次执行个人活期存款按季结息的时间为 2005 年 12 月 20 日。

计算下一结息日的利息时，须将上一结息周期实际应得利息于 21 日转入本金继续生息(元位以下不计息)。活期利率用支取日挂牌的活期利率或者结息日挂牌的活期利率。

例 3　2006 年 3 月 28 日存入活期 5400.00 元，2006 年 6 月 18 号清户，求实付本息。

解

$$实付利息=\frac{5400.00\times 80\times 0.6‰}{30}\times 0.8=6.91\ (元)$$

$$实付本息 = 5400.00 + 6.91 = 5406.91\ (元)$$

5. 定额定期储蓄利息的计算

按整存整取一年期利率及方法计算利息。

6. 定活两便储蓄利息的计算

存期不限，无过期与提前支取的情况，利息一律按实存天数计算，存期不满 3 个月的，按活期利率计息。

$$定活两便利息 = 本金 \times 存期 \times (与存期同档次整存整取利率 \times 90\% 或 60\%)$$

(1) 1993 年 3 月 1 日以前存入的，存期三个月以上(含三个月)，一年期以下的存款，按存入日整存整取一年期以下同档次利率打九折计算利息，存期一年期以上(含一年)，无论存期多长，均按一年期利率打九折计算利息。如利率调整，则实行“就高不就低”的原则，调低时，按原利率计息；调高时，自利率调整日起分段计息。

(2) 1993 年 3 月 1 日以后存入的，存期三个月以上(含三个月)，一年期以下的存款，按支取日整存整取一年期以下同档次利率打六折计算利息，若利率打六折后低于活期利率，则按活期利率计付利息。如存期一年以上(含一年)，无论存期多长，整个存期一律按支取日整存整取一年期利率打六折计算利息。存期内遇利率调整，无论调高调低均不分段计息。

(3) 实际存期小于 3 个月：采用支取日的活期利率。

实际存期大于等于 3 个月小于 6 个月：采用支取日整存整取对应 3 个月的利率，打六折。

(4) 实际存期大于等于 6 个月小于 1 年：采用支取日整存整取对应 6 个月的利率，打六折。

(5) 实际存期大于等于 1 年：采用支取日整存整取对应 1 年的利率，打六折。

例 4　2003 年 1 月 18 日存入定活两便 5000.00 元，若(1) 2005 年 1 月 18 日清户，(2) 2003 年 11 月 6 日清户，(3) 2003 年 4 月 4 日清户，(4) 2003 年 4 月 28 日清户，求支取时的实付利息。

解　(1) $实付利息 = 5000.00 \times 2 \times 1.875‰ \times 12 \times 0.6 \times 0.8 = 108.00\ (元)$

(2) $实付利息 = \dfrac{5000.00 \times 288 \times 1.575‰}{30} \times 0.6 \times 0.8 = 36.29\ (元)$

(3) $实付利息 = \dfrac{5000.00 \times 76 \times 0.6‰}{30} \times 0.8 = 6.08\ (元)$

(4) $实付利息 = \dfrac{5000.00 \times 100 \times 1.425‰}{30} \times 0.6 \times 0.8 = 11.40\ (元)$

7. 存本取息储蓄利息的计算

1) 计息规定

(1) 根据客户在开户时约定的存期和支取利息的次数，计算出每次应付的利息。利息应在约定的取息日支取，不得提前预支；如到取息日未取息，以后随时可取，但不计复利。

(2) 提前支取时，应按定期存款提前支取的规定计算出应付给客户的利息，若此利息小于客户已支取的利息，则应将此差额从本金中扣除；若此利息大于客户已支取的利息，则应将此差额付给客户。

(3) 过期支取比照整存整取定期储蓄计息办法办理。

2) 计息方法

先按本金、存期和利率算出应付利息总数，然后根据支取利息次数算出每次支付的利息数。

$$每次支付利息=\frac{本金\times 存期\times 利率}{支取次数}$$

$$支取次数=\frac{存期}{取息间隔}$$

注：每次支付利息时，只付给整数部分，元以下的小数部分清户时一次付清。

利率比照零存整取利率。

到期支取：采用存入日的利率或开户日的利率。

提前支取：采用支取日的活期利率。若应付利息小于支付利息，差额从本金中扣除；若应付利息大于支付利息，差额照常付给客户。

过期支取：到期部分(采用开户日的利率)＋过期部分(采用支取日的活期利率)。

例 5 2000 年 3 月 15 日存入存本取息一年期 20000.00 元，每两个月取息一次。

(1) 到期支取：2001 年 3 月 15 日清户，求清户时的实付客户利息。

解 $支取次数=\frac{12}{2}=6$ (次)

$$每次支付利息=\frac{20000.00\times 1.65‰\times 12\times 0.8}{6}=52.80\ (元)$$

每次实际支付利息＝52.00(元)

清户时支付客户利息＝52.80＋0.80×5＝56.80(元)

(2) 过期支取：2001 年 5 月 7 日支取，求清户时实付客户的利息。

解 到期未付客户利息＝52.80＋0.8×5＝56.80(元)

$$过期部分实付利息=\frac{20000.00\times 52\times 0.825‰}{30}\times 0.8=22.88\ (元)$$

合计实付利息＝56.80＋22.88＝79.68(元)

(3) 提前支取：2001 年 1 月 16 日支取，求清户时的本息合计。

解 $$客户实际可得利息=\frac{20000.00\times 301\times 0.825‰}{30}\times 0.8=132.44\ (元)$$

已支付客户利息＝52.00×5＝260.00(元)

清户时实付本息和＝20000.00＋132.44－260.00＝19872.44(元)

8. 保值储蓄的有关规定

(1) 保值储蓄指三、五、八年期整存整取和三、五年期存本取息定期储蓄存款。

(2) 保值期：凡在 1988 年 9 月 10 日以前存入的，保值期自 1988 年 9 月 10 日起算至存款到期前一日止；凡在 1988 年 9 月 10 日至 1991 年 12 月 1 日(不含 1 日)期间存入的，保值期自存入日起算至存款到期前一日止；凡在 1991 年 12 月 1 日(含 1 日)以后存入的，保值期自 1993 年 7 月 11 日起算至存款到期前一日止。

(3) 保值贴息的计算：

保值期是整年时，保值贴息＝本金×保值期×年保值贴补率。

保值期非整年时，保值贴息＝本金×保值期(天数)×日保值贴补率。

保值贴息的计算以存款到期日所在月份的保值贴补率为准，不分段计算，客户清户时一次计付。

(4) 保值储蓄的利息计算：

① 1991 年 12 月 1 日(不含 1 日)以前存入的三、五、八年期整存整取定期储蓄存款，自 1988 年 9 月 10 日起，在保值期内利息分别按年利率 13.14%、14.94%、17.64% 计付；三、五年期存本取息存款，在保值期内分别按年利率 11.34%、13.14% 计付利息；保值期内均不分段计息。

② 1991 年 12 月 1 日(含 1 日)至 1993 年 3 月 1 日(不含 1 日)期间存入的三、五、八年期定期储蓄存款，按 1993 年 3 月 1 日前存入的定期储蓄利息计算的有关规定执行。

③ 1993 年 3 月 1 日(含 1 日)至 1993 年 7 月 11 日(不含 11 日)期间存入的三、五年定期储蓄存款，分段计算利息，即存单开户日至 7 月 11 日止按开户日所定存期的利率计算，7 月 11 日至存款到期前一日止按 7 月 11 日同档次新利率计息。

④ 对三、五、八年期定期储蓄存款，如全部提前支取，则不予保值；如部分提前支取，则其提前支取部分不予保值，未支取部分仍予保值。

⑤ 到期不取又未办理转存的保值储蓄存款，其逾期部分不再予以保值。

9. 个人通知存款利息的计算

(1) 1999 年 1 月 3 日(不含 3 日)前开户的个人通知存款清户的，不满一个月按活期，不满两个月按一个月的利率乘以实际天数计算利息，依次类推。利率是清户日挂牌公告的利率。

(2) 1999 年 1 月 3 日(含 3 日)以后开户的个人通知存款支取或清户的，

① 按支取日挂牌公告的相应利率水平和实际存期计息，利随本清。

② 个人通知存款如遇以下情况，按活期存款利率计息：

a. 实际存期不足通知期限的，按活期存款利率计息。

b. 未提前通知而支取的，支取部分按活期存款利率计息。

c. 已办理通知手续而提前支取或逾期支取的，支取部分按活期存款利率计息。

d. 支取金额不足或超过约定金额的，不足或超过部分按活期存款利率计息。

e. 支取金额不足最低支取金额的，按活期存款利率计息。

(3) 个人通知存款如已办理通知手续而不支取或在通知期限内取消通知的，通知期限内不计息。

(4) 个人通知存款部分支取，留存部分高于最低起存金额的，从原开户日计算存期；留存部分低于起存金额的，按清户日挂牌公告的活期存款利率计息。

自 2008 年 1 月 12 日起个人个人通知存款业务实行自动转存，即按每满一个约定品种的存期即自动转存，清户时不是自动转存日的，按清户日挂牌公告的活期存款利率计息。

10. 整存零取利息的计算

(1) 整存零取利率同零存整取同档利率，到期利息按开户日挂牌公告的利率计付。

(2) $$\text{到期应付利息}=\frac{\text{全部本金}+\text{每次支取本金}}{2}\times\text{支取本金次数}\times\text{每次支取本金间隔月数}\times\text{相应利率}$$

(3) 全部提前支取时，按支取日挂牌公告的活期利率计付利息。

分期支取中如有逾期支取或期满后逾期支取，其逾期部分均按支取日挂牌公告的活期存款利率计息。

项目案例

银监机构派员进行现场检查，请明确现场检查和非现场检查的注意事项。

案例分析：

1. 配合现场检查

银行业专业人员应当积极配合监管人员的现场检查工作，及时、如实、全面地提供资料信息，不得拒绝或无故推诿，不得转移、隐匿或者毁损有关证明材料。

规范的现场检查包括检查准备、检查实施、检查报告、检查处理和检查档案整理五个阶段。

在接受现场检查的过程中，银行业专业人员应配合监管人员审核所在机构账账之间、账表之间、账实之间的一致性，查阅外部审计报告和内部审计报告，了解和掌握业务经营和内部管理的基本情况。在检查中发现问题需要调查取证的，银行业专业人员应积极配合监管人员调阅有关资料，查询计算机业务系统数据，接受调查询问，收集凭证、报表、账册(账页)、问卷、说明材料、被查单位文件、合同、会议记录、外调复函、实物照片等证明材料。

银行业专业人员不得无故拒绝或推诿提供有关账册、报表、审计报告以及内部管理规章，不得转移、隐匿或者毁损有关证明材料。

2. 配合非现场监管

非现场监管是指监管部门在定期或不定期采集商业银行相关信息的基础上，通过对信息的分析处理，持续监测商业银行的风险状况，及时进行风险预警，并相机采取监管措施的过程。

在非现场监管中，银行业专业人员应按监管部门要求的报送方式、报送内容、报送频率和保密级别报送非现场监管需要的数据和非数据信息，并建立重大事项报告制度。当监管部门要求时，有关银行业专业人员可通过电话、函件、传真或电子邮件的形式，对有关问题进行答复。出现以下情形之一，银行业专业人员中的高级管理人员还应当接受监管部门的约见：所在机构存在严重问题或风险；所在机构没有按要求报送整改和纠正计划；所在机构报送的整改和纠正计划不能有效管理和控制商业银行风险；监管部门认为需要约见的其他情形。

银行业专业人员应对其所提供数据、信息以及约见谈话内容的完整性、真实性、准确性负责。

讨论与思考题

1. 简述人民币的挑剔标准。
2. 简述人民币的兑换方法。
3. 账表凭证上大、小写金额数字有什么要求？

项目二　网点操作规范

项目导入

有新入行员工，请为其讲解营业环境要求、标准化管理、设备设施管理，新入行员工需知道的网点事项，以及网点每日营业前准备、日间交接班、日终处理的要求。

学习目标

知识目标

- 金融网点日常管理规范；
- 金融网点相关标准化管理；
- 网点日间操作规范。

能力目标

- 能熟知营业厅各个环境区的要求；
- 能按照金融网点标准化开展业务；
- 能熟练进行每日营业前准备；
- 能熟练进行日间交接班工作；
- 能熟练进行日终处理工作。

任务一　营 业 环 境

任务导入

新入行员工来银行网点营业厅观摩学习，请为其讲解营业环境的日常要求？

任务分析

邮政金融网点的营业环境(包括营业厅外部环境、内部环境、外部设施管理标准、现金区环境管理规范、非现金区环境管理规范、客户填单区管理标准、柜台机具管理标准、办公区环境规定、网点服务宣传品摆放及使用标准)。

应知应会

1. 邮政金融网点大厅外环境的要求

(1) 网点店招、机构名称牌、营业时间牌、货币兑换牌、灯箱等标识和附属设施定期清洁维护，保持干净、整洁、明亮、醒目，标识和字体端正无残缺。

(2) 网点门前三米内不得乱堆乱放杂物或者停放车辆，做到无垃圾、无杂物。

(3) 网点外墙、门窗、台阶、装饰物上无乱张贴、无污迹。

(4) 网点大厅玻璃无灰尘、无破损、无指纹，需每天进行擦拭。

2. 网点大厅内环境的要求

(1) 地面、楼梯无纸屑、无明显污渍及脚印，且无杂物，踢脚线无污渍、无灰尘。

(2) 墙面无污渍、无灰尘、无破损、无与营业无关的宣传张贴。

(3) 门窗无破损、无变形、无划痕、无灰尘。

(4) 桌椅稳固、完好，无变形、无破损、无脱落、无灰尘、无污渍。

(5) 花木无枯枝败叶、无灰尘、无异味、无昆虫。

(6) 天花板无破损、无脱落、无灰尘、无水迹、无蜘蛛网。

(7) 叫号机、伞架、自助设备等各种设施无破损、无污渍、无灰尘。

(8) 灯光明亮，照明设施完好。

(9) 在大门入口处醒目位置设置服务区域分布指示标识，注明各功能区名称和分布位置。

3. 网点外部设施管理标准

(1) 名称牌和营业时间牌挂在门口两侧时，左侧为“名称牌”，右侧为“营业时间牌”，悬挂时底部距地面高度为1700 mm。

(2) 店招、广告灯箱夜间开灯时间，要充分发挥广告的宣传效应，晚上23:00前不得关闭灯光。

(3) 玻璃门与落地窗醒示防撞条等标识必须统一，推拉门上加贴“拉”或“推”的标识(整体色调与防撞条一致)。

(4) 营业期间，对外的卷闸门、窗必须完全开启，并按要求锁紧固定。

(5) 网点大门上方安装流动字幕显示屏(LED)的，应保持清洁、完好，发布的信息内容规范、更新及时。

4. 网点现金区环境管理规范

(1) 台面依次放置点钞机、终端显示器、打印机。三样物品边缘线应保持在一条直线上。点钞机小显示屏朝向窗口，便于顾客核实。

(2) 刷卡(折)器放置于终端显示器前，与之相平行。

(3) 印章箱放置于点钞机前，与之相平行。

(4) 印章垫应放置于终端显示器前，与之相平行。

(5) 印泥放置于印章垫右侧。

(6) 话筒放置于台面右(左)下角。有电源线的一侧靠在柜台上。话筒笔直不弯曲朝向柜员。

(7) 凭条格从左至右依次为第一格放置存款单、取款单，第二格放置利息清单、手续费单、通用凭证，第三格放置办理后单据，第四格放置轧账后单据，第五格放置表簿等单据，第六格放置胶水、夹子、计算器等常用办公用具，第七格放置表簿。

(8) 抽屉第一层放置现金，第二层放置空白凭证，第三层放置表簿、打印纸、A4 纸。

(9) 如配备有保险柜，统一放置在台席旁，紧挨台席。

(10) 现金区柜台外摆放适量花木，花木以绿色植物为主，保持葱绿，不留灰尘。

注：所有物品各台席应相互对齐，纵向在一条直线上。

5. 非现金区环境管理规范

(1) 如有电话机，放置在桌子左下角与桌面边缘线相平行。

(2) 理财专区标识、对公区标识牌、信贷受理标识放置在桌面左上角与桌面边缘线平行。

(3) 折页架放置在桌面右上角与桌面边缘线平行。第一栏应放置理财经理名片，其他几栏放置宣传折页。

(4) 终端显示器放置于桌面左侧，屏幕与桌面边缘线成约 45°。

(5) 刷卡器放置于桌面左下角。

(6) 印章垫放置于桌面正前方。柜员右侧放置大皮垫。

(7) 签字笔放置于顾客右手边，颜色为黑色签字笔。

(8) 打印机放置于侧柜上。相邻几排打印机应相互对齐。

(9) 桌面下方空格放置印章盒、印泥、剪刀、签字笔等常用办公用具。

(10) 侧柜上方除放置打印机外不放置其他物品。侧柜下方第一层可放置经常使用的业务单据，第二层放置不经常使用的表簿。表簿应装入文件盒内。侧格可放置需经常查阅的表簿。

6. 客户填单区环境管理标准

(1) 填单台单据数量适宜。开户单、转账单、汇款单等经常使用的单据数量准备充足，并撕成单张，放置在填单台醒目的空格内，方便顾客拿取。

(2) 填单模板放置于填单台中心醒目位置。

(3) 填单台旁配备垃圾箱或废纸篓。

(4) 必须配备老花镜、点(验)钞机、书写笔等物品，所有服务设施能够正常使用。

7. 柜台机具摆放标准

(1) 柜台布线：柜台桌面上所有设备的电源线及数据线必须通过桌面穿线孔处后连接；如桌面无穿线孔，要将所有电线捆扎整齐后连接设备。

(2) 终端：摆放在操作台中间，面向营业场内，与柜台的斜角成 60°，不得让客户看到终端显示内容，防止资料泄漏。周围不得放置与办理业务无关的物品，保持终端清洁。

(3) 刷卡器：摆放在键盘上方靠右手处，右侧边缘与键盘右侧对齐。

(4) 打印机：网点临柜打印机统一放置于终端同一侧，与柜面方向一致，保持干净整洁。

(5) 点钞机：网点临柜点钞机统一垂直于工作台摆放，并置于监控之下，数字显示器朝外，便于客户监督。

(6) 尾箱：临柜柜员尾箱统一摆放在垂直于柜台的工作台面末端，柜员日常小额零钞放置于工作台的尾箱抽屉内(加锁)，均置于监控之下。

(7) 章戳：放在带锁专用盒内，摆放在右手上方，与刷卡器并列摆放整齐，便于取用；营业日终随尾箱上缴。

(8) 空白凭证、现金：不得摆放在操作台上，应放入带锁的抽屉或尾箱内。

(9) 令牌：不得随意摆放，要随身放在上衣口袋内，便于取用；营业日终随尾箱上缴。

(10) 其他办公用具摆放在平行于柜面的工作台面上，具体要求为：

① 计算器摆放在工作台正面的右下方。

② 票据箱置于工作台侧柜。

③ 凭单摆放在票据箱之中。

8. 办公区环境规定

1) ATM 加钞室

(1) 根据实际需要，必须配备灭火器、点钞机，可配备交易凭条流水纸放置的铁皮柜。各类纸质物品必须放入铁皮柜，不得在地面堆放。

(2) 加钞室地面、墙面干净整洁，物品摆放有序，ATM 机身无灰尘，不得堆放清洁工具。

2) 监控室

(1) 监控室地面、墙面干净整洁，物品摆放有序，不得堆放清洁工具。

(2) 必须配备灭火器、UPS 等设施。

(3) 各类线路整齐规范，监控机柜顶部无灰尘、无杂物。

3) 更衣室

(1) 更衣室地面、墙面干净整洁，物品摆放有序，衣柜顶部无灰尘、无杂物。

(2) 更衣室除衣柜以外，不得放置多余衣架、杂物。

4) 卫生间

(1) 地面、墙面、台面、洁具干净整洁，地面无积水，物品摆放有序，不得有异味。

(2) 必须配备洗手液、抽纸，并整齐摆放于洗手池台面。

(3) 安装毛巾架，毛巾、抹布整齐悬挂并保持干净。

(4) 配备卫生纸及卫生纸架，不得出现缺纸现象。

(5) 面盆、拖把池、便池保持下水通畅不堵塞。

9. 网点服务宣传品摆放及使用标准

(1) 各类宣传品摆设、悬挂、粘贴规范有序，整洁干净，无破损、不过期。

(2) 每个网点最多摆放 3 个宣传架，海报最多张贴 3 张，有电子显示屏的网点不能悬挂横幅。

(3) 电子显示屏设置字体为宋体加黑，且每个滚动周期宣传的业务产品种类不能超过3种。

(4) 液晶电视循环播放与银行业务有关的信息咨询、广告宣传片、幽默短片等。

实训案例

网点营业人员每日营业前30分钟内要完成哪些准备？各种资料、器具的检查标准是什么？

案例分析：

1) 护门、护栏、通勤门、拉(卷)闸门

护门、护栏、通勤门、拉(卷)闸门的检查标准：护门、护栏、通勤门牢固，拉(卷)闸门开启是否上闩落锁固定，门锁开启灵活。

汇报路径：出现护门、护栏、通勤门、拉(卷)闸门故障，责任人立即向网点负责人、上级部门汇报，做好上报时间和处理结果记录(上述记录需用签字笔或蓝水钢笔填写)。如属人为破坏，应保护现场，及时报相关部门并报警。

汇报时间：实时。

2) 叫号机

叫号机的检查标准：按顺序正常出号，叫号纸准备充足，叫号机提示音清晰，电源安装规范，叫号机干净整洁。

汇报路径：出现不能调整和检修情况，责任人应及时上报网点负责人及上级单位，做好检修校验、上报时间和维修人处理结果记录(上述记录需用签字笔或蓝水钢笔填写)。

汇报时间：实时。

3) 饮水机

饮水机的检查标准：饮水机干净、整洁，水源充足，并配备水杯；饮水机周围地面干燥，防止客户滑到；饮水机水槽干净，没有水垢；电源安装规范。

汇报路径：出现不能检修和处理的问题，责任人应及时上报网点负责人及上级单位负责部门，做好上报和维修人员处理结果记录(上述记录需用签字笔或蓝水钢笔填写)。

汇报时间：实时。

4) 电子显示屏

电子显示屏包括利率、汇率、牌价、个人实盘资讯显示器等。电子显示屏的检查标准：利率牌、汇率牌与电脑主机显示的各项利率、汇率、必须一致，且准确。电子显示屏干净整洁，摆放整齐，显示正常，键盘干净，按键灵敏。设备负责人员每周对所有牌价显示器和键盘进行操作检查。

汇报路径：出现不能检修和处理的问题，责任人应及时上报网点负责人及上级单位，做好检修校验、上报时间和维修人员处理结果记录(上述记录需用签字笔或蓝水钢笔填写)。

汇报时间：实时。

5) 存折补登机

存折补登机整洁完好标准：存折补登机干净整洁、摆放整齐、显示正常，键盘干净，按键灵敏。设备负责人员每周对存折补登机和键盘进行操作检查。

汇报路径：出现不能检修和处理的问题，责任人应及时上报网点负责人及上级单位，做好检修校验、上报时间和维修人员处理结果记录(上述记录需用签字笔或蓝水钢笔填写)。

汇报时间：实时。

6) 宣传资料

宣传资料的检查标准：展品架、宣传台或宣传牌陈列整齐有序。每种宣传折页不得少于 10 张。

汇报路径：宣传资料不能满足需要时，责任人应预先上报网点负责人及上级部门，做好上报时间和处理结果记录(上述记录需用签字笔或蓝水钢笔填写)。

汇报时间：实时。

7) 星级柜员牌

星级柜员牌的检查标准：提示音正常清晰，提示灯正常，星级柜员牌干净整洁。

汇报路径：出现不能检修和处理的情况，责任人应及时上报网点负责人及上级单位，做好检修校验、上报时间和维修人员处理结果记录(上述记录需用签字笔或蓝水钢笔填写)。

汇报时间：实时。

8) 各种凭条

各种凭条的检查标准：个人金融业务凭条领用及时，摆放整齐到位；营业大厅业务咨询台或凭条填写台凭条摆放齐全，有凭条填写说明或模板；按照“既防止出现不足，又避免产生浪费”原则，准备好存、取凭条等业务凭证及书写工具。

汇报路径：凭条不能满足需要时，责任人应及时上报网点负责人及上级单位，做好上报时间和处理结果记录(上述记录需用签字笔或蓝水钢笔填写)。

汇报时间：实时。

9) ATM 机

ATM 机的检查标准：每天检查 ATM 机运行状况；ATM 机外表干净整洁，插卡处、出钞口、回单口畅通无异常状况，钞箱供钞充足，回单备用充足；ATM 交易流水条备用充足，ATM 机运行正常。网点人员每天至少进行一次 ATM 机生产运行测试。

汇报路径：出现不能检修和处理的情况，责任人应及时上报网点负责人及上级单位，做好检修校验、上报时间和维修人员处理结果记录(上述记录需用签字笔或蓝水钢笔填写)。

汇报时间：实时。

10) 监控录像设备

监控录像设备的检查标准：录像设备正常运行，录像内容清晰，录像带按照安保部门规定更换，录像带保管期不得少于 30 天，录像带保存安全、完好。监控设备使用规范，设备安全运行，监控范围全面、准确，能够覆盖柜员工作区及营业场所。

汇报路径：出现不能检修和处理的情况，责任人应及时上报网点负责人及上级安保部门，做好检修校验、上报时间和维修人员处理结果记录(上述记录需用签字笔或蓝水钢笔填写)。

汇报时间：实时。

11) 消防器材

消防设备的检查标准：消防通道没有阻挡，消防栓、灭火器等消防器具按照规定摆放，灭火器压力充足且在有效期内。

汇报路径：出现问题时，责任人应及时上报网点负责人及上级安保部门，做好检修校验、上报时间和维修人员处理结果记录(上述记录需用签字笔或蓝水钢笔填写)。

汇报时间：实时。

12) 安防器材

安防器材的检查标准：狼牙棒、警棍摆放到位，警棍充电及时、正常，报警系统正常。

汇报路径：出现问题时，责任人应及时上报网点负责人及上级安保部门，做好检修校验、上报时间和维修人员处理结果记录(上述记录需用签字笔或蓝水钢笔填写)。

汇报时间：实时。

13) 应急器材

应急设备的检查标准：应急设备包括发电机、应急灯。发电机要保证燃油充足，火花塞正常、有效，电源线、电源插板准备完好。应急灯应能有效使用，充电正常。

汇报路径：出现问题时，责任人应及时上报网点负责人及上级安保部门，做好检修校验、上报时间和维修人员处理结果记录(上述记录需用签字笔或蓝水钢笔填写)。

汇报时间：实时。

14) 操作终端、密码键盘、刷卡器、打印机

操作终端、密码键盘、刷卡器、打印机的检查标准：岗位责任人每日班前检查，操作终端显示正常、整洁，摆放整齐，键盘干净灵敏；刷卡器摆放整齐，读磁正常；打印机联机状态正常，打印墨盒(色带)更换及时，打印字迹清晰。

汇报路径：出现问题时，立即上报网点负责人、上级部门，做好上报时间、处理结果和维修人员处理结果记录(上述记录需用签字笔或蓝水钢笔填写)。

汇报时间：立即。

15) 点钞机

点钞机的检查标准：岗位责任人对点钞机进行班前检测和校验，使用 100 张钞票至少连续清点三次，每次均应达到 100% 准确率，应保证点(验)钞机灵敏、准确。

汇报路径：出现异常故障，责任人应及时上报网点负责人、上级部门，做好上报时间、处理结果和维修人员处理结果记录(上述记录需用签字笔或蓝水钢笔填写)。

汇报时间：实时。

16) 登记簿

登记簿的检查标准：各项登记簿记录及时、准确，不得随意涂改，登记错误须划红盖章，各项登记簿须指定专人妥善保管。

汇报路径：登记簿出现不足、残缺、重大失误等问题时，立即上报网点负责人、上级部门，做好上报时间、处理结果和责任人等记录(上述记录需用签字笔或蓝水钢笔填写)。

汇报时间：立即。

17) 报表

报表的检查标准：报表打印人及时打印上日(或上月)各类储蓄报表，打印人在打印报表上盖章确认。各业务责任人及时核对报表。报表及时装订，管理规范。

汇报路径：报表出现问题，责任人及时上报网点负责人、会计结算或信息技术部门，

做好上报时间、处理结果记录(上述记录需用签字笔或蓝水钢笔填写)。

汇报时间：实时。

18) 捆钞条

捆钞条的检查标准：柜员每日班前须检查捆钞条，捆钞条需准备充足、摆放整齐、使用方便。

汇报路径：不能满足需要时，柜员应及时上报网点负责人及上级部门。

汇报时间：实时。

19) 员工仪表

员工仪表的检查标准：员工上岗必须穿着统一制服，佩戴工号牌。男士穿着西服时应配穿衬衣和皮鞋，佩戴领带，领带要系好拉正；女士穿着应配套、协调，长袜不应带图案，袜口、衬裙不应外露。穿着制式衬衣时，衣摆应扎入裤(裙)内。

汇报路径：员工仪表不符合标准时，网点负责人、柜员应相互提醒，立即纠正。

汇报时间：实时。

20) 尾箱迎接

尾箱迎接(出库)的检查标准：建立尾箱交接登记手续，交出人、接受人同时签字。交接中，必须有安全保卫人员监督并行使职责，坚持认人、认车、认时间、认证件(四认)。

汇报路径：存在问题或隐患，立即上报网点负责人、上级安保部门、出纳部门，并做好上报时间、处理结果、责任人等记录(上述记录需用签字笔或蓝水钢笔填写)。

汇报时间：立即。

21) 重要空白凭证

重要空白凭证的检查标准：重要空白凭证领用柜员每日班前应检查重要空白凭证，核对重要空白凭证数量，确保账实相符，核对重要空白凭证实物号码连续、份数完整齐全。

汇报路径：存在问题时，重要空白凭证领用柜员应立即上报网点负责人及上级部门，做好上报时间和处理结果记录(上述记录需用签字笔或蓝水钢笔填写)。

汇报时间：立即。

22) 印章

印章的检查标准：准备好储蓄业务印章、个人名章及戳记日期，业务印章、个人名章字迹清楚，不能残留印泥，以免影响盖章清晰度。班前更换戳记日期时，确保戳记日期与当日营业时间一致。

汇报路径：出现问题，立即上报网点负责人及上级部门，完成注销、更新工作，并做好上报时间和处理结果记录(上述记录需用签字笔或蓝水钢笔填写)。

汇报时间：立即。

23) 零钞

汇报路径：出现零钞准备不足时，立即上报网点负责人及出纳部门，做好上报时间和处理结果记录(上述记录需用签字笔或蓝水钢笔填写)。

汇报时间：实时。

以上准备工作由网点负责人牵头组织，并形成书面预案。

网点负责人按照“不重、不乱、不漏”的原则进行各岗位分工，形成书面分工预案，每项班前准备工作必须落实到具体负责人。

网点负责人应建立工作“流水记事簿”，随时记录各项准备工作运行情况，详细记录各环节责任人报告的问题、解决方案、处理结果等，记录客户需求、预约服务、投诉意见、业务营销等内容。“流水记事簿”要有编号，纳入人员轮岗交接内容。

网点负责人每月不少于一次举行系统性的点评、评价。网点负责人通过晨例会形式，由各项班前准备工作责任人落实。

任务二　标准化管理

任务导入

有新入行的员工，请以网点负责人的角色给其讲解邮政金融网点转型的标准化管理及资源整合。

任务分析

- 岗位配备标准化、营销管理标准化、基础管理标准化；
- 邮政金融网点硬件整合；
- 资源整合的目标；
- 在办理业务的自助服务区、现金区、非现金区的各业务整合要求；
- 各岗位的主要职责。

应知应会

1. 支行经营管理标准化

(1) 岗位配备标准化。

(2) 营销管理标准化。

(3) 基础管理标准化。

(4) 网点增、迁、并、撤流程标准化。

(5) 服务标准化。

(6) 着装标准化。

(7) 营业设施环境标准化。

(8) 营业时间标准化。

2. 岗位配备标准化

各支行要按照规定设置相关岗位，要求全功能网点、多功能网点必须配备专职大堂经理、专职理财经理、专职客户经理(含信贷经理)和专职营业主管、专职风险合规经理岗位，且不得兼职；交易型网点必须设置大堂经理(可兼职理财经理)、营业主管、风险合规经理(可兼职营业主管)岗位，配备客户经理，且不得兼职。在综合考虑网点金融资产规模、业务量、周边经济状况、发展潜力等因素后，科学合理配置其他岗位相关人员及其数量。

3. 营销管理标准化

(1) 网点需每天召开晨例会，进行当天的营销安排、信息分享、心得交流、经验总结等，同时填写晨例会记录，记录会议内容。

(2) 现金区、非现金区柜员要与营销人员实现联动作业，在进行基本金融服务的同时应能够识别潜力客户，并介绍给大堂经理和理财经理进行深度挖掘。

(3) 支行长作为支行的大客户经理，是支行营销、管理、服务工作的第一责任人，是业务发展的引领者、营销的直接参与者、经营的管理者，主要负责支行所有大客户的开发、维系、走访和营销，重点负责机构客户一对一专属服务，负责营销项目策划并组织实施；负责支行营销目标、方向的落实，负责营销人员配合协作，全面掌控支行营销情况并进行考核。

4. 基础管理标准化

支行统一配备营销管理簿册，共十本，分为营销类和管理类。

1) 营销类

(1) 支行客户经理营销日志。

(2) 支行大堂经理营销日志。

(3) 支行理财经理营销日志。

(4) 银行日程表。

(5) 支行晨会记录。

(6) 支行营销例会记录。

(7) 个人客户资料登记簿。

(8) 支行大客户(公司、机构)登记簿。

2) 管理类

(1) 支行管理日志。

(2) 银行客户意见簿。

5. 邮政金融网点资源整合的目标

(1) 支行资源整合主要分为两个方面：硬件资源整合和软件资源整合。

(2) 通过加大支行改造力度，实现硬件整合目标，使支行布局合理、分区完善，满足为客户提供全流程服务的硬件条件。

(3) 通过现金区整合，使客户享受到现金区高效率、流程化的快捷服务；通过非现金区整合，拉近与客户之间的距离，柜员可以在没有防弹玻璃的自由空间里，与客户进行深入交流，充分互动，发掘客户金融需求，进行有效介绍，开展综合营销。加强对支行柜员的培训，使柜员全面熟悉支行柜面业务，掌握相应的服务技能，盘活人力资源，有效解决支行人员不足的现状。

6. 邮政金融网点硬件整合

1) 区域整合

将支行内部各区域进行功能整合，支行营业厅可以划分为引导咨询区、现金区、非现金区、自助服务区、VIP 中心、填单区、网银体验区、休息等候区。区域整合后，各区域功能如下：

(1) 引导咨询区：迎接客户，引导客户到相应的区域办理业务并进行分流，同时为客户提供咨询服务，主要由大堂经理、理财经理提供服务。

(2) 自助服务区：为客户提供银行卡自助服务，如查询、存取款等，主要由保安、大堂经理提供服务。

(3) 现金区：办理储蓄、汇兑、绿卡、电子银行(包括电话银行、网上银行)、短信业务，以及信贷、公司业务中涉及现金的业务，由现金区柜员提供服务。

(4) 非现金区：办理理财类业务(保险、基金、理财、国债)、信用卡申请、信贷业务的受理以及公司业务中不涉及现金操作的部分，由非现金区柜员提供服务。

(5) VIP 中心：接待高端客户，为高端客户提供舒适温馨的业务环境，并开展综合营销，由客户经理、理财经理提供服务。

(6) 填单区：客户办理业务前填写单式的区域，由大堂经理、理财经理提供服务。

(7) 网银体验区：客户体验中国邮政储蓄银行网上银行服务的区域，使客户乐于使用电子渠道，减少对柜面资源的占用，由大堂经理、理财经理提供服务。

(8) 休息等候区：客户办理业务前休息、等候的区域，主要由保安维持秩序。

2) 设备整合

(1) 现金区终端绑定储蓄、汇兑、公司业务，进行切屏处理。

(2) 非现金区终端绑定保险、基金(理财、国债)、公司业务、信贷受理，进行切屏处理。

7. 在办理业务的自助服务区、现金区、非现金区的各业务整合要求

(1) 自助服务区：银行卡余额查询、交易明细查询、转账、更改密码、5000 元以下存取款等，主要由保安、大堂经理提供服务。

(2) 现金区：办理储蓄业务、汇兑业务、卡业务(银行卡余额查询、交易明细查询、转账、更改密码、5000 元以下存取款除外)、电子银行业务(包括电话银行、个人网上银行)、短信业务，办理信贷业务中还款账户的开户和放款、办理公司业务中涉及现金的业务(即 C 柜)，由现金区柜员提供服务。

(3) 非现金区：理财类业务(保险、基金、理财、国债)的办理、公司业务中不涉及现金操作的部分(B 柜、D 柜、E 柜)，信用卡业务、信贷业务的受理等，由非现金区柜员提供服务。

8. 岗位整合中各岗位的主要职责

1) 支行长主要职责

(1) 支行长是支行的首席大客户经理，是支行业务发展、经营管理的第一责任人。

(2) 支行长每日须亲自做的主要工作有支行重点机构大客户的开发、维系、走访和营销、支行坐堂、填写支行大客户(公司、机构)登记簿、整理分析支行经营数据、制定盈利目标和行动计划、指导销售人员行为、召开销售会议等。

(3) 支行长每日须关注的主要工作有支行风险状况、基础管理情况、客户服务情况、支行经营目标的完成情况及绩效考核情况等。

(4) 支行长每日须了解的主要工作有员工的思想动态、精神状况及工作激情等。

2) 风险经理主要职责

(1) 柜员管理职责。负责协助支行长(网点负责人)做好柜员管理，即合理安排派驻营业分支机构营业岗位，调配柜台人员，组织内部各岗位轮换，参与柜员考核评价。

(2) 内控管理职责。负责监督、检查营业机构柜面业务规章、内部控制制度的执行情况。协助派驻营业分支机构负责人对检查监督中发现的隐患及各级监督检查部门检查中发现的问题及时进行落实整改，监督整改措施的实施。

(3) 业务管理职责。负责检查、监督工号、尾箱、现金、支票和重要单证、审核授权、印章、反洗钱工作等基本内控管理是否按规范流程操作，及执行新业务中的有关职责。

(4) 安全管理职责。负责监督、检查派驻营业分支机构安全员的工作职责落实情况，负责报告有关异常情况和提出风险隐患及整改建议。

(5) 业务培训职责。风险经理要熟识各项金融业务的各项规章制度和操作流程，指导柜员正确办理业务，提高柜员业务水平，协助或辅导解决营业过程中遇到的业务问题。协助派驻营业分支机构负责人做好各项柜面业务流程制度、风险合规和安全防范教育等培训工作。

(6) 报告职责。风险经理要归集网点各类风险信息，及时向派驻营业分支机构的负责人报告本机构内控风险情况，向上级机构报告职责履行情况和所派驻营业分支机构内部控制措施的有效性及操作风险防范情况，遇有重大事项应立即报告。

(7) 负责接受监管机构和上级部门的检查、监督，为相关管理部门提供合规信息和合规建议。

(8) 办理司法查询、冻结、扣划等审批工作。

(9) 负责填写支行管理日志，早、晚对支行的环境卫生情况、硬件设备进行巡查，自助设备加纸及故障保修；参与支行审贷会的召开及贷款预审批工作。

3) 大堂经理主要职责

热情文明地迎送客户，对支行的优质服务进行管理和督导；受理客户咨询、投诉，按客户业务需求的范围正确引导客户到相应的区域办理业务，为新开卡客户介绍电子银行(包括电话银行、个人网上银行)、短信业务打包营销服务；记录客户资料，回访客户，综合开发、引导客户金融需求，发现目标客户；负责各种客户资料的归集、保存；负责召集召开支行晨夕会和销售总结会；负责支行现场管理，保证支行环境卫生整洁，各种设施摆放合理到位，宣传品整齐归位，无过期宣传品，支行摆放 X 展架不超过 3 个。

4) 理财经理主要职责

向目标客户全面讲解营销当期销售的金融产品，并对客户进行理财规划，提供综合性理财服务，综合开发、引导客户金融需求，发现并及时引导客户需求。理财经理是银行产品销售的主力军；将营销成功的客户引导至相应的区域(自助服务区、现金区、非现金区)办理业务。

5) 客户经理主要职责

负责个人中高端客户和机构客户的开拓、发展和维护，营销金融产品；负责研究区域市场动态，进行市场调研，策划并实施综合或分类(个人、公司、信贷)客户的综合化、个性化、差别化营销服务方案，对下一级客户经理进行培训和专业技术指导；负责跨行业合作伙伴和外部销售渠道的开拓、发展和维护；负责收集、分析客户的需求信息，建立和更新区域VIP客户信息档案，定期完善客户情况分析报告，根据客户信息制订意向客户营销计划，并跟进实施；负责对客户提供现场或在线服务；负责客户的日常风险监控工作，密切关注市场及客户情况，积极防范各种风险。客户经理是银行与客户交流的桥梁。

6) 营业主管主要职责

负责柜员交易中的授权、尾箱领用、发放管理，缴协款，凭证领用、发放管理，特殊业务授权、监督管理，营业终了支行签退，与出纳款项交接等；负责各种基础台账的建立与保存；负责开业前各项准备工作的检查和确认；负责在行式自助设备的加钞及报表账务管理等；负责支行日常业务交易中各风险环节的监控、检查和特殊情况的处理；负责信贷业务的放款。

7) 现金区柜员主要职责

负责柜员签到、签退，机构签到、签退，修改柜员密码，受理客户业务咨询；负责直接办理或经授权后办理储蓄业务、汇兑业务、卡业务(银行卡余额查询、交易明细查询、转账、更改密码、5000元以下存取款除外)、电子银行业务(包括电话银行、个人网上银行)、短信业务，办理信贷业务中还款账户的开户和放款，办理公司业务中涉及现金的业务(即C柜)；经办挂失、查询、冲正、冻结、解冻结、止付、解止付、扣划、存款证明以及凭证丢失/作废等特殊业务；负责客户大额预约、支票预处理及查询；负责领用、上缴尾箱、现金及重要空白凭证，与营业主管进行款项及空白凭证的交接；负责每日营业前的各项准备工作，建立、登记支行相关基础台账；负责对柜面客户进行新业务的宣传、推广与引导工作。

8) 非现金区柜员主要职责

办理理财类业务(保险、基金、理财、国债)、公司业务中不涉及现金操作的部分(B柜、D柜、E柜)，信用卡业务、信贷业务的受理等；受理用户业务咨询；负责办理业务中对客户的综合开发、交叉销售以及新业务的宣传和推广。

9) 保安主要职责

负责预防各类事故发生，保护支行财产和人身安全；维护支行秩序，配合大堂经理做好疏导工作，引导客户到办理业务的台席或等候区，提醒客户在“一米线”外按顺序排队；对支行自助服务区进行巡查，保持自助服务区内秩序正常，疏导与办理业务无关的人员或其他可疑人员；自助机具加钞或维修时，协助维护秩序；整理支行内外环境，保证支行环境卫生干净整洁，物品摆放整齐有序。

实训案例

请以网点负责人的角色组织召开网点营业人员每日晨例会。

案例分析：

1. 召开晨例会的意义、作用

晨例会是中国邮政储蓄银行陕西省分行各营业运营管理工作中的一项重要活动。通过晨例会可以查询各岗位运行状态，并及时维护、完善，可使每一位员工获得更多资讯，得到更多辅导，进入更好的工作状态。

2. 晨例会流程

1) 点名

(1) 网点负责人或授权代理人分别按照大堂经理、兼职安全员、储蓄营业主管、事中监督等职责岗位进行点名。(提示：以上职责岗位名称及其职责内容，是由网点负责人根据班前准备工作内容，进行岗位名称预设置，各岗位职责分工包括23项工作并有明确责任，须签订岗位职责确认书。)

(2) 晨例会点名模式。网点负责人以问题“截至目前某项岗位工作是否正常”的形式进行点名。(要点提示：网点负责人每日必须进行点名，如果有特殊情况，可授权其他人代理进行。)

(3) 各岗位责任人只能明确回答“是”或“否”，保证分管岗位职责准备到位，并对做出的回答完全负责。(要点提示：当报告人回答“是”就确认该岗位班前准备工作已达到检查标准，不再记录。当报告人回答“否”时，必须回答该岗位存在问题的具体事项，并要求点名人做好记录，以明确责任。)

(4) 责任追究。网点负责人组织实施晨例会点名流程，未履行点名职责出现岗位差错，又未授权他人点名的，由网点负责人负全责；报告人对其回答的真实性负全责；点名人对记录内容的填写负全责。

2) 评价

由网点负责人或代理人对网点、营销、考勤管理和风险控制等进行点评。

3) 激励

晨例会形式多种多样，具体包括工作总结、考勤管理、工作提示、生日庆祝、喜讯传达、业务动态、市场分析、健身体操和室外活动等。网点责任人不仅可以通过晨例会进行责任检查，还可以通过晨例会对员工的工作情况、工作士气进行激励。

任务三 设施管理

任务导入

有新入行的员工，请以网点负责人的角色为其讲解邮政金融网点设备管理规定、设备设施管理及其相关流程。

任务分析

- 邮政金融网点设备设施责任制管理；
- 兼职技术员具体职责，ATM管理员职责，ATM的业务管理内容；
- 设备购置流程，耗材购置流程，网点设备维修流程，网点ATM故障处理流程；
- ATM及终端常见故障维修方法；
- POS机的申请流程，“商易通”业务申请流程。

应知应会

1. 网点设备设施责任制管理

(1) 办公家具包括办公桌椅、等候椅、填单台、更衣柜、沙发、茶几等，主要责任人为网点大堂经理。

(2) 金融电子类设备及网络设备包括PC、终端、打印机、复印机、自助设备、交换机、路由器、UPS电源等，主要责任人为网点兼职技术员。

(3) 安防设施包括监控、防尾随门、消防设施等，主要责任人为网点风险经理。

(4) 辅助设备包括利率屏、门楣屏、叫号机、空调等，主要责任人为网点大堂经理。

2. 兼职技术员具体职责

(1) 及时修复设备，确保正常运行。

(2) 定期或不定期对设备操作人员进行设备维护和使用方面的培训。

(3) 建立本机构设备档案台账，妥善保存设备技术资料。

(4) 负责本机构设备及耗材的申请。

(5) 负责本机构设备的软硬件升级及调试等工作。

3. ATM管理员职责

(1) 监控ATM的运行状况，每日对ATM进行巡查，不少于三次(早、中、晚)，并进行查询、出钞测试。

(2) 随时检查网络通信是否畅通，系统运行是否正常，插卡口、凭条口及出钞口是否清洁畅通、有无异物堵塞，检查电源的工作状态，确保供电线路正常，保证24小时开机。

(3) 做好ATM的日常清洁保养工作，每日清洁ATM及周围环境，保证外观清洁卫生，保证通风口通气顺畅，保证客户操作界面整洁明亮。

(4) 查看流水纸、凭条纸是否需要更换，检查打印机是否正常，是否需要更换色带等易耗品。

(5) 掌握ATM的现钞使用规律，估计现钞不足当日支付时要及时会同有关人员进行加钞，保证ATM内有足够的现金。

(6) 掌握ATM维护基本技能，能对故障现象做出初步的描述和判断，遇到疑难及时与厂家、市分行渠道科技部联系。

(7) 建立“ATM运行日志”，对ATM每天的运行状况和维护情况进行记录。

4. ATM的业务管理内容

(1) ATM的保险柜钥匙和保险柜密码必须双人分管，相互制约，严禁一人统管。保险柜密码应不定期进行更换。

(2) 保险柜钥匙使用后应立即入库(保险箱)保管，不得随身携带。

(3) 加钞柜员休息，保险柜钥匙或保险柜密码应按要求与代班人员严格办理交接登记，并由支行长负责监督交接过程，在交接登记簿上签字确认。

(4) ATM装钞必须双人办理。装钞前须经手工或点钞机多次复点打松，一人点钞，一人复核。装入现金时，按系统规定的各钞箱依次装钞，一人装钞，一人监督，并进行登记。装钞完成后，关闭机门，打乱密码上锁。

(5) ATM 加钞、取钞、钞箱检查等工作必须置于全方位监控之下，由支行加钞员和复核员双人操作。

(6) 在给离行式 ATM 加钞时，各支行要在押运、加钞整个过程中严格按照有关规定，加强警戒，确保加钞安全。

(7) ATM 钞箱中存放的备付金要根据业务量和相关规定，合理核定每台 ATM 存放备用金的限额。

5. 设备购置流程

(1) 由申请部门、各支行填写“××银行购置设备/耗材审批表”，应明确使用部门、设备详细用途、设备数量，由部门领导或支行长审批签字后交渠道科技部审核。

(2) 市分行渠道科技部在“××银行购置设备/耗材审批表”填写意见后，交市分行财务会计部审核，行领导审批签字后，由渠道科技部负责设备的购置和发放。

(3) 市分行渠道科技部在配发各类设备时，填写“××银行设备出库单”，需明确设备的品牌、型号、数量、使用部门、用途，并由领取人签字确认。

6. 耗材购置流程

(1) 各支行、各部门每月 25 日前填写“××银行耗材需求统计表”，上报本单位下月耗材需求，交渠道科技部汇总采购。“××银行耗材需求表”分别用电子版和书面形式上报。书面报表必须要有部门或支行长签字，并加盖公章。

(2) 分行渠道科技部每月底前汇总各支行、部门耗材需求，提交“××银行购置设备/耗材审批表”，由财务会计部、行领导审批同意后，实施采购，并于次月 10 日前，发放至相关部门及支行。

(3) 各单位由专人负责领用耗材，填写“××银行耗材领用登记表”，并签字确认。

7. 网点设备维修流程

对于一般设备故障，要求各网点兼职技术员及时给予处理，恢复设备正常工作。对于较严重故障，要求传真向地市级分行渠道科技部上报“××银行网点各类故障报告表”，在市级分行渠道科技部指导下维修或由渠道科技部安排维修并做相应的记录。

8. ATM 及终端常见故障维修方法

(1) ATM 设备黑屏、图形终端黑屏：一般为电源故障，查看设备电源连接是否正常，电源插板是否松动，若未能解决，请及时联系维护人员。

(2) ATM 设备网络故障，显示暂停服务：一般 ATM 屏幕右上方显示 04 代码，请及时联系技术维护人员处理。

(3) ATM 卡钞，屏幕显示暂停服务、系统维护中：一般为出钞模块内部传感器脏(坏)/皮带机齿轮磨损/加钞时将残钞(7 成以下)加入，请联系技术维护人员清洁/更换设备/提示业务人员注意用于加钞的钞票质量。

(4) ATM 无取款项：钞箱真正无钞，通知业务人员加钞；灰尘落入传感器内，造成系统误认为出钞通道有钞而 ATM 无取款项的故障，请及时联系维护人员，清洁传感器。

(5) ATM 下账不吐钞：出钞口被不法分子破坏或封粘，请巡查人员/现场管理人进行清理；ATM 出钞传输介质不畅或损坏，造成出钞不同步而引起的下账不吐钞，请联系技术维护人员处理；ATM 废钞多引起下账不吐钞，请业务人员及时清除废钞。

(6) ATM废钞多：测量站磨损，出钞间隙大、吸钞轮脏，及时联系技术维护人员更换或清洁。

(7) ATM不吃卡：读卡器预读磁头位置低或脏，读卡器SHUTTER挡板变形或损坏，及时联系维护人员更换或清洁。

(8) ATM不读卡：读写磁头脏或坏，及时联系技术维护人员更换或清洁。

(9) ATM吞卡：读卡器胶轮磨损，及时联系技术维护人员更换。

(10) ATM流水打印机不吸纸、卡纸：预进纸传动或打印机传感器脏(坏)，及时联系技术维护人员。

(11) ATM流水打印机不卷纸：卷纸电机坏，请及时更换。

(12) ATM打印不清或不打印：检查针式打印机色带，进行色带更换或重新安装。若为热敏打印机，则更换热敏打印机头。

(13) 终端连接主机失败：操作人员检查网线是否连接正常，是否存在松动，同时用PING储蓄前置机/储蓄主机IP地址方式测试网络(开始-运行-输入cmd-输入Ping储蓄前置机/储蓄主机IP地址)检查网络连通性，若以上方式仍未能处理，请及时联系维护人员。

9. POS机的申请流程

POS机的申请流程如图2.5所示。

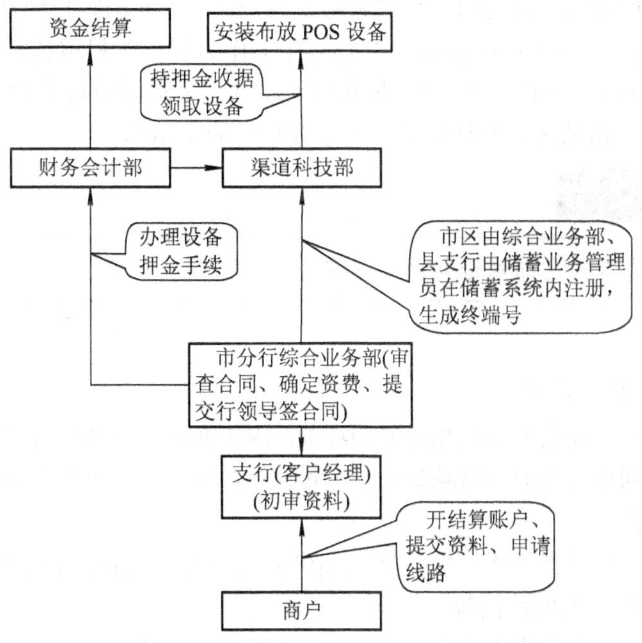

图2.5 POS机的申请流程

(1) 客户提供营业执照、国税或地税登记证、法定代表人身份证和组织机构代码证的原件及复印件，并提供在邮政储蓄银行开立的对公结算账户。

(2) 各支行、市分行营业部对客户资料及客户身份信息等进行初审，对符合资质要求的商户，填写“邮政储蓄特约商户受理银行卡业务协议书”，一式两份，并由客户签章。

(3) 各支行将“邮政储蓄特约商户受理银行卡业务协议书”、商户证照等资料统一报送市分行综合业务部进行审核。

(4) 综合业务部重点审查客户身份资料、经营范围、资费标准等信息，无误后将受理协议书提交行领导签字。

(5) 市区支行拓展的商户，由综合业务部业务管理人员在 POS 业务管理系统中申请商户编码，并进行账户绑定。各县(市)支行拓展的商户，由县支行业务管理人员在 POS 业务管理系统中申请商户编码操作，并进行账户绑定。

(6) 综合业务部将商户编码、商户信息等内容交渠道科技部，由渠道科技部负责 POS 机具的调试和安装。

(7) 客户向市分行财务会计部缴纳 POS 机具使用押金，财务会计部应向客户出具押金收据(一式三联，财务会计部留存一联，客户两联)，客户持押金收据(一联)在渠道科技部领取设备。渠道科技部留存一联押金收据。

(8) 会计结算部负责定期与客户进行资金结算与划转工作，并做好账务核对工作。

(9) 特约商户信息资料、受理协议等由××银行综合业务部建立客户信息档案，妥善保管。

10. “商易通”业务申请流程

县(市)支行“商易通”业务管理部门对网点提交的“申请表”及相关资料进行复审，审核无误后，在“申请表”上签字确认，并提交县(市)支行业务主管审批签字。县(市)支行“商易通”业务管理部门应及时将审批结果通知客户经理，并由客户经理将结果告知客户，如客户未通过审批，客户经理应向客户做好解释工作。客户资料审核通过后，县(市)支行应指定专门安装人员，会同客户经理及时到指定地点，负责向通过审批的“商易通”业务申请客户安装话机，帮助客户开通业务，并给客户做简单培训。

实训案例

请以网点负责人角色组织进行网点午巡查。

案例分析：

1. 午巡查的意义、作用

午间工作是网点工作内容中的相对薄弱环节，因午间上班族客户较多，他们需要快捷服务，网点柜员因午间用餐开放台席减少，易引起投诉，所以网点负责人应加强午巡查工作。

2. 午巡查流程

(1) 检查问题。午巡查工作环节包括加强优质文明服务意识，检查安全运行，确保 3 人以上工作人员上岗、保安在岗等。

(2) 信息反馈。网点负责人或代理人在午间巡查中，要确保柜员的到岗、交接、优质文明服务等环节安全、完整。检查信息要记录完整。

出现异常情况，及时向安保部、个人金融部、管辖单位、派出所报告。

网点负责人应在长期巡查经验基础上，定期向上级主管领导汇报网点管理、业务操作、业务需求、客户营销、安全防范措施等情况，服从上级领导管理。

(3) 午巡查要求。午巡查是网点安全运营的重要环节，网点负责人必须坚持午巡查，认真履行午巡查工作流程，提高网点工作效率，使网点工作安全、高效运行。

注意事项：

(1) 网点负责人在午巡查中，应加强优质文明服务检查，谨防员工在午间营业时间出现懈怠现象，影响窗口服务质量和业务质量。

(2) 检查午间员工上岗人数，保证3人以上在岗服务。

(3) 处理投诉：网点负责人应了解午间50%以上投诉处理情况，参与30%以上的投诉处理。掌握客户需求，改进网点服务，向上级提供管理建议。

(4) 安全检查：网点负责人或代理人在午间巡查中应检查网点的安全防范工作和措施，如防盗门安全、防卫器具有效并摆放到位、警报器安装完好有效、监控器能有效使用、录像设备正常运行等。

(5) 账务抽查：网点负责人或代理人在午间检查柜员离柜是否临时签退，现金、凭证及章戳是否入柜落锁。检查网点报表的打印、核对、保管，确保各项报表准确性和完成情况。月检查覆盖面为100%。

(6) 检查现金及重控凭证：网点负责人或代理人应在午间抽查员工现金库存，认真清点，登记现金检查登记簿。检查库存现金时，须在员工服务窗口没有客户或客户较少的情况下进行，避免影响窗口服务。检查重控凭证时，应检查实际库存与使用、领入相符，同时应检查重控凭证号码的连续性和完整性。

项目案例

请以网点负责人角色组织召开网点营业人员每日晚总结会。

案例分析：

1. 晚总结的意义、作用

晚总结是网点运营管理的重要活动之一。每日营业结束，在账平库符后，网点负责人或代理人应认真组织晚总结工作，总结网点当日营业情况，并根据网点经营状况进行总结改进、提高。

2. 晚总结流程

网点账平库符以后，进入晚总结环节。

1) 运行状态总结

(1) 投诉回顾：认真分析当日客户投诉，进行分类整理，形成案例，提高网点处理投诉能力，改进服务，提高效率。

(2) 差错：以网点负责人点评或柜员自评、互评方式，纠正差错，减少问题，消除隐患。

2) 营销总结

总结本单位客户资源的变化情况，建立客户资源档案，每日分析、对比，提出营销方案和措施。

3) 业绩总结

网点负责人组织班后总结，收集、汇总全体员工包括网点负责人本人当天的营销业绩，内容主要为客户资源的维护、增长，储蓄存款的维护和增长，以及其他工作目标的达成情况，分析达成、未达成的原因，总结经验，扬长避短，持续发展。

4) 点评

(1) 网点负责人点评网点任务进度、全行排名、营销成果和员工业绩排名、服务排名，以及存在的问题。

(2) 通报每位员工的考勤情况，让员工知晓彼此的出勤状况。

(3) 利用晚总结进行员工培训，技术演练、测评，业务学习(每周至少一次)。

(4) 分享工作经验、业务信息。网点负责人组织全体人员学习业务操作，分享心得，提高员工的业务素质、思想水平、道德情操。

(5) 网点负责人可根据业务发展情况、员工思想动态、业务技能、新产品需求、政策变化等，组织形式多样的晚总结活动，达到业务增长、素质提高、服务优质、严肃活泼的目的，努力形成积极向上、充满阳光的工作氛围。

5) 自我评价

网点每日营业结束，在账平库符后，由网点负责人或代理人根据整体服务状况进入晚总结自我评价环节，包括每月全体人员集中至少观看录像一次，检查业务办理环节的优劣点，网点负责人组织大家查找，不安全因素“看”到了没有，客户的需求“听”到了没有，促进业务发展方案“想”到了没有，该交办的事项“做”到了没有。

营业期间做到“六项要求”：

(1) 营业时最少保持三人当班，两人临柜，一人负责；保持高度警惕，发现异常及时采取措施；

(2) 无关人员严禁进入柜台内，因工作需要进入，必须规范手续：实行检查“两证一陪同”(工作证、身份证、本行领导或安保部门人员陪同)；

(3) 通勤门必须及时上锁，钥匙放置妥当，出入时，必须确认安全，即开即锁；

(4) 营业厅勿放置棍棒、砖、石、铁器、易燃易爆物品；

(5) 熟记应急电话号码，会报警，会消防，会用防卫器具；

(6) 大宗现金不得放置桌面，及时放入保险柜，拔下钥匙，打乱密码。

柜员对于当日办理的每一笔业务，在工作间隙或晚总结会上从看到、想到、说到、做到等四个方面认真总结工作中的行为、形象，确信言行举止优雅得体、操作准确快捷，给客户留下良好印象。建议网点每周抽出一小时组织相关人员观看录像，强化柜员自我评判效果。这是解决当日差错的良策，也是提高业务操作内功的有效手段。

3. 晚总结要求

(1) 网点负责人要根据工作记录和员工、客户反映情况，按照“现场交接、恒久责任”的原则，对各项工作总结确认，对违规、违纪行为处理要及时，对当日好人好事也要当日公布并纳入绩效管理。

(2) 网点负责人认真组织晚总结工作的实施，可通过形式多样的方式、活动，达到晚总结工作的目的。例如：

① 竞赛公布；　② 主任述职；　③ 演讲比赛；

④ 业务培训；　⑤ 目标重温；　⑥ 士气鼓励；

⑦ 产品学习；　⑧ 知识测验；　⑨ 技巧培训；
⑩ 头脑风暴；　⑪ 名人座谈；　⑫ 个案研讨；
⑬ 话术辩论；　⑭ 热点追踪；　⑮ 业务会诊；
⑯ 趣味游戏；　⑰ 有奖竞答；　⑱ 读书感想；
⑲ 技能训练和测试；　⑳ 总结报告；　㉑ 情景话剧；
㉒ 倾诉心声；　㉓ 政令宣导。

(3) 营业结束，网点负责人检查办公环境，做到各项办公用品归位、整洁，包括桌椅归位，印油、点钞机、终端显示器、凭证等摆放整齐，并清扫杂物，保持环境卫生干净、整齐。

注意事项：

做到“四个不留、四个不走、六个必须”。

四个不留：① 下班后，营业室内不留人；② 不留款；③ 不留印章；④ 不留重要凭证；

四个不走：② 账、款结不平不走；② 账、款、印、押不入箱(柜)不走；③ 尾箱不上车不走；④ 保险柜(专用柜)门、通勤门、营业室门(窗)不锁不走。

六个必须：① 必须将现金、印鉴、密押、重要凭证、令牌入库，鉴封、登记、办理交接，抽屉、保险柜落锁，钥匙随身携带；② 必须全员接送库，留人应急报警，坚持认车、认人、认证件、认时间，在监控录像下交接，发现异常，及时报告；③ 必须填写好当日安全工作日志和安全检查情况登记；④ 必须切断电源、水源、火源，关好门窗；⑤ 必须布防夜间报警器；⑥ 必须关好门、上好锁，网点下班剩 2 人时，最后离开者负责。按照“现场交接、恒久负责”的原则，安全下班。

讨论与思考题

1. 邮政金融网点营业环境有哪些要求？
2. 邮政金融网点标准化管理都有哪些规定？
3. 邮政金融网点设施管理有哪些要求？

项目三 储蓄业务

项目导入

客户在营业网点咨询存取款业务，请为客户做产品介绍并从储蓄种类的存期和收益理财的角度进行分析，再为客户办理相关业务。

学习目标

知识目标

- 储蓄产品的相关规定；
- 储蓄产品的处理规范。

能力目标

- 能熟练给客户介绍相关储蓄产品；
- 能熟练办理储蓄产品手续；
- 能熟练进行储蓄产品业务的机上操作。

任务一 储蓄产品的介绍与办理

任务导入

客户来网点办理储蓄产品，请为客户推介储蓄产品并办理储蓄业务相关手续。

任务分析

- 储蓄产品的种类；
- 储蓄业务的处理及日终处理；
- 储蓄业务的办理步骤和相关注意事项。

应知应会

3.1.1 基本规定

(1) 邮政储蓄存款基本种类包括活期、定期、定活两便、个人通知存款等。

(2) 邮政储蓄存款按中国人民银行有关规定计付利息，按照税务机关规定的税率代扣代缴储蓄存款利息所得的个人所得税。

(3) 邮政储蓄重要凭证(包括有价单证和重要空白凭证)的管理，按照《中国邮政储蓄银行会计制度(试行)》有关规定执行。

(4) 预留密码的活期存折、本外币活期一本通可在全国任一联网网点通存通取和销户，本外币定期一本通可在省内任一联网网点通存通取和销户。无密户和印鉴户只能在开户网点办理取款和销户。活期存折挂失销户交易只能在原挂失机构办理。

(5) 绿卡可在全国任一联网网点通存通取，可在省内任一联网网点销户。

(6) 预留密码的其他储种可在省内任一联网网点通存通取、销户和部分提前支取。

(7) 不需出示有效实名证件，只需凭密码办理的业务，若密码正确，均视为客户本人办理。营业机构应通过客户签名与账户所有人姓名是否一致等合理方式识别代理关系的存在，如为代理关系，应要求代理人在签名旁注明“代”字样。

需要出示身份证件的业务，如为代理人代办业务时，代理人应将代理人姓名、证件类型及号码填写清楚(代理开户、大额存取款、汇款等业务还需填写账户所有人的证件类型及号码)，并在签名确认处签代理人姓名，注明“代”字样。

(8) 网点给客户签发存折/单时，必须在规定位置加盖业务专用章。业务办理完成后所有交易凭单均应加盖业务专用章。交易凭单上需加盖业务用个人名章，已打印柜员号及姓名的，柜员可不再手工加盖业务用个人名章。

(9) 柜员应按规定检验存款凭证的真伪。客户在窗口持存折/单办理取款、销户、汇款金额 1 万元以上(含 1 万元)以及紧急折取款、急付款、重新写磁、可疑凭证解锁定、随机换折/单等业务时，柜员必须使用长短波灯等专用仪器检验存折/单荧光丝防伪特征。经检验，确认客户所持存款凭证不符合防伪特征的，不得为其办理业务。

对于确定符合短波荧光丝防伪特征的存折/单，柜员还要查看存折/单是否有被刮补、挖补及涂改痕迹，特别要检查存折/单户名、印刷号和账号三处位置。经检查确定存折/单有被刮补、挖补及涂改痕迹，不得为客户办理业务。

(10) 柜员对需要在存折/单等凭证上打印或填写的内容要仔细核对、检查。因故需要手工进行填写的，应按规定使用钢笔或碳素笔，用蓝色或黑色墨水，禁止使用圆珠笔或铅笔，字迹要工整，在右侧加盖业务用经办人名章。客户填写的内容不允许修改。

(11) 个人业务处理系统中可完整输入 40 位字符长的户名(即 20 个汉字或 40 个英文字母)，若客户户名字符长度超出了存折/单户名打印栏长度，由柜员在存折/单空白处手工填写完整户名，加盖业务用经办人名章。换存折/单时，应在新存折/单户名旁作相同处理。

(12) 若客户户名所使用的汉字在系统字库中不存在，则输入该汉字的汉语拼音(大写)代替，然后在存折/单上汉语拼音旁手工填写该字，加盖业务用经办人名章。换折时应注意在新存折上汉语拼音旁作相同处理。

(13) 客户办理账户转存业务时(即从一个或多个账户取款或销户后随即转存入另一个账户时)，柜员在转存金额超过当时尾箱现金结余的情况下，可在取款类交易和存款类交易中分别选择“转存”方式办理业务。日间以“转存”方式为客户办理大额转存业务的，柜员在日终轧账时应先轧平自身的转存业务平衡表再进行正常的轧账交易。

(14) 柜员办理完存款、取款等交易后，必须打印交易凭单，认真核对后交客户签名确认，客户确认后再将交易凭单的客户回执联交予客户。

(15) 个人业务处理系统中已有的各类登记簿，应在办理业务时在系统中进行登记，或由系统自动进行登记，原则上不再设立手工登记簿。确需以手工方式登记以达到明确责任、证明交接事项等的，设立手工登记簿。

(16) 外籍居民申请享受利息所得税税收协定待遇，必须提供《外籍居民个人储蓄存款利息所得享受避免双重征税协定待遇申请表》(以下简称《申请表》)，或提供居民国税务主管当局签发的居民身份证明。外籍居民个人填报的《申请表》或提供的居民身份证明自首次提交之日起 3 年内有效。

(17) 客户办理支票类存款交易时柜员需先办理“支票预处理”手续，邮政储蓄机构开具“中国邮政储蓄收取支票临时收据”，一式两联，一联交客户，一联连同客户交来的支票合并留存，日终上交。待支票入账后，通知客户前来办理相应手续。

3.1.2　活期储蓄

1. 业务种类

活期业务分为结算单折户、储蓄单折户、卡折合一户。只允许开立储蓄单折户、卡折合一户。

2. 业务规定

(1) 个人活期存款账户开户起存金额可以为 0 元。开户后可随时存取，取款后账户的留存金额可为零，账户不销户。

(2) 邮政储蓄机构在客户开立活期存款账户后应为客户签发活期存折、绿卡。存折和绿卡均为该账户办理存款、取款、汇款等交易的凭证。

(3) 活期存款账户按签发存款凭证方式可分为单折户、单卡户、本外币活期一本通账户和卡折合一户。

(4) 活期存款按季结息，每季末月的 20 日为结息日，按结息日中国人民银行挂牌活期利率计息。扣除利息税后的利息次日并入本金起息。未到结息日销户时，按销户日中国人民银行挂牌公告的活期利率计息到销户前一日止。

(5) 活期存款账户正常销户时，客户应交回活期存折、本外币活期一本通存折或绿卡。活期存款账户为卡折合一户时，须同时交回活期存折与绿卡。切换过渡期间跨地市活期销户手续费收取方式默认为账户扣收；切换过渡期后手续费收取方式可选择现金收取或账户扣收。

(6) 客户销户或换折，交回活期存折或本外币活期一本通时，将存折内页加盖“作废”戳记交由客户收执留存，邮政储蓄机构仅将旧存折封面(包括盖有日戳或储蓄业务章的封二)收回保存，在回收的存折封二应加盖“存折内页由储户本人保存”戳记，并由客户在戳记的空白处签字确认。随机换折/单有密户只能换成本外币活期一本通，卡折合一户结算折只能换成活期存折，定期一本通只能换成本外币定期一本通。

(7) 签订中间业务协议的活期存款账户销户前，须撤销中间业务协议。

(8) 活期销户可在全国范围内办理，但活期存折账户的无密户和印鉴户只能在开户网点办理。

(9) 单卡户不得加办存折，单折户不得加办绿卡。卡折合一户必须本人办理，批量除外。撤销卡或者折时，可在全国任一网点办理，允许代办。卡撤销后存折继续使用，折撤销后卡继续使用。

3.1.3 定期储蓄

1. 业务种类

邮政储蓄定期储蓄包括整存整取、零存整取、存本取息、整存零取、定额定期等种类。

整存整取 50 元起存，存期分三个月、半年、一年、二年、三年和五年，本金一次存入，到期支取本息。

2. 业务规定

(1) 整存整取、零存整取、定额定期、整存零取提前支取和整整部提，客户须提供本人有效实名证件，代理人还需同时提供账户所有人和代理人的有效实名证件。

(2) 整存整取(包括转存后)可多次(最多 5 次)办理部分提前支取。部分提前支取后的留存金额高于起存金额的，重新开立整存整取新账户，起息日为原起息日；留存部分低于起存金额的，不能办理部分提前支取，只能予以销户，按销户日活期存款利率计息。

(3) 整存整取到期后可进行转存。转存金额为本金加扣税后利息，存款期限为转存前整存整取存款期限，转存利率为转存日中国人民银行挂牌公告的整存整取利率。

邮政储蓄机构提供整存整取存款约定转存服务。整存整取开户时选择约定转存，到期后方可转存，系统不设置自动转存功能。

约定转存服务指客户在开户时选择到期转存，在该笔存款到期后，连同本息一并按同档次同存期自动转存。

(4) 整存整取开户时，如客户选择约定转存，在存单上打印“约转”标志，客户未选择约定转存的，如开户时未选择提供自动转存服务的，在存单上打印“不约转”标志。

(5) 整存整取约定转存不限定转存次数。

(6) 整存整取约定转存的，转存期未满，客户支取，视同提前支取；整存整取自动转存的，转存期未满，客户全额支取，视同逾期支取。

(7) 整存整取保值储蓄是指储蓄存款到期时，存款人所得的收益小于存款期间物价上涨幅度，由中国人民银行给予一定保值补贴的优惠利率的长期存款。

(8) 整存整取定期存款单笔金额在 10 万元(含 10 万元)以上的，使用“中国邮政储蓄银行整存整取定期储蓄特种存单”。特种存单的金额上限为 500 万元(含 500 万元)。存款金额超过上限的，需分笔开户。

(9) 零存整取 5 元起存，存期分一年、三年、五年，每月存入金额固定。中途如有漏存，应在次月补存时，将本月应存和本月补存一次办理；未补存者，视同违约。违约后存入的部分按活期计息。

(10) 定额定期存单有100元、200元、500元、1000元等多种面额，存期为一年。

(11) 定额定期不能约定转存或自动转存。定额定期不能部分提前支取。

(12) 整存零取1000元起存，存期分一年、三年、五年，支取本金分一个月、三个月、半年一次，由客户开户时约定。利息于期满结清时支取。

(13) 整存零取每期支取金额根据本金和取款间隔计算得出，保留至元位，元以下部分销户时一并结清。未到约定支取期，客户可以提前支取固定本金一次，以后停取一次。

(14) 存本取息是指一次存入本金，分期支取利息，到期一次性支取本金的储蓄种类。5000元起存，存期分一年、三年、五年，取款周期分一个月、三个月、半年、一年一次，由客户开户时约定。

(15) 存本取息的取息日必须大于或等于约定取息日(以起息日为准)。约定取息日未取，以后可以随时支取或到期一并支取。逾期取息不再复计利息，逾期本金按活期计息。

(16) 存本取息每次取息金额根据本金和取息间隔计算得出，保留至元位，元以下部分在销户时一并结清。如果客户需要提前支取本金，则要按定期存款提前支取的规定计算存期内利息，并扣回多付利息。

(17) 存本取息保值储蓄是指储蓄存款到期时，存款人所得的收益小于存款期间物价上涨幅度，由中国人民银行给予一定保值补贴的优惠利率的长期存款。

(18) 保值储蓄根据到期日中国人民银行公布的当月保值贴补率，计算保值贴息。

3.1.4　定活两便

1. 业务种类

定活两便存款50元起存，金额上限为500万元(含500万元)，存款金额超过上限的，需分笔开户。固定定活两便分100元、200元、500元、1000元等多种面额。

2. 业务规定

(1) 定活两便不可部分支取。

(2) 定活两便存期不限，存期不满三个月的，按天数计付活期利息；存期三个月以上(含三个月)、不满半年的，整个存期按支取日定期整存整取三个月存款利率打六折计息；存期半年以上(含半年)、不满一年的，整个存期按支取日定期整存整取半年期存款利率打六折计息；存期在一年以上(含一年)，无论存期多长，整个存期一律按支取日定期整存整取一年期存款利率打六折计息。若利率打六折后低于支取日活期利率，则按活期利率计息。

3.1.5　个人通知存款

(1) 个人通知存款5万元起存，单笔存款金额最高为500万元(含)，存款金额超过上限的，需分笔开户。一次性存入本金，可以一次或分次支取，最低支取金额为5万元。

(2) 个人通知存款部分支取，最低支取金额为 5 万元，留存金额高于起存金额的，重新开立个人通知存款新账户，起息日为原起息日；留存部分低于起存金额的，不能办理部分支取，只能予以销户，按销户日活期存款利率计息，或根据存款人意愿转为其他存款。

(3) 个人通知存款具有自动转存功能。个人通知存款自动转存业务是指以一天或七天(一天个人通知存款为一天，七天个人通知存款为七天)为一个存款周期转存个人通知存款，每存满一天或七天储蓄业务处理系统自动进行一次结息，次日将本息和(扣除利息税)自动转入下一个存款周期复利计息。

(4) 个人通知存款客户可凭存单和有效实名证件随时前往省内任一联网网点支取，但大额取款须符合相关规定(如大额预约申请等)。如果支取日不是自动转存日，则从最近转存日起至支取前一日止按照活期利率计算利息。

3.1.6 一本通

(1) 一本通是将多个储种、多个币种、多个资金形态的存款集中于一本存折上，用一个存款凭证记载、管理多个存款账户资金活动情况的一个业务品种。一本通包括本外币活期一本通、本外币定期一本通。本外币定期一本通现包括整存整取、不固定面额的定活两便和个人通知存款三个储种。本外币定期一本通内各本币子账户单笔存款金额最高为 500 万元(含 500 万元)。超过 500 万元的，需分笔开户。

(2) 一本通开户时，同时开立子账户，客户在交易网点新开的子账户余额累积计算在一本通开户网点余额内。一本通存折中每笔存款业务的办理遵照相应储种有关规定执行。

(3) 本外币定期一本通每本存折有 54 行记录客户交易明细，奇数行打印存款、移入记录，偶数行打印取款、销户、移出、取消、冲正等交易。

(4) 一本通内子账户可以移出为存单，已开立存单也可移入一本通。移入和移出的存单与对应的一本通子账户户名、起息日、存期、利率、证件类型及证件号码等相同。

非同一证件类型及号码、非同一户名、非同一地市、非同一协议国税率或未预留密码的存单不允许移入。预留密码的存单移入一本通后，密码变更为一本通密码。

移入、移出时，客户本人须持有效实名证件、一本通、存单及密码在省内任一联网网点办理，不得代理。

(5) 一本通开户时，若客户预留密码，则该一本通下所有账户使用同一密码。

(6) 若一本通客户申请享受税收协定待遇，经审核批准后，该一本通下所有账户使用同一协议国税率。一本通内各子账户均已结清方可销户。

3.1.7 个人存款证明

1. 概念

个人存款证明是邮政储蓄机构应存款人的申请，为其存于邮政储蓄机构的个人存款所提供的书面证明。

2. 分类

邮政储蓄机构出具的个人存款证明，分为时点存款证明和时段存款证明两种类型。时点存款证明是指客户在提出申请开具个人存款证明时在邮政储蓄机构有一定金额存款的证明；时段存款证明是指客户自申请之日起至某一日期的时间段内在邮政储蓄机构有一定金额存款的证明。

3. 规定

(1) 客户申请出具个人存款证明必须提供规定的存款凭证和有效实名证件。代理人代为办理时，须提供被代理人及代理人的有效实名证件。

(2) 可用于办理个人存款证明的存款凭证包括存折/单、卡。一本通(包括本外币活期一本通、本外币定期一本通)和绿卡通卡内的子账户可以单笔或全部办理存款证明。

(3) 以下情形的存款不能办理个人存款证明：① 已被有权机关冻结；② 已用于质押；③ 账户止付或限额止付的限额部分；④ 账户处于挂失状态；⑤ 账户为非实名；⑥ 账户密码被锁定状态；⑦ 账户为长期不动户状态；⑧ 账户为未激活状态；⑨ 账户为销户状态；⑩ 凭证为吞没、作废、撤销、可疑状态。

(4) 邮政储蓄机构接受客户申请出具时段存款证明后，该账户内相应金额存款即处于止付状态。出具存款证明的存款止付期限，依据客户的要求确定，最长不得超过两年。存款证明书的有效期为存款的止付期。

(5) 客户申请出具个人存款证明，由邮政储蓄网点负责受理。客户申请出具个人存款证明的存款账户可以为全国任一联网网点开立的账户。

(6) 邮政储蓄网点对客户在全国范围内所有邮政储蓄机构开立的不同种类、若干账户的存款，可加总出具一张个人存款证明，同时按种类、账户详细准确填写明细。证明上的总金额和各账户金额为应出具的存款证明金额。

(7) 金额在 10 万元(不含)以下的个人存款证明，由营业网点柜员签发。金额在 10 万元(含)以上，50 万元(不含)以下的个人存款证明，营业主管授权后，由支行(局)长签发。金额在 50 万元(含)以上的个人存款证明，营业主管核对后，由支行(局)长授权并签发。

(8) “中国邮政储蓄银行个人存款证明书”只作为客户在邮政储蓄机构存有储蓄存款的证明，不能流通，不能质押，不能挂失，不能代替存款凭证作为存款、取款、汇款等的凭证；不表示邮政储蓄机构对客户或第三方负有经济担保责任，不承诺一定被相关第三方所认可。

(9) 同一笔存款，可应客户需求在同一时间出具多份(最多 20 份)个人存款证明。客户在第一次开立后可申请增开相同时间段存款证明，增开次数最多两次，增开份数与已开立的份数之和不得大于 20 份。个人存款证明按份收取手续费。多份时段证明书的有效期必须相同。

(10) 增开个人存款证明的申请日期需在存款证明截止日期之前，且在第一次开立日期 1 年(含 1 年)内。

(11) 在时段存款证明有效期内，客户可申请撤销存款证明。撤销个人存款证明，需出示客户个人存款证明书原件和有效实名证件向原受理网点提出申请，代理人代为办理的，需同时出示代理人与被代理人有效实名证件。经审核无误，将客户持有的个人存款证明书原件收回后，即可办理撤销存款证明。对同一笔存款开具多份个人存款证明的，需交回所有个人存款证明书(含增开)才可办理撤销个人存款证明。

(12) 撤销存款证明申请，必须由客户本人办理，不得代理。

(13) 时点存款证明不能办理增开及撤销交易。

实训案例

一、客户持活期存折在网点办理活期取款业务，系统提示印刷号不符，应如何处理？

案例分析：

客户持活期存折在网点办理活期取款业务，系统提示印刷号不符，柜员应按照要求为该账户办理重新写磁，交易后该账户即可正常使用，重新写磁要求客户本人持有效实名证件及凭证在全国任一联网网点办理；如重新写磁交易成功后该账户仍不能正常使用，柜员应再办理随机换折，交易成功后该账户即可正常使用。

二、客户持卡折合一户的卡/折在网点办理业务时系统提示该账户可疑，如何处理？

客户持卡折合一户的卡/折在网点办理业务时系统提示该账户可疑，柜员应按照要求为该账户办理可疑凭证解锁定，可疑凭证解锁定要求客户本人持有效实名证件在全国任一联网网点办理，办理成功后账户可正常使用。在办理可疑凭证解锁定时系统提示该账户不为可疑状态或交易成功后该账户仍不能正常使用的，要求客户提供卡折合一户的另一凭证，按照要求为账户办理可疑凭证解锁定，交易成功账户即可正常使用。

任务二 储蓄日常业务处理

任务导入

有新入行员工，请为其讲解日间业务的处理规范，相关储蓄业务的操作关键点及注意事项。

任务分析

- 日间业务的处理规范；
- 开户、清户等业务的实名制和大额授权规定；
- 转账、取款、存款等业务的风险防范和控制措施。

应知应会

3.2.1 日间操作

1. 关键点

现金及凭证的核点；大额及特殊业务的授权；令牌随身携带；暂时离柜要做签退，收妥现金、凭证、章戳；日终核点现金及空白凭证。

2. 风险点

暂时离柜未做临时签退，现金、凭证、章戳未入柜落锁；大额及特殊业务的授权；令牌随意摆放；日终轧账现金或凭证不符；现金超限未上缴。

3. 控制措施

暂时离柜必须做临时签退，并将现金、凭证及章戳入柜落锁；令牌必须随身携带；严格执行三级授权管理制度；日终现金或凭证不符，立即查找原因，如出现差错，及时查找原因，如无法查出原因，必须上报市县业务主管后暂时挂账，登记“柜员差错登记簿”；营业日终上缴备付金超限部分。

3.2.2 开户业务

1. 业务种类

开户业务包括活期、定期、个人通知存款、定活两便等储蓄存款，生成“开销户登记簿”、“柜员轧账单”。

2. 关键点

审核开户申请及实名证件；身份证联网核查；金额在10万元(含10万元)至50万元(不含50万元)之间的，需经营业主管授权，金额在50万元(含50万元)以上的，需经支行(局)长授权；审核凭证及客户签名；存折(单)、身份证及回执或开户申请书。

3. 风险点

申请人(代理人)身份证件无效；代理人身份不合规；凭条内容不规范；授权人使用他人令牌；营业主管或支行(局)长未核实申请人(代理人)身份；凭证打印内容有误；客户签名不正确或遗漏；申请书内容有误或遗漏；风险提示不充分。

4. 控制措施

柜员必须审核申请人提供的身份证件真实有效，符合实名制规定；委托他人办理的，还须审核代理人身份证件真实有效；严禁客户经理、柜员为客户代办开户业务；严禁柜员为本人办理开户业务；凭条内容必须填写正确、完整，无涂改；授权人必须使用本人令牌办理各项授权业务；授权人必须使用本人令牌办理各项授权业务；授权人必须审核申请人(代理人)的证件类型、号码、发证机关和照片，必须确认申请人(代理人)在场；授权人必须审核现金交易输入金额与开户凭单填写金额相符；授权人必须审核系统提示的全部授权内容；柜员必须审核凭证打印内容与填写内容相符；柜员必须审核客户在凭单上的签名正确；若为人民币个人结算账户开户，授权人必须审核人民币个人结算账户申请书填写及打印内容，客户签名正确，签章齐全后，加盖业务公章。

5. 风险提示

钱款须当面点清，以免出现纠纷；客户要妥善保管个人资料、凭证及密码；对于存款在5万元以上客户，提示其取款5万元以上需提前预约，并携带身份证件。

6. 注意事项

身份证号码最后一位是罗马数字X的，统一为大写英文字母X；活期开户需刷入存折磁条；空白凭证必须顺号使用；开户用错凭证，在用错的凭证上加盖“作废”戳记，并在系统中办理用错凭证的作废交易，对应使用的凭证手工补写，加盖“作废”戳记，办理随机换折/单；整存整取定期存款单笔金额在10万元(含10万元)以上的，使用“中国邮政储蓄银行整存整取定期储蓄特种存单”。特种存单的金额上限为500万元(含500万元)。存款金额超过上限的，需分笔开户。

3.2.3 续存业务

1. 业务种类

续存业务包括活期，定期零整，生成“柜员轧账单”。

2. 关键点

存款凭证的真实性；点验钞；金额在 10 万元(含 10 万元)至 50 万元(不含 50 万元)之间的，需经营业主管授权，金额在 50 万元(含 50 万元)以上的，需经支行(局)长授权；审核凭证打印类别、金额及客户签名。

3. 风险点

凭证虚假、无效；代理人身份证不合规；收到假钞；营业主管或支行(局)长未核实存款人身份及存款的真实性；凭证打印内容有误；客户签名不正确或遗漏。

4. 控制措施

柜员必须审核凭证真实有效；严禁客户经理、柜员为客户代办存款业务；严禁柜员为本人办理存款业务；营业主管或支行(局)长必须使用本人令牌办理授权业务；营业主管或支行(局)长必须审核凭证真实有效；必须审核系统提示的全部内容；必须审核存款人(代理人)身份证件真实有效；50 万元(含 50 万元)以上存款支行(局)长必须现场授权；柜员必须审核凭条打印输出内容正确无误；柜员必须审核客户在凭单上的签名正确。

5. 注意事项

可通过储蓄业务流水、柜员交易日志、柜员末笔交易、尾箱收付明细进行查询；存款不验证密码；金额达到 10 万元必须手工填写“大额交易登记簿”。

3.2.4 转账业务

1. 业务种类

转账业务包括现金到账户、账户到账户、大额转账申请、大额转账申请查询、大额转账申请变更、大额转账申请取消，生成“柜员轧账单”。

2. 关键点

审核凭单、实名证件；大额转账须本人持实名证件和凭证在市(县)局内联网网点办理申请；金额达到 10 万元转账须核查身份证并经营业主管或支行(局)长授权，金额达到 50 万元的转账支行(局)长必须现场授权；审核凭条填写是否正确；异地转账鉴别并联网核查业务办理人(代理人)实名证件，打印手续费收据。

3. 风险点

凭条内容填写不规范；业务依据不合规；营业主管或支行(局)长使用他人令牌；审核授权不严格、不规范；凭条打印内容不正确。

4. 控制措施

柜员必须审核转出凭证真实有效；严禁客户经理、柜员为客户代办业务；严禁柜员为本人办理任何业务；营业主管或支行(局)长必须使用本人令牌办理各项授权业务；必须审核柜员办理转账交易真实合规；若为大额现金业务，授权人必须审核现金及交易输入金额与存款凭条填写金额相符；若为大额账户到账户转账，授权人必须审核转出账户转出金额与凭单相符；授权人必须审核系统提示的全部授权内容。

5. 注意事项

系统对账号和户名进行双校验，任何一个出错，交易均不成功；现金到账户凭单盖“现金讫”，账户到账户凭单盖“转账讫”。

3.2.5 取款业务

1. 业务种类

取款业务包括活期、定期、个人通知存款，生成“柜员轧账单”、“大额授权登记簿”。

2. 关键点

凭证、实名证件的真实性；点钞；金额达到 5 万元的本地大额取款须审验核查身份证件，金额达 10 万元须营业主管审核授权，金额达到 50 万元必须支行(局)长现场授权；审核凭单打印类别、金额及客户签名；异地交易鉴别并联网核查取款人(代理人)实名证件，打印手续费收据。

3. 风险点

存折/单虚假、无效；代理人身份证不合规；营业主管或支行(局)长未核实取款人身份；未核实取款的真实性；50 万元(含)以上支行(局)长未现场授权；异地交易未做实名证件联网核查；凭证打印内容有误；客户签名不正确或遗漏。

4. 控制措施

柜员必须审核鉴定凭证真实有效；严禁客户经理、柜员为客户代办业务；严禁柜员为本人办理任何业务；营业主管或支行(局)长必须使用本人令牌办理授权业务；营业主管或支行(局)长必须审核凭证真实有效；必须审核系统提示的全部授权内容；必须审核交易输入的业务要素正确无误；若为大额业务，必须审核取款人(代理人)身份证件真实有效；50 万元(含)以上取款必须现场授权；本地 5 万元以上交易、异地所有交易联网核查实名证件；柜员必须审核凭条打印输出内容正确无误；柜员必须审核客户在相关凭证上的签名正确。

3.2.6 销户业务

1. 业务种类

销户业务包括活期、定期、定活两便、个人通知存款，生成“销户登记簿”。

2. 关键点

凭证、实名证件的真实性；点钞；金额 10 万元(含)以上清户营业主管或支行(局)长授权，金额达到 50 万元清户支行(局)长现场授权；金额达到 10 万元大额业务，联网核查实名证件；审核凭证打印类别、金额及客户签名；打印利息清单。

3. 风险点

凭证虚假、无效；代理人身份证不合规；营业主管或支行(局)长未核实取款人身份，未核实取款的真实性；50 万元(含)以上销户支行(局)长未现场授权；凭证打印内容有误；客户签名不正确或遗漏。

4. 控制措施

柜员必须审核凭证真实有效；严禁客户经理、柜员为客户代办业务；严禁柜员为本人办理任何业务；营业主管或支行(局)长必须使用本人令牌办理授权业务；营业主管或支行(局)长必须审核凭证真实有效；必须审核系统提示的全部授权内容；若为大额业务，必须审核销户人(代理人)身份证件真实有效；50 万元(含)以上销户必须现场授权；柜员必须审核凭条打印输出内容正确无误；柜员必须审核客户在凭单上的签名正确。

实训案例

> 客户对实名制及有效身份证件提出异议，请给客户说明实名制的作用及有效身份证件的种类。

案例分析：

(1) 客户在银行开立个人存款账户时，应遵循国务院和中国人民银行个人存款账户实名制的有关规定。个人存款账户实名制，是指个人在开立个人存款账户时，应当出示本人有效实名证件，使用有效实名证件上的姓名，银行按规定进行核对，并登记有效实名证件上的姓名和号码、发证机关所在地等，以确定客户对开立账户上的存款享有所有权的一项制度。

(2) 个人存款账户实名制有效证件：

① 居住在中国境内 16 岁以上的中国公民，应出具居民身份证或临时居民身份证；军人、武装警察尚未申领居民身份证的，可出具军人、武装警察身份证件；居住在境内或境外的中国籍华侨，可出具中国护照；

② 居住在中国境内 16 岁以下的中国公民，应由监护人代理开立个人存款账户，出具监护人的有效实名证件以及账户使用人的居民身份证或户口簿；

③ 香港、澳门特别行政区居民，应出具港澳居民往来内地通行证；台湾居民，应出具台湾居民来往大陆通行证或者其他有效旅行证件；

④ 外国公民，应出具护照或外国人永久居留证(外国边民，按照边贸结算的有关规定办理)。

除以上有效实名证件外，银行还可根据需要，要求存款人出具户口簿、护照、工作证、机动车驾驶证、社会保障卡、公用事业账单、学生证、介绍信等其他能证明身份的有效证件或证明文件，以进一步确认存款人身份。

(3) 代理他人在银行开立个人存款账户的，代理人应当出示被代理人和代理人的有效实名证件，并登记“代理开户信息核实登记簿”。单位代理个人开户应依法承担相应法律责任，出示单位的营业执照、单位负责人、授权经办人及被代理人的有效实名证件，并对其身份证进行联网核查，留存复印件。

(4) 银行在开立个人存款账户时要严格执行实名制有关规定，加强对个人存款账户开立的审查，识别客户真实身份，不得为存款人开立假名、匿名账户。柜员在办理业务时需将证件号码所有字符(中英文)完整输入到系统中。开户证件类型选择户口簿时，证件号码须输入户口簿上记载的身份证号码。对个人存款实名制实施前开立的存款账户的处理：

① 2000 年 4 月 1 日前开立的个人存款账户，需要延续使用的，存款人办理第一笔业务时，应当出具拥有该存款的存折/单等，并出示有效实名证件，进行账户的重新确认；

② 在 2000 年 4 月 1 日前开立的个人存款账户不再延续使用的，存款人应出具拥有该存款的存折/单等，并出示有效实名证件，办理清户手续。

注意事项：

客户在办理与账户相关的需要核对有效实名证件的业务时，提供的证件应与系统内该账户记录相一致，若不一致，按以下情况进行处理：

(1) 系统内记录的居民身份证号码为 15 位，客户提供的居民身份证号码为 18 位的，经联网核查相符后，对于客户本人办理的，应先为客户办理实名证件变更手续，再为客户办理业务，并留存客户的身份证复印件或影印件。不得代办。

(2) 系统内记录的是居民身份证，客户由于证件丢失补办临时居民身份证的，经联网核查相符后，视同居民身份证办理(办理业务时证件类型录入身份证)，同时柜员应在相关交易凭单上注明实际办理业务所使用的证件类型，并让客户签字确认，并留存客户的身份证复印件或影印件。

(3) 系统内记录的是临时居民身份证，客户持居民身份证办理业务的，经联网核查相符后，对于客户本人办理的，应先为客户办理实名证件变更手续，再为客户办理业务，并留存客户的身份证复印件或影印件。不得代办。

(4) 系统内记录的证件类型、证件号码与客户持有的有效实名证件上登记的信息不一致的，经核实客户有效实名证件为真实后，先为客户办理账户信息修改手续，再为其办理相关业务，并留存客户的有效实名证件复印件或影印件。不得代理。

任务三　储蓄产品的挂失处理

任务导入

客户来网点办理储蓄产品的挂失处理，请为客户办理储蓄产品的挂失手续和挂失后续处理手续。

任务分析

- 储蓄产品挂失分类；
- 储蓄产品挂失处理规定；
- 储蓄产品挂失后续处理规定。

应知应会

3.3.1　挂失概述

1. 挂失的概念

挂失是客户遗失存折、存单、绿卡、挂失申请书等凭证，或遗忘密码、丢失预留印鉴时，向邮政储蓄机构提出申请，邮政储蓄机构根据客户的挂失请求，在一定期限内对客户账户进行停止支付的处理。

2. 挂失的分类

(1) 挂失按有效期及后续处理方式不同分为正式挂失、临时挂失。

正式挂失是指客户提供账/卡号，并持该账户对应的有效实名证件到网点柜台通过填写挂失申请书办理的挂失交易。客户须办理解挂失等后续处理后才能解除挂失状态。

临时挂失是指客户提供账/卡号或该账户对应的有效实名证件等信息即可办理的挂失交易。临时挂失可通过网点柜台或电子银行等渠道办理。临时挂失在有效期满后自动解挂失。

(2) 挂失事项分为凭证挂失、密印挂失、凭证密印双挂失。

办理凭证正式挂失，客户应提供账/卡号，出示账户对应的有效实名证件，在网点柜台凭账户密码办理。

办理凭证临时挂失，客户应提供账/卡号，在网点柜台凭账户密码或通过电子银行渠道办理。当客户不能提供账/卡号信息，也不能出示账户对应的有效实名证件时，客户应提供该有效实名证件信息和业务品种、账户余额、开户日期等能够唯一确定该账户的信息，在网点柜台或通过网上银行、手机银行、电视银行、电话银行客服中心人工服务办理，此种凭证临时挂失为紧急挂失。

办理密码正式挂失，客户应提供存款凭证，出示账户对应的有效实名证件，在网点柜台办理。

同时办理凭证密码双挂失，客户应提供账/卡号，出示账户对应的有效实名证件，在同县市任一网点办理。

3. 相关规定

(1) 凭证或密码挂失后即时生效，其对应的账户同时停止支付，挂失期间，禁止办理该账户所有支取类交易(扣划和已签有协议的自动扣款除外)。

(2) 挂失前或挂失失效后，存款被他人冒领，邮政储蓄机构不承担责任。

(3) 客户办理凭证挂失后，忘记密码，可以更改挂失事项为凭证密印双挂失；挂失密码后，丢失凭证(或卡磁道损坏、单芯片卡的芯片损坏)，也可以更改挂失事项为凭证密印双挂失。挂失事项更改后的挂失是正式挂失。

(4) 挂失申请书丢失可办理再挂失，发给客户新的挂失申请书。原挂失申请书失效。

(5) 绿卡通卡挂失时，卡内活期主账户与所有本币、外币子账户均挂失。不允许对卡内单个账户进行挂失。

(6) 一本通挂失时，折内所有本币、外币子账户均挂失。不允许对折内单个账户进行挂失。

(7) 副卡可办理密码挂失，不能办理凭证挂失、凭证密码双挂失、挂失事项更改与紧急挂失。副卡密码挂失后，所属的绿卡通卡仍能正常办理业务。

(8) 客户办理挂失业务时，需填写“挂失申请书”，在挂失申请书上详细注明地址和电话等信息。

(9) 邮政储蓄机构对客户挂失时提供的账户信息和账户对应的有效实名证件详细核对，无误后可以办理挂失。由代理人代为办理挂失的，除核对账户对应的有效实名证件外，还需提供代理人有效实名证件，在挂失申请书上注明代理人的有关证件内容。

(10) 账户余额在10万元(含10万元)以上的正式挂失为大额挂失。

(11) 办理大额挂失或凭证密印双挂失后，一级支行(县市机构)或挂失受理网点应指定人员在正式挂失有效期内采取上门等方式与客户本人就挂失交易的实际情况进行核对，并根据核对情况办理系统挂失核保登记，挂失核保登记在办理大额挂失或双挂失后在挂失有效期内进行核保，未做挂失后续处理前，对客户本人核实挂失信息并登记。对于金额特别大或有其他可疑情况的，邮政储蓄机构还可向发证机关、客户工作单位或住所的居委会等进行核实；经挂失核保后的挂失账户在有效期满后可以办理挂失补发、挂失销户、挂失撤销凭证和密码重置等业务。

(12) 密码挂失和凭证正式挂失当日即可办理后续处理，如未办理，账户仍为挂失状态。

4. 各项挂失业务的办理范围要求

(1) 密码挂失可在凭证通存通取范围内任一网点办理。

(2) 存折/单的凭证正式挂失可在通存通取范围内任一网点办理，卡的凭证正式挂失只能在省内任一网点办理。

(3) 临时挂失(含紧急挂失)在全国任一网点办理。

(4) 无密户、未激活卡的凭证挂失只能在开户网点办理。

(5) 大额密码挂失、大额凭证正式挂失和凭证密码双挂失只能在同县(市)任一网点办理。

(6) 再挂失、挂失事项更改、挂失补发、挂失销户、挂失撤销凭证、密码重置需在原挂失受理网点办理。

(7) 柜面凭证临时挂失和正式挂失的人工解挂失需在原挂失受理网点办理，电子渠道临时挂失的人工解挂失可在全国任一网点办理。

(8) 卡密码跨省挂失后的挂失事项更改只能在开户网点办理。

5. 挂失后续处理

(1) 客户办理凭证挂失后找回原存款凭证，应由客户本人持原存款凭证办理人工解挂失，不允许代办。原挂失交易在柜面办理的，应打印原挂失申请书交客户签字确认后收回；原挂失交易在电子银行渠道办理的，应打印新挂失申请书交客户签字确认后收回。所有的临时挂失(含紧急挂失)均允许办理人工解挂失手续。

(2) 单卡户或单折户不允许办理挂失撤销凭证，只能办理挂失销户。卡折合一户不允许办理单一凭证挂失销户，客户需先办理挂失撤销任一凭证后，再办理另一凭证的销户手续。

(3) 挂失补发、挂失销户、挂失撤销凭证、密码重置等挂失后续处理应由客户本人办理，需交回原挂失申请书，并在挂失申请书上签字确认，不允许代办。

(4) 办理凭证密码双挂失的挂失后续处理时，需先办理密码重置。

(5) 挂失补发新存折/单，账号不改变，存折/单印刷号改变；挂失补发新卡，卡号改变。卡折合一户挂失补发其中一凭证后，该账户对应的另一凭证仍能继续使用。

6. 挂失后续处理时限及授权的规定

(1) 密码挂失和凭证正式挂失当日即可办理后续处理，如未办理，账户仍为挂失状态；

(2) 凭证密码双挂失 7 天后方可办理挂失后续处理(除人工解挂失可当日办理外)，如未办理，账户仍为挂失状态。挂失后续处理时限从客户办理挂失手续当日起算。

(3) 本地柜面临时挂失(含紧急挂失)有效期为 5 天，有效期内未办理后续处理，系统在 5 天后对账户自动解除挂失状态；异地柜面临时挂失有效期为 20 天，有效期内未办理后续处理，系统在 20 天后对账户自动解除挂失状态。有效期从客户办理挂失手续当日起算。

(4) 通过电子银行渠道办理的临时挂失有效期分为5天和永久两种。有效期为5天的临时挂失，有效期内未办理后续处理，系统在5天后对账户自动解除挂失状态。有效期为永久的临时挂失，未办理后续处理，挂失状态永久有效。有效期从客户办理挂失手续当日起算。

(5) 紧急挂失、凭证密码双挂失的后续处理及金额在50万元以上(含50万元)挂失销户均由支行(局)长授权办理，其余挂失后续处理由营业主管授权办理。挂失撤销凭证无需授权。

3.3.2　凭证挂失

1. 交易种类

凭证挂失包括储蓄存款账户的正式挂失、口头挂失、函电挂失，生成“挂失登记簿”。

2. 控制措施

密码挂失和凭证正式挂失当日即可办理后续处理，如未办理，账户仍为挂失状态；若为正式挂失，柜员必须审核挂失人身份证件真实有效，符合实名制规定；严禁个人客户经理、网点员工直接代客户办理任何金融业务；严禁柜员为本人办理任何业务；柜员必须审核申请书上填写内容正确、完整、无涂改；营业主管或支行(局)长必须使用本人身份办理授权业务；营业主管或支行(局)长授权人必须审核挂失人(代理人)的证件类型、号码等相关资料，必须确认挂失人在场；营业主管或支行(局)长授权人必须审核系统提示的全部授权内容；授权人必须审核交易输入的业务要素正确无误；柜员必须审核打印输出内容与申请书填写内容相符；柜员必须审核客户在挂失申请书上的签名正确；柜员必须审核申请表上填写及打印的内容、客户签名正确，签章齐全后，加盖业务公章和本人名章。需双人办理的业务，同时加盖复核(授权)名章；柜员必须主动向客户进行风险提示，若为口头挂失，须提醒客户在有效期内办理正式挂失；10万元以上的大额挂失或双挂失，县(市)局指定人员应在正式挂失7天内采取上门等方式与客户实际情况进行核对，根据实际核对情况填写核保单，并经客户签章认可；对于金额特别大或有其他可疑情况的，还可向发证机关、客户工作单位或住所的居委会等进行核实。

3. 注意事项

活期卡的凭证挂失在开户省内办理，存单挂失在开户网点办理。印鉴户与无密户只能在开户局办理业务；大额挂失的正式挂失和凭证密印双挂失及其后续处理必须在开户局办理；函电挂失由柜员代填申请书。

密码挂失和凭证正式挂失当日即可办理后续处理，如未办理，账户仍为挂失状态。

3.3.3　密印挂失

正式、口头形式的密印挂失，均生成“挂失登记簿”。若为正式挂失，柜员必须审核挂失人身份证件真实有效，符合实名制规定；严禁个人客户经理、网点员工直接代客户办理任何金融业务；严禁柜员为本人办理任何业务；柜员必须审核申请书上填写内容正确、完整、无涂改；营业主管或支行(局)长必须使用本人身份办理授权业务；营业主管或支行(局)长必须审核挂失人(代理人)的证件类型、号码等相关资料，必须确认挂失人在场；营业主管或支行(局)长授权人必须审核系统提示的全部授权内容；授权人必须审核交易输入的业务要素正确无误；柜员必须审核打印输出内容与申请书填写内容相符；柜员必须审核客户在挂失申请书上的签名正确；柜员必须审核申请表上填写及打印的内容、客户签名正确，签章齐全后，加盖业务公章和本人名章。需双人办理的业务，同时加盖复核(授权)名章；柜员必须主动向客户进行风险提示，若为口头挂失，须提醒客户在有效期内办理正式挂失；10 万元以上的大额挂失或双挂失，县(市)局指定人员应在正式挂失 7 天内采取上门等方式与客户实际情况进行核对，根据实际核对情况填写核保单，并经客户签章认可；对于金额特别大或有其他可疑情况的，还可向发证机关、客户工作单位或住所的居委会等进行核实。

客户办理 10 万元(不含)以上的大额挂失，应由营业主管授权；卡折合一户，存折和绿卡密码同时遗忘的，应分别办理“密印挂失”交易；办理密印挂失后又挂失凭证，可通过“挂失事项更改”交易改为凭证密印双挂失；办理密印挂失后，挂失申请书丢失，可通过“再挂失”交易取得新的挂失申请书；办理密印挂失后，找回印鉴或重新记起密码的，凭原密印通过“人工解挂失”解除账户的挂失止付状态；印鉴户与无密户只能在开户局办理业务。

3.3.4 凭证密印双挂失

凭证密印双挂失，生成“挂失登记簿”。柜员必须审核挂失人身份证件真实有效，符合实名制规定；严禁个人客户经理、网点员工直接代客户办理任何金融业务；严禁柜员为本人办理任何业务；柜员必须审核申请书上填写内容正确、完整、无涂改；支行(局)长必须使用本人身份办理授权业务；支行(局)长授权人必须审核挂失人(代理人)的证件类型、号码等相关资料，必须确认挂失人在场；支行(局)长授权人必须审核系统提示的全部授权内容，必须审核交易输入的业务要素正确无误；柜员必须审核凭证打印输出内容与申请书填写内容相符；柜员必须审核客户在挂失申请书上的签名正确；柜员必须审核申请表上填写及打印的内容、客户签名正确，签章齐全后，加盖业务公章和本人名章；10 万元以上的大额挂失或双挂失，县(市)局指定人员应在正式挂失 7 天内采取上门等方式与客户签章认可；对于金额特别大或有其他可疑情况的，还可向发证机关、客户工作单位或住所的居委会等进行核实。

办理凭证挂失后遗忘密码或办理密码挂失后丢失存折凭证的，应通过“挂失事项更改”交易改为凭证密印双挂失；办理凭证密印双挂失后，找到凭证并记起密码的，可通过“人工解挂失”解除账户挂失状态。

3.3.5 挂失事项更改

挂失事项更改，生成“挂失登记簿”。柜员必须审核挂失人身份证件真实有效，符合实名制规定；严禁个人客户经理、网点员工直接代客户办理任何金融业务；严禁柜员为本人办理任何业务；柜员必须审核申请书上填写内容正确、完整、无涂改；营业主管必须使用本人身份办理授权业务；营业主管必须审核挂失人(代理人)的证件类型、号码等相关资料，必须确认挂失人在场；营业主管必须审核系统提示的全部授权内容；授权人必须审核交易输入的业务要素正确无误；柜员必须审核凭证打印输出内容与申请书填写内容相符；柜员必须审核客户在挂失申请书上的签名正确；柜员必须审核申请表上填写及打印的内容、客户签名正确，加盖经办人名章、储蓄业务章。

挂失事项更改后，挂失期限重新计算；挂失事项更改不允许办理解挂失手续；挂失事项更改必须在原挂失经办局办理；客户办理挂失事项更改前，原挂失申请书丢失，可通过“再挂失”取得新挂失申请书，再办理本交易。

3.3.6 再挂失

再挂失，生成“挂失登记簿”。柜员必须审核挂失人身份证件真实有效，符合实名制规定；严禁个人客户经理、网点员工直接代客户办理任何金融业务；严禁柜员为本人办理任何业务；柜员必须审核申请书上填写内容正确、完整、无涂改；营业主管或支行(局)长必须使用本人令牌办理授权业务；营业主管或支行(局)长授权人必须审核挂失人(代理人)的证件类型、号码等相关资料，必须确认挂失人在场；营业主管或支行(局)长授权人必须审核系统提示的全部授权内容；授权人必须审核交易输入的业务要素正确无误；柜员必须审核凭证打印输出内容与申请书填写内容相符；柜员必须审核客户在挂失申请书上的签名正确；柜员必须审核申请表上填写及打印的内容、客户签名正确，签章齐全后，加盖储蓄业务章和本人名章；10 万元以上的大额挂失或双挂失，县(市)局指定人员应在正式挂失 7 天内采取上门等方式与客户实际情况进行核对，根据实际核对情况填写核保单，并经客户签章认可；对于金额特别大或有其他可疑情况的，还可向发证机关、客户工作单位或住所的居委会等进行核实。

只有正式挂失才能办理再挂失；办理再挂失后，对原账户挂失事项的处理没有影响，可对原账户挂失事项进行挂失事项更改，办理“挂失事项更改”交易，进行解挂失办理“解挂失”交易；再挂失后，原挂失申请书编号作废，不可再办理原挂失申请书编号重新生效手续；挂失申请书再次丢失的，仍可通过本交易，重新补发新挂失申请书。

3.3.7 解挂失

解挂失，柜员必须审核挂失人身份证件真实有效，符合实名制规定；严禁他人代办；严禁客户经理为本人服务的客户代办金融业务；严禁营业网点员工直接代客户办理任何金融业务；严禁柜员为本人办理任何业务；柜员必须审核申请书客户联与网点留存联、挂失登记簿一致；营业主管或支行(局)长授权人必须使用本人令牌办理授权业务；营业主管或支行(局)长授权人必须审核挂失人(代理人)的证件类型、号码等相关资料，必须确认挂失人在场；营业主管或支行(局)长授权人必须审核系统提示的全部授权内容；授权人必须审核交易输入的业务要素正确无误；柜员必须审核凭证打印输出内容与凭证上客户填写内容相符；柜员必须审核客户在挂失申请书的签名正确；柜员必须主动向客户进行风险提示；客户要妥善保管个人资料、存单(折)、卡及密码。

客户办理挂失后如找回原存款凭证或密码，可办理解挂失；客户解除正式挂失和临时挂失应缴回挂失申请书，并核对本人实名证件和原存款凭证；正式挂失、口头挂失可做人工解挂失；函电挂失、紧急挂失、挂失事项更改不允许办理解挂失手续。解除卡挂失，必须刷入卡号。

3.3.8 密码重置

密码重置，柜员必须审核挂失人身份证件真实有效，符合实名制规定，且必须为账户所有人本人；严禁他人代办；严禁客户经理代办；严禁营业网点员工直接代客户办理任何金融业务；严禁柜员为本人办理任何业务；柜员必须审核申请书客户联与网点留存联、挂失登记簿一致，符合密码挂失有关规定；营业主管或支行(局)长必须使用本人令牌办理授权业务；营业主管或支行(局)长授权人必须审核挂失人(代理人)的证件类型、号码等相关资料，必须确认挂失人在场；营业主管或支行(局)长授权人必须审核系统提示的全部授权内容；授权人必须审核交易输入的业务要素正确无误；柜员必须审核原密码挂失存单、折、卡真实有效；柜员必须审核打印输出内容正确；柜员必须审核客户在挂失申请书上的签名正确；柜员必须主动向客户进行风险提示；客户要妥善保管个人资料、存单(折)卡以及密码。

密码正式挂失，即可重新设置账户密码；凭证密印双挂失的后续处理，应先通过本交易，重新设置密码后再根据客户要求“挂失撤销凭证”或办理“挂失清户”。

3.3.9 挂失补发凭证

挂失补发折/单，挂失补发新卡，生成“挂失登记簿”。柜员必须审核挂失人身份证件真实有效，符合实名制规定，且必须为账户所有人本人；若为正式大额挂失，应审核确认已验证挂失人身份真伪；严禁他人代办；严禁个人客户经理为本人服务的客户代办金融业务；严禁营业网点员工直接代客户办理任何金融业务；严禁柜员为本人办理任何业务；柜员必须审核挂失申请书客户联与挂失登记簿及网点留存联一致，并在挂失有效期内；授权人必须使用本人工号密码办理各项授权业务；授权人必须审核账户本人的证件类型、号码等相关资料，必须确认账户本人在场；授权人必须审核系统提示的全部授权内容；授权人必须审核交易输入的业务要素正确无误；柜员必须审核凭证打印输出内容与原存款要素相符，与原卡相关要素相符；柜员必须审核客户在挂失申请书上的签名正确；柜员必须主动向客户进行风险提示；客户要妥善保管个人资料、存单(折)、卡以及密码。

挂失补发新存折，账号不改变，存折印刷号改变；卡折合一户挂失补发存折后，该账户对应的绿卡仍能继续使用；挂失补发新卡，卡号改变，对应的账号不变；双挂失补发时，需先办理密码重置交易；卡折合一户挂失补发卡后，该账户对应的存折仍能继续使用；补发新折/单后，客户持找回的已作废折/单办理取款、查询等业务时，柜员应将作废折/单收回并上缴，不应遗留在客户手中；挂失补发要由账户本人办理，特殊情况下代理，需提供部门(司法部门、公证部门)的证明，才能委托办理。

3.3.10 挂失撤销凭证

挂失撤销折或撤销卡交易，生成“挂失登记簿”。柜员必须审核挂失人身份证件真实有效，且必须为账户所有人本人；严禁他人代办；严禁个人客户经理为本人服务的客户代办金融业务；严禁营业网点员工直接代客户办理任何金融业务；严禁柜员为本人办理任何业务；柜员必须审核挂失申请书客户联与挂失登记簿及网点留存联一致；柜员必须审核凭证打印输出内容正确；柜员必须审核客户在挂失申请书上的签名正确；柜员必须主动向客户进行风险提示；客户要妥善保管个人资料、存单(折)、卡以及密码。输入的挂失事项必须与原挂失相匹配；卡折合一户可办理挂失撤销凭证，单卡户或单折户不允许办理挂失撤销凭证，只能办理挂失清户；凭证密印双挂失的后续处理“密码重置”交易后，再办理本交易。

3.3.11 账户立即挂失

账户立即挂失，柜员审核客户提供证件、账户信息，以充分的依据确定挂失账户；严禁个人客户经理为本人服务的客户代办金融业务；严禁营业网点员工直接代客户办理任何金融业务；严禁柜员为本人办理任何业务；柜员根据客户提供的信息，准确查找账户；屏幕输出内容与提供挂失账户信息相符。

紧急挂失不可解挂失，有效期为 5 天；办理紧急挂失时，应请客户提供尽可能详细的账户信息，以便准确查找需挂失的账户；此交易查找不到需挂失账户的，应提示客户是否未办理实名证件登记或实名证件类型和号码错误等其他情况，并请客户进一步提供更准确资料以便办理紧急挂失，以免引起资金损失。

3.3.12 挂失清户

挂失清户包括活期、定期、定额、定活两便、个人通知存款、定期一本通，生成"挂失登记簿"。柜员必须审核挂失人身份证件真实有效，且必须为账户所有人本人；若为正式大额挂失，应审核确认挂失人身份证真伪；严禁他人代办；严禁个人客户经理为本人服务的客户代办金融业务；严禁营业网点员工直接代客户办理任何金融业务；严禁柜员为本人办理任何业务；授权人必须审核挂失人的证件类型、号码等相关资料，必须确认挂失人在场；柜员必须审核挂失申请书客户联与挂失登记簿及网点留存联一致；授权人必须使用本人令牌办理授权交易；授权人必须审核系统提示的全部内容；授权人必须审核交易输入的业务要素正确无误；柜员必须审核凭证打印输出内容、利息计算正确；柜员必须审核客户在挂失申请书上的签名正确。

实训案例

一、兄弟两人来银行营业网点称其父亲的遗言中称在本机构有一定数额的存款，但找不到相关凭证，要求取款，且兄弟俩明显暴露出对这笔可能拥有的款项有分配上的异议，请给这两人说明业务办理步骤并讲解存款继承的相关规定。

案例分析：

(1) 存款人自然死亡后，合法继承人为证明自己的身份和有权提取该项存款，应向本人住所地、经常居住地或中国邮政储蓄银行所在地的公证机关(未设公证机关的地方向县、市人民法院，下同)申请办理继承权证明书，中国邮政储蓄银行凭以办理过户或支付手续。该项存款的继承权发生争执时，由人民法院判处。中国邮政储蓄银行凭人民法院的判决书、裁定书或调解书办理过户或支付手续。

(2) 存款人被宣告死亡后，合法继承人为证明自己的身份和有权提取该项存款，应向公证机关申请办理继承权证明书，中国邮政储蓄银行凭人民法院宣告存款人死亡判决书和继承权证明书办理过户或支付手续。该项存款的继承权发生争执时，处理方法同上。被撤销死亡宣告的存款人要求返还存款时，由合法继承人与其自行协商解决。

(3) 存款人被人民法院宣告失踪，其财产代管人要求支取被宣告失踪人存款或申请中国邮政储蓄银行从被宣告失踪人存款中支付失踪人所欠税款、债务和应付的其他费用的，中国邮政储蓄银行不得直接支付，只能应有权机关的要求，按本制度“冻结、扣划”一节协助扣划的有关规定办理。

(4) 存款人已死亡，但存款凭证持有人没有向中国邮政储蓄银行申明遗产继承过程，也没有持法院判决书，直接到中国邮政储蓄银行支取或转存存款人生前的存款，中国邮政储蓄银行都视为正常支取或转存，事后而引起的存款继承争执，中国邮政储蓄银行不负责任。存款人被宣告失踪的情况类同。

(5) 在国外的华侨或港澳台同胞等在国内中国邮政储蓄银行的存款，原存款人死亡，其合法继承人在国内者，凭原存款人的死亡证明(包括死亡证明和宣告死亡判决书，下同)向公证机关申请办理继承权证明书，中国邮政储蓄银行凭以办理存款的过户或支付手续。

(6) 继承人在国外者，可凭原存款人的死亡证明和经我国驻该国使、领馆认证的亲属证明，向我国公证机关申请办理继承权证明书，中国邮政储蓄银行凭以办理存款的过户或支付手续。

(7) 存款人死亡后，继承人因身在外地且年龄较大行动不便，不能提供存款凭证时，可以委托他人办理存款凭证挂失手续。继承人委托他人代办存款凭证挂失手续时，代理人持有效财产继承证明、经公证的继承人授权其办理存款凭证挂失的委托书、继承人与代理人的有效实名证件，并按规定提供凭证正式挂失所需相关账户信息，中国邮政储蓄银行可以予以办理。中国邮政储蓄银行应审查财产继承证明、继承人与代理人的有效实名证件与挂失委托书的指示相符，留存财产继承证明、继承人与代理人的有效实名证件复印件或影印件、挂失委托书原件。

(8) 客户办理存款继承的过程中，经公证机构审查确认身份的继承人，可凭公证机构出具的“存款查询函”，出示其本人有效实名证件，查询被继承人的存款信息。继承人为多人的，可以单独或者共同提出查询申请。“存款查询函”中指定的查询申请人不能亲自办理查询的，可授权他人持在公证机构签署的“委托书”(需加盖公证机构钢印)和“存款查询函”，并同时出示任一查询申请人和受托人有效实名证件进行查询。邮政储蓄机构根据查询结果出具“存款查询情况通知书”，并留存“存款查询函”和“委托书”原件。

上述挂失手续办理完毕后，继承人委托他人代理取款的，代理人持挂失申请书、经过公证的继承人授权其代理取款的委托书、继承人与代理人的有效实名证件以及挂失取款所需提供的相关存款内容，中国邮政储蓄银行可予以办理。中国邮政储蓄银行应审查挂失申请书、取款委托书、继承人与代理人的有效实名证件、存款凭证的内容一致，留存继承人与代理人的有效实名证件复印件或影印件、取款委托书原件。

二、客户对办理挂失业务时柜员要求其出示有效实名证件，并留存其有效实名证件的复印件或者影印件提出异议，请给客户讲解客户识别的范围和客户身份识别的安全防范的作用。

案例分析：

(1) 中国邮政储蓄银行对客户身份进行识别时，是遵循中国人民银行及银监会对客户身份识别的有关规定。中国邮政储蓄银行遵循“了解你的客户”的原则，在以开立账户等方式与客户建立业务关系，为不在本机构开立账户的客户提供规定金额以上的现金汇款等一次性金融服务时，要求客户出示真实有效的实名证件或者其他身份证明文件，进行核对并登记，并根据需要留存身份证件复印件或影印件。

(2) 客户办理各类业务出示的有效实名证件为居民身份证，须为第二代居民身份证。

(3) 客户身份识别的业务范围分为修改实名证件和修改户名交易，当修改类型为柜员修改时，打印“修改分户账通知单”；当修改类型为客户修改时，打印“通用凭证”。

① 开户交易。

A. 开立个人存款账户，要求核对账户户主有效实名证件，登记姓名、性别、国籍、职业、住所地或者工作单位地址、联系方式、有效实名证件或者身份证明文件的种类、号码和有效期限等身份基本信息，户主的住所地与经常居住地不一致的，登记户主的经常居住地，并留存账户户主有效实名证件的复印件或者影印件。

B. 代理人代为办理开立个人存款账户的，应同时核对代理人与被代理人有效实名证件，登记代理人与被代理人的身份基本信息，留存代理人与被代理人有效实名证件的复印件或影印件。代理人代为办理开立个人结算账户的，还应电话核实代理行为是否符合被代理人本人真实意愿，在“个人账户申请书”上注明核实时间及电话号码，如被代理人已在中国邮政储蓄银行留存有效联系方式，可以通过已留存的被代理人联系方式进行核实，未经被代理人本人确认同意代理开户的，可拒绝办理开户。代理人代为办理开立绿卡账户的，代理人还应在“个人账户申请书”上注明代办事由，网点应全面了解代理人的职业背景、代办目的、代办性质等，并据此判断代办理由是否正当，如理由明显不正当，不得为其办理绿卡。原则上，个人一次性代办绿卡不得超过 3 张。

C. 单位代为办理开立个人存款账户的，除核对被代理人有效实名证件外，还应核对单位负责人、授权经办人的有效实名证件，通过机构信用代码应用服务系统核对机构信用代码证及有效期限，留存单位负责人、授权经办人及被代理人的有效实名证件及单位营业执照、机构信用代码证复印件或影印件；在确认客户已与邮政储蓄机构建立了业务关系、已保存客户有效实名证件的复印件或影印件的前提下，在给该客户办理多笔开户业务时，可不再重复留存其证件的复印件或影印件。

② 汇款及存取款交易。

A. 客户本人办理汇款及存取款交易。

a. 客户办理单笔交易金额 5 万元(含 5 万元)以上现金存取、账户方式的行内及跨行汇款业务，应核对客户的有效实名证件，登记客户身份基本信息，并留存其有效实名证件的复印件或影印件。

b. 客户办理无密户账户取款业务，应核对客户的有效实名证件，登记客户身份基本信息，并留存其有效实名证件的复印件或影印件；无论本、异地，金额在 5 万元(含)以上的存、取款及账户到账户汇款交易，要求核对客户有效实名证件，进行联网核查，打印核查结果，留存其有效实名证件复印件或者影印件。

c. 客户办理单笔交易金额在 1 万元(含 1 万元)以上现金方式的行内及跨行汇款业务，应核对客户的有效实名证件，登记客户身份基本信息，并留存其有效实名证件的复印件或影印件。

d. 客户办理紧急折取款业务，应核对客户的有效实名证件，登记客户身份基本信息，并留存其有效实名证件的复印件或影印件。

B. 他人代理汇款及存取款交易。

a. 省内1万元(含)以下取款、现金到账户汇款及跨行汇款；5万元(含)以下的现金存款及账户到账户汇款交易，验示账户户主、代理人有效实名证件，登记代理人和被代理人的姓名、联系方式、有效实名证件的种类、号码，进行联网核查，并打印核查结果。

b. 省内1万元(含)以上取款、现金到账户汇款及跨行汇款；5万元(含)以上的现金存款及账户到账户汇款交易，要求验示账户户主、代理人有效实名证件，登记代理人和被代理人的姓名、联系方式、有效实名证件或者身份证明文件的种类、号码，进行联网核查，打印核查结果，并留存账户本人、代理人有效实名证件复印件或影印件。

c. 跨省交易，无论金额，要求同时检查代理人和被代理人有效实名证件，登记代理人和被代理人的姓名、联系方式、有效实名证件或者身份证明文件的种类、号码，留存其有效实名证件复印件或者影印件，进行联网核查，并打印核查结果。

C. 重新写磁、随机换折、紧急折取款及修改实名证件交易。

客户办理存折重新写磁、随机换折/单、换卡、可疑凭证解锁定，应核对客户的有效实名证件，并留存其有效实名证件的复印件或影印件。

③ 挂失后续业务。

客户办理挂失补发、挂失销户、挂失撤销凭证、人工解挂失、密码重置等挂失后续业务，应核对客户的有效实名证件，并留存其有效实名证件的复印件或影印件。

④ 电话银行及网银业务。

客户本人办理电子银行注册、加办及自助设备转账开通业务时，应核对客户有效实名证件，并留存客户有效实名证件复印件或者影印件。

⑤ 客户申请修改户名或实名证件业务。

客户申请修改户名或实名证件业务，应核对客户的有效实名证件，并留存其有效实名证件的复印件或影印件。

⑥ 其他规定要求进行客户身份识别的交易，应检查代理人和被代理人有效实名证件，留存其有效实名证件的复印件或者影印件。

(4) 出现以下情况时，办理邮政金融业务的各类网点和机构应当重新识别客户：

① 客户要求变更姓名或者名称、身份证件或身份证明文件种类、身份证件号码的；

② 客户行为或者交易情况出现异常的；

③ 客户姓名或者名称与国务院有关部门、机构和司法机关依法要求金融机构协查或者关注的犯罪嫌疑人、洗钱和恐怖融资分子的姓名或者名称相同的；

④ 客户有洗钱、恐怖融资活动嫌疑的；

⑤ 办理邮政金融业务的各类网点和机构获得的客户信息与先前已经掌握的相关信息存在不一致或者相互矛盾的；

⑥ 先前获得的客户身份资料的真实性、有效性、完整性存在疑点的；

⑦ 办理邮政金融业务的各类网点和机构认为应重新识别客户身份的其他情形。

(5) 客户在办理下列业务前出示的有效实名证件是居民身份证的，需进行联网核查并打印联网核查结果：

① 开户、客户申请修改户名或实名证件业务；

② 单笔交易金额在5万元(含5万元)以上的存取款业务以及无密户取款业务；

③ 单笔交易金额在1万元(含1万元)以上的现金方式的行内及跨行汇款业务、单笔交易金额在5万元(含5万元)以上的账户方式的行内及跨行汇款业务；

④ 挂失补发、挂失销户、挂失撤销凭证、人工解挂失、密码重置业务；

⑤ 存折重新写磁、随机换折/单、换卡、密码维护、密码解锁定、可疑凭证解锁定、紧急折取款业务；

⑥ 其他中国人民银行规定需要进行联网核查的业务。

注意事项：

(1) 中国邮政储蓄银行除核对有效实名证件或者其他身份证明文件外，可以采取以下一种或者几种措施，识别或者重新识别客户身份：

① 要求客户补充其他身份资料或者身份证明文件；

② 回访客户；

③ 实地查访；

④ 向公安、工商行政管理等部门核实；

⑤ 其他可依法采取的措施。

(2) 客户在营业网点办理需识别身份的业务时，营业人员要检查客户有效实名证件有效期，确认已过有效期的，不得为客户办理业务。

(3) 非居民身份证指军官证、护照、港澳通行证等无法进行联网核查的有效实名证件；特殊身份证指临时身份证、证件到期日至交易日期不满半年的。

(4) 客户在办理要进行客户身份识别的业务前，需出示居民身份证，营业人员还应通过公安部全国公民身份信息系统(以下简称联网核查系统)，对客户本人提供的个人居民身份证所记载的姓名、公民身份证号码、照片及签发机关的真实性进行联网核查(以下简称联网核查)。他人持代理客户本人居民身份证办理业务时，还应同时对代理人的个人居民身份证所记载的姓名、公民身份证号码、照片及签发机关的真实性进行联网核查。进行联网核查后，应打印联网核查结果。

(5) 公民身份信息联网核查结果的处理：

① 如果核查结果(包括姓名、公民身份证号码、签发机关、照片，下同)与客户的身份证记载信息完全一致，应将核查结果打印在客户填写的相关业务申请书正面或存取款凭条背面，然后继续为其办理业务。

② 如果核查结果与客户的身份证记载信息不一致，营业人员能够确切判断客户出示的为虚假证件时，应拒绝为其办理业务，将相关情况向上级机构报告，上级机构应及时将可疑情况向中国人民银行当地分支机构报告。

(6) 联网核查时，对于身份证件号码不存在、身份证件号码存在但与姓名不匹配或反馈照片不相符的，可采取以下方式对相关居民身份证的真实性进行进一步核实：

① 要求客户提供户口簿、护照、工作证、机动车驾驶证、社会保障卡、公用事业进账单、学生证、介绍信等其他能证明身份的有效证件或证明文件。经佐证，相关居民身份证确属真实证件的，网点应留存相关证件或证明文件的复印件或者影印件，并继续办理相关业务；对于第二代居民身份证，也可使用第二代居民身份证阅读机或专门鉴别仪进行鉴别，

如经鉴别确属真实证件的，可继续为客户办理相关业务。

② 为客户出具联网核查结果证明，由客户持该证明自行到被核查人户籍所在地公安机关申请核实，如经核实确属真实证件，公安机关为相关个人更新公民身份信息后，客户可持居民身份证和公安机关核实并填写的回执到网点申请办理业务。

③ 将疑义信息按照规定的报文格式，通过联网核查系统申请核实，由公安机关将内部核实后的相关信息通过联网核查系统反馈。特殊情况或需要紧急办理的，也可直接向公安部公民身份信息查询服务中心申请核实。如经核实确属真实证件，可继续为客户办理相关业务。如果核查结果信息与客户的居民身份证记载信息不一致，能够确切判断客户出示的为虚假证件时，应拒绝为其办理业务，将相关情况向上级机构报告，上级机构应及时将可疑情况向中国人民银行当地分支机构报告。

(7) 对于需要本人亲自办理的业务，应由客户本人持有效实名证件办理，并在相关交易凭单上签字确认，除非特殊原因不得代办。

因特殊原因客户本人确实无法亲自办理的，应提供被代理人授权办理相关业务处理的委托书(应写明具体委托事项，并承诺若日后出现纠纷由本人承担一切损失)、有权机构(如司法部门、公证机构)出具的情况证明(或对委托书进行公证)、代理人与被代理人的有效实名证件、存款凭证，由代理人代为办理。营业机构应通过电话或上门等方式进行核实，并经支行(局)长同意后方可办理。业务办理完成后营业机构应留存委托书、有权机构出具的情况证明、代理人与被代理人有效实名证件的复印件或影印件。

对于老弱病残、出国、意外事件等特殊客户，需其本人亲自办理的业务，应按照监管部门特事特办的要求进行特殊处理，报上级邮政储蓄机构同意后，可通过柜台延伸服务办理的采取上门延伸服务办理；不能通过延伸服务办理的，营业机构应在风险可控的前提下，为客户开通绿色服务通道。

三、客户通过95580电子渠道办理的临时挂失应如何解挂失？

案例分析：

通过95580电子渠道办理的临时挂失有两种，一种是有效期为5天的临时挂失，另一种是有效期为永久的临时挂失。

有效期为5天的临时挂失在有效期内未做正式挂失，系统在5天后对该账户自动解除挂失状态；有效期为永久的临时挂失，需客户持本人有效身份证件和挂失凭证到开户局办理解挂失业务，网点柜员可通过人工解挂失交易进行永久性临时挂失的解挂失业务(原挂失渠道选择电子渠道)，永久性临时挂失在有效期内可在国内任一联网网点办理正式挂失。电子渠道办理的有效期为5天的临时挂失在有效期内只能继续通过电子渠道办理临时挂失，有效期从再次办理之日起重新计算；有效期为永久的临时挂失无法办理再挂失。

四、卡折合一户、单折户做密码挂失后，办理密码重置交易时，刷折系统回显账号与存折账号不符，应如何处理？

案例分析：

客户可使用密码确认身份。绿卡和可办理通存通取业务的账户必须设置密码。未设置密码的账户除存款、补登折和密码加办业务可在同县(市)办理以外，其余业务只能在开户网点柜面办理。客户需保管好预留的账户密码。因客户本人原因泄漏密码，在未办理密码挂失前，造成存款被他人冒领的，邮政储蓄机构不负有责任。

邮政储蓄机构负有认真保管和审核客户密码的责任。系统对客户预留的密码应加密保存，密码的传递、存储在系统内任何时候都不得以明文方式出现。在办理取款等业务时，邮政储蓄机构必须认真审核账户预留的密码。客户密码必须由客户使用专用密码输入设备输入，只能输入到终端画面的客户密码输入域里，密码输入时屏幕上显示“*”代替密码值。客户连续累计输错账户密码达 3 次，密码自动锁定。客户办理密码解锁定，需客户本人持有效实名证件，凭正确密码前往全国任一网点柜面办理，不允许代办。在客户申请解除密码锁定时，如果客户的身份信息与系统记录相符，且输入的密码正确，应立即为客户解除密码锁定；如果客户输入 3 次密码仍不正确，应请客户办理密码挂失，密码挂失后不允许办理人工解挂失，只能办理密码重置。

客户可根据自身需要向网点提出密码维护申请，为相关账户加办、更改、撤销密码。客户在网点柜面申请维护账户密码时，需填写“个人账户特殊业务申请书”，由本人持有效实名证件和存款凭证办理，不允许代办。加办、撤销密码在县(市)内任一网点办理，更改密码在全国任一网点办理，绿卡及绿卡对应的活期存折、本外币活期一本通、本外币定期一本通不允许撤销密码。

卡折合一户、单折户做密码挂失后，办理密码重置交易时，刷折系统回显账号与存折账号不符，柜员通过手工输入账号的方式办理密码重置交易，之后须对账户进行重新写磁条操作，交易成功，账户即可正常使用。

任务四　储蓄产品的特殊处理

任务导入

客户来网点办理储蓄产品的特殊处理，请为客户讲解储蓄产品的特殊事项处理规定和处理方法。

任务分析

- 储蓄产品的查询；
- 储蓄产品的密印维护；
- 储蓄产品的随机换折/单。

应知应会

3.4.1　查询

1. 定义及业务种类

(1) 查询指客户、有权机关或中国邮政储蓄银行内部对系统内的某一存款账户或已销户账户的相关信息的调阅和查看，以及对营业网点和各级管理信息的查询；分为客户查询、司法查询(协助查询)、内部查询和信息查询。

有权机关是指依照法律、行政法规的明确规定，有权查询、冻结、扣划单位或个人在金融机构存款的司法机关、行政机关、军事机关及行使行政职能的事业单位。

(2) 客户查询指中国邮政储蓄银行根据客户要求，在客户授权下将其本人存款账户或已销户账户的基本情况、交易明细等资料提供给客户查阅或打印给客户的行为。

(3) 司法查询(协助查询)是指中国邮政储蓄银行依照有关法律和行政法规的规定以及有权机关查询的要求，将单位或个人存款的金额、币种以及其他存款信息告知有权机关的行为。

(4) 内部查询指中国邮政储蓄银行因业务需要，在相关业务主管授权下查询各级机构交易情况的行为。

(5) 信息查询指中国邮政储蓄银行因业务需要，查询业务管理信息和利率、费率等公共信息的行为。

2. 相关规定

查询内容均设置级别权限管理，并只允许查询，不得作任何更改。

1) 客户查询

(1) 客户查询包括根据账号/卡号查分户账、根据账号/卡号查交易明细、卡折合一户还可根据账号(卡号)查卡号(账号)、一本通/绿卡通分户账查询、一本通/绿卡通明细查询、加办关系查询、已销户账户/卡户分户账查询、已销户账户/卡户明细查询等。

(2) 客户查询可通过网点、ATM、商易通、电话银行、网上银行等渠道办理。

(3) 有密户在网点柜台办理查询时，客户持存款凭证的，输入密码办理。若为代理人办理查询时，只允许查询，不得提供相关纸质资料信息给代理人，可以引导客户到电子渠道等自助设备进行查询打印；未持存款凭证的，应由客户本人提供账号/卡号和有效实名证件，输入密码；账户已销户的，应由客户本人提供账号/卡号和有效实名证件办理。

(4) 无密户办理查询时，由客户本人持存款凭证和有效实名证件在开户网点办理，需营业主管授权。印鉴户由客户持存款凭证和印鉴在开户网点办理，需营业主管授权；未持存款凭证的，应由本人提供账号/卡号、有效实名证件、印鉴在开户网点办理，需营业主管授权。

(5) 分户账查询：已销户账户的分户账信息在5年内可在同县(市)内任一联网网点查询，未销户账户的分户账信息可在账户通存通取范围内任一联网网点查询。

(6) 交易明细查询：客户可在通存通取范围内任一联网网点查询未清户账户 5 年内的交易明细。

(7) 客户查询时，涉及存折/单凭证印刷号等的安全校验信息不显示。

(8) 查询期限超过联机查询范围的，客户向开户网点提出申请，登记本人账户对应的有效实名证件信息，并约定联系方式；邮政储蓄网点将客户查询申请提交一级支行(县市机构)，一级支行(县市机构)在接到申请后10个工作日内完成查询并将结果反馈给网点，网点负责将查询结果反馈给客户。

(9) 中国邮政储蓄银行不受理客户提出的调阅原始单据的查询。对与中国邮政储蓄银行有争议的交易，中国邮政储蓄银行可向客户提供该原始单据的复印件。

2) 司法查询(协助查询)

(1) 司法查询(协助查询)包括根据账号/卡号查分户账、根据账号/卡号查交易明细、根据账号/卡号查历史活期明细、一本通/绿卡通分户账查询、一本通/绿卡通明细查询、一本通/绿卡通历史明细查询、根据实名证件查账号/卡号、根据客户信息查实名证件、副卡信息查询、副卡明细查询。

(2) 司法查询(协助查询)可通过全国任一联网网点(上线省间可查询到分户账和明细，未上线省间只能查询到账户部分相关信息)，以及一级支行(县市机构)、二级分行、一级分行法律相关部门或人员办理。

(3) 有权机关直接至网点要求进行司法查询(协助查询)的，由网点负责审核司法查询(协助查询)、冻结、扣划的专兼职人员审查有权机关经办人员出具的工作证件和相关法律文书，审查通过的，填写“协助有权机关查询、冻结、扣划存款审查单”，经支行(局)长或其授权人(如营业主管、风险经理等)审批后，再由网点其他柜员具体执行协助查询操作，查询结果直接反馈给要求查询的有权机关；若网点无负责审核协助司法查询(协助查询)、冻结、扣划的专兼职人员，仍由上级机构法律主管部门进行审查，并经有权人审批后，网点凭上级机构送达的“协助有权机关查询、冻结、扣划存款审查单”具体执行协助查询操作，查询结果直接反馈给要求查询的有权机关。“协助有权机关查询、冻结、扣划存款审查单”复印件日终应上缴会计稽核中心，原件留存备查。

有权机关直接至管理机构进行司法查询(协助查询)的，由法律主管部门审查，并经有权人审批后，相关部门凭“协助有权机关查询、冻结、扣划存款审查单”具体执行查询操作。

(4) 司法查询(协助查询)业务其他未尽事宜按照《中国邮政储蓄银行协助有权机关查询、冻结、扣划工作管理办法》执行。

3) 内部查询

(1) 内部查询包括账务类交易流水查询、柜员末笔账务类交易查询、非账务类交易流水查询、电子现金账户明细查询、柜员交易日志查询、客户业务办理情况查询、支票/来账状态查询、旧卡号/账号查新卡号/账号、根据账号/卡号查询账户归属地、免费账户查询、单笔免收费操作记录查询、各类报表查询、相关业务登记簿等。

(2) 各类报表的查询打印在邮政储蓄全国网点、一级支行(县市机构)、二级分行及一级分行办理。

(3) 内部查询的范围与查询机构所辖范围一致。

(4) 有权人员在权限范围内进行内部查询时不需授权。

4) 信息查询

信息查询包括查询公共信息、查询联网网点、查询利率和费率等。

3.4.2 密印维护

1. 定义

密印维护指网点根据客户的申请，为相关账户加办、变更、撤销密码的交易。

2. 业务规定

(1) 客户在网点申请维护账户密码时，应填写“个人账户特殊业务申请书”，并提供相关账户对应的有效实名证件和凭证。客户维护密码必须由本人办理。

加办密码由客户凭有效实名证件、存折/单在县(市)内任一联网网点办理。变更密码由客户凭有效实名证件、存折/单、绿卡和原密码在全国任一联网网点办理。撤销密码由客户凭有效实名证件、存折/单和原密码在该账户所属同县(市)内任一联网网点办理。

(2) 绿卡及卡折合一户、本外币活期一本通、本外币定期一本通不能撤销密码。

(3) 账户撤销密码后，该账户的交易受理范围同无密户。

(4) 客户连续累计输错卡/折等凭证密码达 3 次，密码自动锁定，需客户本人凭有效实名证件和正确密码前往通存通取的任一联网网点办理密码解锁定手续。在客户申请解除密码锁定时，如果客户的身份信息与系统中的客户信息相符，且输入的密码是正确的，应为客户立即开通账户。如果客户输入 3 次的密码仍不正确，应请客户办理密印挂失。密码锁定后的密印挂失不允许做人工解挂失，只能做密码重置。

(5) 客户办理“密码解锁定”业务时，应由网点营业主管比照授权交易处理手续办理。营业主管应仔细核对授权交易的各项内容后方可进行授权。检查事项包括业务种类、证件、柜员操作合规性等。授权人应亲见经授权的交易发送完成，并在交易凭条签字确认授权。“密码解锁定”业务只能由客户本人办理，不得代理，办理时应核对客户身份证件并留存其复印件。

3.4.3 换折/单/簿

1. 适用范围

(1) 因存折/对账簿打印行数已满或存折/单损坏不能继续使用的，客户可在凭证对应的通存通取范围内任一网点办理换折/单/簿手续，活期存折、本外币活期一本通、本外币定期一本通和对账簿的受理范围为全国，定期折/单受理范围为省内，无密户必须在开户网点。

(2) 办理随机换折/单时，客户应出示本人有效实名证件，代理人代为办理的，需同时出示代理人与被代理人有效实名证件；办理业务过程中系统提示的自动换存折/对账簿，无需客户提供有效实名证件。

(3) 对账簿因丢失或老化、污染、损毁无法继续使用的，可直接办理补发，补发对账簿的相关规定与加办对账簿一致。

(4) 换存折/单不改变原开户信息。新存折明细页先打印换折日期、操作员号，若有未登折明细，继续打印未登折明细。

(5) 若一本通办理随机换折，无需输入存折余额，原存折上所有子账户的交易记录将重新打印在新折上。

(6) 换存折/单时，柜员应加强对存折/单的真伪鉴定，对存折/单因老化、污染、损毁无法鉴定真伪的，不得办理随机换折/单，应向客户说明情况，进行凭证挂失处理。

(7) 换存折/单时，客户需交回旧存折/单，柜员应在作废的存折/单上加盖业务专用章、业务用个人名章。

(8) 客户换折交回旧存折时，客户若有需要，可当场打印交易明细；存折内页也可交由客户留存，邮政储蓄机构仅将旧存折封面收回保存，由领取人出示有效实名证件并在回收的存折上签字确认。

(9) 因打印行数已满而更换或老化、污染、损毁无法继续使用的旧对账簿，可由客户自行保管。

(10) 客户持已销户、已挂失补发的凭证办理业务时，柜员在存折/单上加盖“作废”戳记并注明作废原因后返还客户；绿卡应剪卡作废返还客户。

(11) 可疑凭证解锁定。因折或卡的防伪码校验错误次数超限或其他原因导致凭证可疑，凭证自动被锁定。客户办理可疑凭证解锁定时，需出示本人有效实名证件在全国任一网点办理，代理人代为办理的，需同时出示代理人与被代理人有效实名证件。

(12) 重新写磁。存折/对账簿因无法读磁或磁道信息出错的，有密户存折/对账簿可在全国任一网点办理重新写磁；无密户存折不允许办理重新写磁，只能办理随机换折。

办理存折/对账簿重新写磁时，应出示账户对应的有效实名证件。代理人代为办理的，需同时出示代理人与被代理人的有效实名证件。

2. 业务单据、存折、单打印问题的处理

(1) 因打印机故障造成凭单、收据、申请书等不能使用的，可办理“重打单据”交易。“重打单据”时只能对本柜台最后一笔成功交易的单据重打。重新打印的单据上同时打印重打标志“补打”及次数。

(2) 存折、单不能重打。存折、单打印不清的，由柜员手工补写清楚，加盖业务用个人名章。存折打印出现空行、移位的，由柜员红笔划销空行，加盖业务用个人名章。存折、单在打印时破损，可以办理随机换折、单，在破损的存折、单上加盖“作废”戳记。

(3) 开户或随机换存折、单时用错存折、单时，应在用错的存折、单上加盖“作废”戳记，并在系统中办理原存折、单上印刷的凭证号码的作废交易，对应使用的空白存折、单手工补写相关账户信息要素，加盖“作废”戳记，办理随机换折、单。

对于无法鉴定存折/单真伪的，不得办理随机换折/单。向客户说明情况，办理凭证挂失处理；对于开户或随机换折/单时用错存折/单时，应在用错的存折/单上加盖“作废”戳记，并在系统中办理原存折/单上印刷的凭证号码的作废交易，对应使用的空白存折/单手工补写相关账户信息要素，加盖“作废”戳记，办理随机换折/单。

一本通随机换折，不需要输入存折余额，需将原存折上所有当前实际存在的子账户的交易记录重新打印在新存折上；办理业务时，已经停止使用的旧版存折，一律按规定办理随机换折手续。

3.4.4 补登折

1. 适用范围

客户凭存折在全国任一联网网点办理续存、支取、销户等交易时，若该账户有未登折明细，则自动补登折(受理范围可设定为省内任一联网网点和上线省联网网点办理)；客户可凭存折或对账簿在全国任一联网网点或自助设备办理补登折手续(受理范围可设定为省内任一联网网点和上线省联网网点办理)。

2. 处理规定

超过 92 天的未登折明细均压缩打印，所有收入类、支取类交易分别合并，打印汇总明细。最近 92 天的交易明细不压缩，单独打印。定期一本通、对账簿未登明细不压缩打印。

客户打印已压缩的存折交易明细，切换过渡期间可持存折在省内和上线省间任一联网网点办理，切换过渡期后可持存折在全国任一联网网点办理。

一本通未登折明细不压缩打印；补登折时，如果打印机出现故障，未登折明细打印不正常时，由柜员手工补写清楚，加盖名章；存折打印出现空行、移位的，由柜员红笔划销空行，加盖名章；打印时破损，可以办理随机换折，在破损的存折上加盖“作废”戳记。

3.4.5 客户账户信息修改

客户账户信息修改的定义及规定如下：

(1) 账户信息修改是指由于柜员操作失误造成客户姓名、实名证件、存期等要素输入有误，经与客户联系后修改错误信息或客户持有效证明对户名、实名证件进行修改的一种修正交易。

(2) 信息的修改包括柜员修改和客户修改。客户修改时，应由本人在全国任一联网网点办理，提供存款凭证、原账户对应的有效实名证件和新的有效实名证件。若原账户对应的有效实名证件已被发证机关收回，应提供相关机构证明。修改居民身份证的须通过联网核查系统确认客户真实身份，对于系统内记录的居民身份证号码为 15 位，客户提供的居民身份证姓名相同但由于增加两位年份号码和最后一位校验码升至 18 位的可不再要求客户提供发证机关证明。客户修改时只能修改账户本人户名和实名证件，柜员不得应客户要求修改存期。

(3) 因柜员操作失误造成账户信息差错后，网点应立即与客户取得联系，客户姓名、实名证件输入错误的，应要求客户尽快带原凭证到开户网点办理账户信息修改。存款期限输入错误的，应与客户协商后决定是否修改账户信息，客户认可当前账户信息的，不对当前账户信息进行修改，并将情况手工记录在凭单的背面；客户不认可当前账户信息的，应要求客户尽快带原凭证及有效证件到开户网点办理账户信息修改。

(4) 因柜员操作失误，修改账户信息时必须调取交易原始凭证，并经营业主管授权，填写“中国邮政储蓄修改分户账通知单”，修改完毕将原交易凭证的复印件与修改分户账通知单一同保存。存折/单姓名或存期修改后，必须换发新折/单。

(5) 未与客户联系上的，暂不办理账户信息的修改。当客户再次办理业务时对该账户有关信息产生异议的，按照保护客户经济利益的原则采取相应处理。

(6) 修改账户存期交易只能在开户后三个月内办理，且只能办理一次。修改账户存期只支持整存整取、零存整取、存本取息、整存零取四个储种，不支持个人通知存款品种。整存整取已经部提、存本取息已经取息、整存零取已经取款的，不能办理。

(7) 客户因姓名或有效实名证件发生变更等原因，申请修改已开立账户的户名、证件类型、证件号码时，需客户本人持存款凭证、账户对应的原有效实名证件和新有效实名证件，填写“个人账户特殊业务申请书”，在全国任一网点办理，不允许代办。若账户对应的原有效实名证件已被发证机关收回的，应提供相关证明。网点应留存新证件、原证件或相关证明的复印件或影印件。

(8) 账户信息修改是指在客户已离开柜台后发现由于柜员操作失误造成客户姓名、存款期限、个人通知存款品种、支票类存款起息日等要素输入错误，经与客户联系后修改错误信息；只能为纠正柜员操作出现差错而办理，柜员不得应客户要求办理账户信息修改；账户信息修改登记“柜员差错登记簿”。

(9) 客户申请修改存折/单户名后，必须换发新存折/单，原存折/单日终上缴会计稽核中心。柜员因操作失误造成存折/单的户名或存期差错，需要进行账户信息修改的，应立即与客户联系，进行相应处理。

① 存折/单户名输入错误的，应请客户尽快到开户网点，出示原存款凭证和本人有效实名证件办理账户信息修改。代理人代为办理的，需同时出示代理人与被代理人有效实名证件。

② 存折/单存款期限输入错误的，应与客户协商后决定是否修改。客户认可当前存款期限的，不对当前账户存款期限进行修改，应将情况手工记录在交易凭单的正面空白处；客户不认可的，应请客户尽快到开户网点出示原存款凭证和本人有效实名证件办理账户存款期限修改。代理人代为办理的，需同时出示代理人与被代理人有效实名证件。

③ 未联系上客户的，暂不办理账户信息修改。当客户再次办理业务时对该账户有关信息产生异议的，按照保护客户经济利益的原则采取相应处理。

(10) 因柜员操作失误需修改账户信息的，必须调取原交易凭单或电子影像，由营业主管填写“修改分户账通知单”，并授权柜员按照原交易凭单信息修改。

① 修改存折/单户名或存期的，必须换发新存折/单，原存折/单、原交易凭单的复印件或影印件连同“修改分户账通知单”一并保存，日终上缴会计稽核中心。

② 修改卡户名或绿卡通子账户存期的，原交易凭单的复印件或影印件连同“修改分户账通知单”一并保存，日终上缴会计稽核中心。

③ 修改证件类型、证件号码的，原交易凭单的复印件或影印件连同“修改分户账通知单”一并保存，日终上缴会计稽核中心。

(11) 客户在办理与账户相关的需要核对有效实名证件的业务时，提供的有效实名证件应与系统内该账户记录的相一致。若出现以下不一致情况，按下述规定进行处理：

① 系统内记录的居民身份证号码为15位，客户本人提供的居民身份证号码为18位的，经联网核查相符后，由客户填写“个人账户特殊业务申请书”，先为客户办理实名证件变更手续，再为客户办理业务，并留存客户的居民身份证复印件或影印件，不允许代办。其中，对于居民身份证姓名相同但由于增加两位年份号码和最后一位校验码升至18位的，不需要客户提供原证件。

② 系统内记录的证件类型是临时居民身份证或户口簿，客户本人持居民身份证办理业务的，经联网核查相符后，由客户填写“个人账户特殊业务申请书”，先为客户办理实名证件变更手续，再为客户办理业务，并留存客户的居民身份证复印件或影印件，不允许代办。居民身份证号码与原证件号码一致，以及姓名相同但由于增加两位年份号码和最后一位校验码升至18位的，不需要客户提供原证件。

③ 系统内记录的证件类型是居民身份证，客户由于证件丢失补办临时居民身份证的，经联网核查相符后，视同居民身份证办理，柜员应在相关交易凭单上注明实际办理业务所使用的证件类型，并让客户签字确认。

3.4.6 取消交易

1. 定义及规定

(1) 取消交易是指柜员处理窗口账务性业务(汇款交易除外)或开户时输入账户信息(包括客户姓名、存款期限和起息日等)出现差错，在客户账户尚未发生其他账务类交易的前提下，经客户在柜台进行授权后将该笔交易全额取消，把账户余额等信息恢复为差错交易执行前的状态的一种修正交易。取消交易必须经客户授权，其中有密户必须凭客户密码授权。

(2) 取消交易只能为纠正柜员操作出现差错而办理，除前述原因之外，柜员不得应客户要求办理取消交易。

(3) 被取消交易应为该账户当日所做的最后一笔成功的账务类交易。

(4) 取消交易只能在原交易受理网点由办理该笔交易的柜员办理。办理取消交易时，营业主管填写“中国邮政储蓄修改分户账通知单”，柜员根据营业主管授权办理，有密户客户须输入客户密码。取消交易完成后，应将修改分户账通知单交客户签字确认后收回。取消卡交易时，须刷卡并经客户输入密码后办理。

(5) 每笔交易只能办理一次成功的取消，因取消交易操作错误而导致取消交易有误且可能造成资金风险的，要对该账户办理限额止付，并于次日采取相应处理。

(6) 对取消交易、被取消交易、冲正交易、被冲正交易不可办理取消交易。

(7) 开户取消时，原存折/单、卡作废。清户取消时，恢复原账户，原存折/单、卡作废，补发新存折/单、卡。

(8) 整存整取(存单式)部分提前支取和个人通知存款支取错误时，柜员取消部分提前支取和个人通知存款支取交易，部分提前支取产生的存单应打印“作废”字样，并打印新存单交与客户，新存单内容与部分提前支取前的存单内容一致。

(9) 定期一本通、本外币定期一本通销户后不允许办理取消交易。

(10) 带电子现金账户的芯片磁条复合卡和单芯片卡换卡后不允许取消。

2. 业务种类

取消交易包括开户、存款、取款、销户的取消，生成“柜员轧账单”和“特殊交易登记簿”。营业主管必须审核交易背景真实有效；审核所取消交易账户与电脑显示的账户一致；严禁客户经理、柜员为客户代办取消交易；柜员必须审核凭证输出打印内容正确无误。

3.4.7 冲正交易

1. 定义及规定

(1) 冲正交易是指柜员或自助设备处理账务性业务出现差错，在客户已离开的情况下，对该笔差错交易进行处理，把账户余额修改为正确金额的一种修正交易。

(2) 冲正交易只能为纠正柜员操作或自助设备出现差错而办理，不得应客户要求办理冲正交易。

(3) 冲正交易只能在原交易受理网点办理。办理时须经支行(局)长授权，并填写“中国邮政储蓄修改分户账通知单”。

(4) 柜员发现差错后可以在差错交易发生日当天办理冲正，也可以在以后发现差错时办理冲正交易。但冲正交易必须自差错交易发生日起 31 天(含)内办理，超过 31 天有效期的只能对该交易进行其他处理。

(5) 每笔交易只能办理一次成功的冲正交易，因冲正交易操作错误而导致冲正交易有误且可能造成资金风险的，要对该账户办理限额止付，并于次日采取其他处理。

(6) 发现差错交易后，应及时与客户联系，告知差错情况和处理措施。无法联系上客户时，对于差错交易发生时的情况有监控录像的，应延长此监控录像保存时间，以利于与客户发生纠纷时取证。至少应保存到此客户再次到柜台办理业务后，寄送对账单的，至少寄送过两次账单后。

(7) 对取消交易、被取消交易、冲正交易、被冲正交易不可办理冲正交易。账户清户后不能再做冲正交易。

(8) 冲正交易生成未登折项或对账单明细，ATM 冲正的操作权限和操作机构根据管理方式而定。

(9) 涉及现金类的冲正交易应根据原差错交易先做长短款挂账处理。

(10) 若原账户余额不足冲正，须办理账户限额止付，不足部分暂挂账。

2. 业务交易

开户、存款、取款、销户均不办理冲正交易，生成“特殊账务性交易登记簿”和“柜员差错登记簿”。

冲正交易需经支行(局)长授权在 6 个月(含)内对该笔交易进行其他冲正处理，生成未登折项或对账单明细。支行(局)长必须现场授权，并审核业务背景真实性；若原账户余额不足冲正，需办理账户限额止付，不足部分暂挂账，挂账部分积极处理，不得超过 3 个月。

3.4.8 止付/解止付交易

1. 定义及规定

(1) 止付交易是指因柜员操作错误造成客户分户账余额有误、未能及时纠正错误或由于急付款等原因而采取的一种将客户账户内全部资金或部分资金暂时锁定的一种交易。止付包括账户止付和限额止付两种。限额止付分为账户限额止付和入账汇款限额止付。

(2) 止付交易只能因银行内部差错、急付款而办理，柜员不得应客户的要求办理止付交易。特殊情况下要求办理止付的，需通过法律主管部门审核。

(3) 时段存款证明、存单质押等交易导致账户处于止付状态，不属于本节所指的止付交易。

(4) 账户止付是将客户分户账进行全额止付，账户止付期间客户不得再办理使分户账余额减少的业务，同时也不得办理个人存款证明、存单质押等业务。

(5) 限额止付是将客户分户账余额错误金额部分进行止付，剩余部分可继续办理现金支取和资金汇出等使分户账余额减少的业务。

(6) 账户止付可在开户网点及其上级机构办理。限额止付可在省内和上线省间各级机构和网点办理。入账汇款限额止付可在原交易网点、原交易网点县市中心、原交易网点地市中心、原交易网点省中心办理。办理止付时，须支行(局)长或部门主管授权，并填写“止付通知单”。账户止付未解止付前不能再次办理账户止付，账户限额止付不限定次数，入账汇款限额止付对一笔汇款只能止付一次。

(7) 入账汇款限额止付及入账汇款限额解止付交易正常。

(8) 账户止付完成后，该账户可用余额为零；限额止付完成后，账户可用余额减少相应止付部分，限额止付金额可大于账户余额。

(9) 止付后系统自动生成止付号，止付号与止付事项须匹配，包括账号、子账号、金额、止付日期等，解止付时需输入相应的止付号。办理止付时，可以输入解止付日期，到达解止付日期日终时系统自动解止付；也可不限定解止付日期，不限定解止付日期的只能办理人工解止付。在自动解止付前可提前办理解止付手续。

(10) 办理解止付交易时，要登记“解止付登记簿”，记录解止付交易日期、账号/卡号、经办人员等信息备查。

(11) 人工解止付只能在原止付交易发生机构进行，须支行(局)长或部门主管授权，并填写“解止付通知单”。

(12) 只能通过“止付”交易进行止付的，才能通过“解止付”交易办理解止付，通过其他方式对账户进行止付的应通过相应的交易解除账户的止付状态。

(13) 对于存在账务差错而办理止付的账户，在相关差错处理全部完成后，应立即办理解止付。

(14) 绿卡通可办理卡户止付/解止付或卡内单个账户止付/解止付。绿卡通卡户止付/解止付时，卡内活期主账户与所有本、外币子账户均止付/解止付。部分止付/解止付只能对卡内单个账户进行。

(15) 副卡只可办理账户限额止付，止付的是绿卡通活期主账户。

(16) 一本通可办理一本通止付/解止付或单个子账户止付/解止付。部分止付/解止付只能对单个子账户进行。一本通止付/解止付时所有子账户均止付/解止付。

(17) 止付、解止付交易打印“止付/解止付通知单”。

2. 业务交易

办理止付交易时，输入的账户类型如果是卡号，账户类型不要选择活期折或者定期折；已办理账户止付后，不可再做账户止付； 账户止付期间客户不得再办理使分户账余额减少的业务，同时也不得办理存款证明、存单质押等业务；账户止付只能办理一次，限额止付不限定次数。止付后生成8位数字的止付号，解止付时需输入相应的止付号。

3.4.9 冻结/解冻结交易

1. 定义及规定

(1) 协助冻结是指中国邮政储蓄银行依照法律的规定以及有权机关冻结的要求，在一定时期内禁止个人提取其存款账户内的全部或部分存款的行为。

(2) 协助冻结分为账户冻结和金额冻结。账户冻结是将客户分户账进行全额锁定，账户冻结期间客户不得办理任何使分户账余额减少的业务，同时也不得办理存款证明等业务；金额冻结的，其被冻结部分余额不得办理任何账务类交易。

(3) 轮候冻结是有权机关申请对已被其他有权机关冻结的账户进行账户冻结时，邮政储蓄机构依次按照送达协助冻结通知书的先后顺序进行排列。当有效冻结失效后，排列在先的冻结自动转化为有效冻结的行为。

(4) 续冻是对已经冻结的账户，在未解冻前由原冻结机构申请到期后继续冻结的行为。对于生效的冻结只能办理一次续冻，对于未生效的续冻不能再次办理续冻。续冻生效前，对续冻前已生效的冻结做解冻结，该续冻同时失效。超额冻结指有权机关要求协助冻结的金额高于存款人账户内资金余额的冻结。

(5) 冻结在存款人账户开户县(市)内任一联网网点或该一级支行(县市机构)办理，续冻、轮候冻结、解冻结在原受理网点办理。

(6) 在网点办理冻结、续冻、轮候冻结、解冻结和扣划时均须支行(局)长授权，在一级支行(县市机构)司法操作员办理冻结、续冻、轮候冻结、解冻结时须部门司法主管授权。

(7) 有权机关要求办理协助冻结或扣划交易时，对个人存款账户不能提供账号的，邮政储蓄机构应当要求有权机关提供该个人的有效实名证件号码或其他足以确定该个人存款账户情况的信息。

(8) 两个以上有权机关对同一单位或个人的同一笔存款采取冻结或扣划措施时，邮政储蓄机构应当协助最先送达协助冻结、扣划存款通知书的有权机关办理冻结、扣划手续。

(9) 两个以上有权机关对协助冻结、扣划的具体措施有争议的，邮政储蓄机构应当按照有关争议机关协商后的意见办理。

(10) 邮政储蓄机构在接到协助冻结、扣划存款通知书后，不得再扣减应当协助执行的款项用于收贷收息，不得向被查询、冻结、扣划单位或个人通风报信，帮助隐匿或转移存款。

(11) 被冻结存款的客户对冻结提出异议，邮政储蓄经办人员应告知该客户与做出冻结决定的有权机关联系。

(12) 解冻结只能由原冻结有权机构或其上级机构提出办理，对其他有权机关要求解冻结的，应请其与原冻结有权机关联系协商处理。

2. 协助冻结、续冻、轮候冻结业务处理要求

(1) 有权机关直接至网点要求进行协助冻结的，由网点负责审核司法查询(协助查询)、冻结、扣划的专兼职人员审查有权机关经办人员出具的工作证件和相关法律文书，审查通过的，填写“协助有权机关查询、冻结、扣划存款审查单”，经支行(局)长或其授权人(如营业主管、风险经理等)审批后，再由网点其他柜员具体执行冻结操作，执行结果直接反馈给要求进行协助冻结的有权机关；若网点无负责协助司法查询(协助查询)、冻结、扣划的专兼职人员，仍由上级机构法律主管部门进行审查，并经有权人审批后，网点凭上级机构送达的“协助有权机关查询、冻结、扣划存款审查单”具体执行冻结操作，执行结果直接反馈给要求进行协助冻结的有权机关。“协助有权机关查询、冻结、扣划存款审查单”复印件日终应上缴会计稽核中心，原件留存备查。

有权机关直接至管理机构进行司法冻结的，由法律主管部门审查，并经有权人审批后，相关部门凭“协助有权机关查询、冻结、扣划存款审查单”具体执行冻结操作。

(2) 冻结个人存款的期限最长为六个自然月，冻结期内原冻结有权机关有且只能办理一次续冻，续冻的期限最长为六个自然月。

冻结的效力从冻结手续办结之时开始，但冻结期限从冻结手续办结的第二天起算，续冻的效力从上笔冻结交易终止日开始生效，续冻期限的起始日期从该日起算。

同一账户办理账户冻结后不再允许办理金额冻结，办理金额冻结后也不再允许办理账户冻结，只能办理未冻结部分的存款冻结。

活期账户只允许办理一次超过账户余额减去冻结金额之后的可用余额的金额冻结，即超额冻结。超额冻结属于金额冻结的一种。(切换过渡期后)

(3) 原冻结为账户冻结的允许办理轮候冻结，当账户冻结同时存在续冻和轮候冻结时，冻结终止日期后续冻优先生效。

(4) 在冻结期限内，只有在原冻结有权机关做出解冻结决定并出具解除冻结存款通知书的情况下，邮政储蓄机构才能对已经冻结的存款予以解冻，法律、法规等另有规定的除外；被冻结存款的单位或个人对冻结提出异议的，经办人员应告知其与做出冻结决定的有权机关联系，在存款冻结期限内邮政储蓄机构不得自行解冻。

(5) 绿卡通可办理卡户冻结、续冻、轮候冻结、解冻结或卡内单个子账户冻结、续冻、轮候冻结、解冻结。绿卡通冻结、续冻、轮候冻结、解冻结时，卡内活期主账户及所有本、外币子账户均冻结、续冻、轮候冻结、解冻结；金额冻结、解冻结只能对卡内单个账户进行，副卡不允许进行冻结、续冻、轮候冻结、解冻结。

(6) 一本通可办理一本通冻结、续冻、轮候冻结、解冻结或单个子账户冻结、续冻、轮候冻结、解冻结；一本通冻结、续冻、轮候冻结、解冻结时所有子账户均冻结、续冻、轮候冻结、解冻结；金额冻结、解冻结只能对单个子账户进行。

有权人和柜员必须双人审查有权机关签发的协助冻结(解冻)通知书和执法人员的工作证件等法律文书真实有效，符合规定；有权人和柜员必须双人审查有权机关签发的协助冻结(解冻)通知书等法律文书填写内容正确、完整、无涂改；授权人必须使用本人工号密码办理各项授权业务；有权人必须审核输入内容与冻结(解冻)通知书等法律文书内容相符；有权人必须审核冻结(解冻)通知书回执的填写内容与执行机关要求冻结(解冻)的相关信息一致后加盖业务公章。如果是卡户或一本通户，账户类型不能选择活期折或者定期折/单；部分冻结累计金额不可超过账户余额，且账户冻结后，不可做部分冻结。

3.4.10 扣划交易

1. 定义及规定

(1) 协助扣划是指中国邮政储蓄银行依照法律规定以及有权机关扣划的要求，将个人存款账户内的全部或部分存款资金划拨到指定账户的行为。

(2) 协助扣划分为全额扣划和部分扣划，按照有权机关的要求计付利息或不计利息。

2. 协助扣划业务处理要求

(1) 有权机关直接至网点要求进行协助扣划的，由网点负责审核司法查询(协助查询)、冻结、扣划的专兼职人员审查有权机关经办人员出具的工作证件和相关法律文书，审查通过的，填写“协助有权机关查询、冻结、扣划存款审查单”，经支行(局)长或其授权人(如营业主管、风险经理等)签字确认后，上报上级机构法律主管部门审查，并经有权人审批后，网点再凭上级机构审批同意后的“协助有权机关查询、冻结、扣划存款审查单”具体执行扣划操作，执行结果直接反馈给要求进行协助扣划的有权机关。

若网点无负责协助司法查询(协助查询)、冻结、扣划的专兼职人员，或有权机关直接至管理机构要求进行协助扣划，由管理机构法律主管部门进行审查，并经有权人审批后，网点凭上级机构送达的“协助有权机关查询、冻结、扣划存款审查单”具体执行扣划操作。

“协助有权机关查询、冻结、扣划存款审查单”的复印件网点日终应上缴会计稽核中心，原件留存备查。

各级机构具体扣划权限由各一级分行根据辖内机构内部控制水平具体确定，并及时报总行备案。但具体权限不得超过总行对一级分行的授权权限。

(2) 扣划的存款直接划入有权机关指定的账户，不得提取现金。账户冻结状态下可办理部分扣划和全额扣划；金额冻结状态下仅可办理部分扣划。

(3) 全额扣划相关规定：

① 活期账户全额扣划不进行销户处理，生成账户未登折明细且不解除冻结标志。

② 除活期外其他储种的账户进行全额扣划时，付息则账户销户；不付息则根据不同储种做相应的处理。

整存整取、个人通知存款账户全额扣划不付息后剩余金额大于或等于起存金额的，开立新整存整取存单；小于起存金额的，开立新活期存折。

其他储种(除活期、整存整取、个人通知存款外)全额扣划不付息的，均开立新活期存折。

③ 原账户处于账户冻结状态，全额扣划不付息后开立的新存折/单仍为账户冻结状态。

(4) 部分扣划相关规定：

活期账户部分扣划视同取款，若原账户存在冻结不解除冻结标志，生成账户未登折明细。

整存整取、个人通知存款部分扣划后剩余金额大于或等于起存金额时，参照部分提前支取处理，若原账户存在冻结新生成的账户或子账户不解除冻结标志，打印通用凭证一式两联和新存单；小于起存金额时按其他储种方式处理。

其他储种部分扣划按照提前清户处理，剩余金额及未付的利息在部分扣划成功后联动开立新活期存折。若原账户存在冻结新活期存折不解除冻结标志，实际冻结金额为原冻结金额减去已扣划金额。

(5) 扣划后打印通用凭证一式两联，一联交会计稽核，一联在一级支行(县市机构)法律主管部门留存保管，上级风险部门扣划后产生的新存折/单上缴一级支行(县市机构)法律主管部门保管，履行交接手续；待该客户再次办理业务时，一级支行(县市机构)法律主管部门审核客户原存折/单和本人有效实名证件无误后交还给其本人，并履行交接手续。

(6) 一本通/绿卡通扣划相关规定：

绿卡通卡只能对卡内单个账户进行扣划。不允许对绿卡通卡或副卡进行扣划；当对一本通/绿卡通内多个子账户进行扣划时，应按子账户分别进行操作。

当原冻结为一本通/绿卡通整个凭证的账户冻结时，若扣划后生成新活期存折，解除冻结标志；当原冻结为一本通/绿卡通卡内单个子账户的账户冻结时，扣划后若生成新活期存折，则不解除冻结标志。

(7) 扣划后若生成新凭证或新子账户时，密码相关处理规则如下：

① 存单扣划后生成的新存单或新活期存折均为无密户；

② 一本通/绿卡通子账户扣划后，若生成新子账户，新子账户存在于原一本通/绿卡通内，原一本通/绿卡通的密码保持不变；

③ 一本通/绿卡通子账户扣划后，若生成新活期存折，该存折为无密户。

有权人和柜员必须双人审查有权机关签发的协助扣划通知书和执法人员的工作证件等法律文书真实有效，符合规定；有权人和柜员必须双人审查有权机关签发的协助扣划通知书等法律文书填写内容正确、完整、无涂改；授权人必须使用本人工号密码办理各项授权业务；有权人必须审核交易输入内容与协助扣划通知书等法律文书内容相符，对人民法院裁定强制执行的储蓄存款，若不能提供储蓄存单(折)，应审核是否经县级支行(含)以上营业机构批准；有权人必须审核扣划存款通知书回执的填写内容与执行机关要求扣划的相关信息一致后加盖业务公章。

办理扣划时，应先通过“冻结明细查询”和“冻结解冻结登记簿”查询需扣划的账户是否为原冻结机关申请协助扣划，对于非原冻结机关要求协助扣划的，应请其与原冻结机关协商处理；账户如属于长期不动户，办理扣划时，应先办理“解除长期不动户标志”交易。

3.4.11 解除长期不动户标志

1. 长期不动户的确定

(1) 个人活期存款账户最后一笔交易(不包括结息、代扣利息税、司法查询、司法冻结、司法扣划和扣收小额账户管理费，下同)超过3年的。

(2) 定活两便账户自起息日起满3年未发生业务的。

(3) 存单式整存整取定期储蓄账户：未约定转存和未自动转存的，到期后3年未发生业务的。

约定转存、自动转存的，不设为长期不动户。

(4) 其他储种(包括个人通知存款、零存整取、整存零取、存本取息)和一本通、绿卡通暂不设为长期不动户。

(5) 加办特定业务(如第三方存管业务)的账户或其他特殊账户可不设为长期不动户。

(6) 账户状态非正常时(包括止付、冻结、挂失等)不设为长期不动户。

每年12月25日，将符合长期不动户确定条件的账户设定为长期不动户，并在账户状态中设置“不动户”标志，日终不再处理。转为长期不动户的账户在转成“动户”前，不结息。

2. 解除长期不动户标志的规定

(1) 不动户需重新办理业务时，必须先解除长期不动户标志。客户要求解除长期不动户标志的，需本人出示存款凭证、有效实名证件办理，不允许代办；司法机关由于司法查询、冻结、扣划需要解除长期不动户标志的，需输入有权机关名称等信息办理。解除长期不动户标志可在省内任一网点经支行(局)长授权办理。

(2) 不动户解除长期不动户标志后，按正常账户的计息方式和利率重新计算自转为“不动户”日至交易日的利息和利息税。

(3) 长期不动户的司法查询、冻结、扣划交易，必须先办理解除长期不动户司法激活，解除不动户标志后方可办理。

3.4.12 急付款交易

(1) 急付款是当邮政储蓄交易受理方或邮政储蓄全国中心计算机系统(含网络)出现故障且连续4个小时以上无法正常处理业务，但账户的开户方省中心计算机系统正常时，在客户账户开户中心确认止付的情况下，用手工方式为客户办理取款业务的一种应急服务行为。急付款可在省内办理或跨省办理，办理省内急付款时由中国邮政储蓄银行各一级分行下发通知，办理跨省急付款由总行下发通知。

(2) 急付款业务由交易网点、交易网点所属一级支行(县市机构)、一级分行和开户方一级分行共同办理。一级支行(县市机构)可指定部分异地业务量较大且具备通信条件的网点办理急付款业务，并公告网点名称、地址和联系电话。

(3) 办理急付款，客户需填写“邮政储蓄急付款申请书”，并提供本人有效实名证件和存折或绿卡。急付款交易必须本人办理，不允许代办。

(4) 交易网点柜员和营业主管在申请书上加盖业务用个人名章、业务章后，将申请书直接或通过一级支行(县市机构)传真至一级分行。一级分行加盖公章后传真至开户方一级分行。开户方一级分行受理急付款业务后，应立即对相关账户的可用余额进行限额止付(包括本金和手续费)，并填写“急付款回执”，注明止付号，传真至急付款受理网点。

(5) 受理方计算机或网络故障解除后，急付款受理网点柜员经营业主管授权在金额事项中做“急付款现金”交易后，办理解止付划账交易。

(6) 解止付扣款交易成功后账户解除原来止付状态，该交易参与当日正常清算。急付款受理网点办理解止付扣款后，生成未登折明细或对账单明细。

(7) 如客户所持折/卡对应的账户状态为销户、挂失、冻结(金额冻结可用余额足时可办理)、止付(限额止付在可用余额足时可办理)，邮政储蓄机构不予受理急付款申请。

3.4.13　客户号管理

1. 客户号管理

(1) 中国邮政储蓄银行客户管理是通过客户号管理实现的。客户号管理是指以客户号为索引，对同一个客户在系统中记录的各种信息按客户号进行归纳的管理方式，以达到采集和分析客户信息的目的，并对客户评定等级。客户号管理包括客户号的编制，客户号的生成，客户号的归集以及客户号的注销。

(2) 个人客户在中国邮政储蓄银行开立第一个存款账户、信用卡账户等第一次需要客户身份识别的业务时，根据客户姓名、证件类型及证件号码三要素，按照一定的编制规则生成标识客户唯一性的编码，即客户号。已存在客户号的客户以同一姓名、证件类型和证件号码开立的所有账户均自动归集在其对应的客户号下。客户对某个账户更改户名、证件类型或证件号码时，如修改后的户名、证件类型和证件号码不存在对应的客户号，则根据修改后的三要素信息新生成客户号；如修改后的户名、证件类型和证件号码已存在对应的客户号，则对应的账户信息自动归集到该客户号下。当出现同一客户拥有多个客户号的情况时，在确实能够证明不同客户号属于同一客户的前提下，可将多个客户号进行归集处理，保留一个客户号，其他客户号予以注销。原注销客户号下的所有存款账户及客户信息自动归集到保留的客户号下进行集中、统一的管理。

(3) 凡所有存款账户全部清户且在 5 年内没有开立新账户的客户号，每年定期进行注销，并将注销后的客户号及所对应的客户信息妥善保管。注销的客户号不得重新使用。客户号注销的个人客户再次在中国邮政储蓄银行开立存款账户，重新生成客户号。

(4) 当客户的姓名、证件类型和证件号码对应的客户号同时满足以下条件时，中国邮政储蓄银行将自动注销对应的客户信息：

① 个人存款账户数为零；

② 客户名下无信用卡账户协议；

③ 客户名下无保险协议；

④ 客户名下无个贷协议及个贷历史协议。

(5) 客户信息应符合以下要求：

① 每个客户信息项均应符合相关法律法规或行业标准，其中证件号码应符合对应证件类型的法定编码规则，证件有效期应大于等于当前办理业务日期；

② 当客户信息发生变更时，以最后更新的信息为准。

(6) 账户开立后客户身份信息需要补录或修改时，需填写“个人账户特殊业务申请书”。各级机构必须严格遵守相关法律、法规、规章文件的规定，依法合规收集、保存、使用和对外提供个人金融信息，不得向任何单位和个人出售客户个人金融信息，不得违规对外提供客户个人金融信息。各级机构应采取有效措施确保客户个人金融信息安全，防止信息泄露和滥用。

2. 账户群管理

(1) 账户群是指由于经营策略、与代收付委托单位的商定或政府部门的规定等原因，由中国邮政储蓄银行对某些收费项目执行特殊资费或提供专属服务的一批账户群体。账户群账户是指归属于上述账户群的，在邮政储蓄机构开立的个人活期存款账户。

(2) 根据账户群优惠范围或提供服务的不同，分为全国账户群和区域账户群。全国账户群是由总行统一设定的账户群，涉及跨省的服务或优惠由总行规定，省内服务或优惠规则由一级分行规定，如高端华商联盟账户群、普通华商联盟账户群等。区域账户群是由一级分行设定，只在辖内享受相应服务或优惠的账户群，如需享受跨省服务或优惠，应经总行审批同意。

(3) 一级分行设定只在辖内享受优惠或服务的区域账户群，应向总行报备；设定享受跨省优惠或服务的区域账户群，应报总行审批。报备或报批材料应至少包括：

① 账户群的名称、账户群账户要求、服务范围、资费优惠标准、有效期等；

② 账户群设置的经营策略分析或政府部门的相关政策性文件、或拟与委托单位订立的代收付协议等；

③ 账户群特征分析、账户群对本机构的经营影响分析；

④ 其他相关资料。

(4) 区域账户群的设置、账户群账户的批量维护及资费优惠，由一级分行业务管理员经同级业务主管授权后，在储蓄业务系统进行操作。系统评级产生的账户群，包括高端华商联盟和普通华商联盟账户群，通过邮政金融客户管理系统进行账户动态跟踪与统计分析。

(5) 账户群优惠资费项目可为异地存取款手续费、汇款手续费、挂失手续费、个人存款证明手续费、卡工本费、卡年费、小额账户管理费等。账户群资费最低为免费，最高为正常资费。不同类型账户群账户管理维护方式不同。全国账户群账户的加办支持单个和批量两种方式，撤销支持批量和自动两种方式；区域账户群账户的加办和撤销只支持批量方式。批量方式和对不达标账户系统自动撤销的处理当日操作，次日生效。单个方式的处理即时生效。账户群账户换折/卡、挂失补发新折/卡后，新折/卡账户群归属关系保持不变。

(6) 一个个人活期存款账户只能归属于一个账户群，并执行该账户群资费。如需改变此账户账户群的归属关系，必须在原账户群将其撤销后，方可在新账户群加办。个人活期存款账户从原账户群撤销后，此账户不再执行原账户群资费。当个人活期存款账户既是账户群账户又是 VIP 客户账户时，在涉及资费优惠的交易中系统自动比较账户群资费与 VIP 的优惠资费，执行较低资费。

(7) 账户群账户变更或账户群资费变更，除委托单位同意自行告知的，应以公告、短信或信函等方式告知客户。仅账户群账户变更的，应提前 10 个工作日告知客户；账户群资费变更的，要提前告知客户。以公告方式告知客户的，应不提及客户的姓名和账号信息，仅包括客户范围、收费项目、调整后的资费等；以短信或信函方式告知客户的，应包括账户的账号、收费项目、调整后的资费等。短信中的账号应只显示尾号后四位，信函中的账号应隐去除前 6 位和后 4 位以外的全部数字。

3. VIP 客户管理

(1) VIP 客户是指符合中国邮政储蓄银行评定标准、领取 VIP 卡的个人客户，包含总行级 VIP 客户和分行级 VIP 客户。VIP 卡是 VIP 客户享受中国邮政储蓄银行优先、优惠、优质服务的依据，具有客户身份识别和绿卡借记卡的功能。不同类别的 VIP 客户发放不同卡面的 VIP 卡，总行级 VIP 客户发行绿卡贵宾金卡，分行 VIP 客户发行绿卡贵宾卡。 VIP 卡的使用对象仅限 VIP 客户本人。VIP 客户享受 VIP 服务时应事先出示 VIP 卡。

(2) 总行级 VIP 客户金融资产包括储蓄存款余额、基金金额、国债金额、理财产品购买金额等。分行级 VIP 客户金融资产包括储蓄存款余额、基金金额、国债金额、理财产品购买金额等。绿卡贵宾金卡客户理财服务中心、大客户室、VIP 专柜是为 VIP 客户服务的重要场所。绿卡贵宾金卡客户理财服务中心是绿卡贵宾金卡客户的专属服务场所。绿卡贵宾金卡客户的专属客户经理是联系和服务绿卡贵宾金卡客户的重要人员。各级中国邮政储蓄银行可与第三方运营机构合作，为 VIP 客户提供相关增值服务。

(3) 当活期结算账户既是客户群账户又是 VIP 客户账户时，在涉及资费优惠的交易中系统自动比较客户群资费与 VIP 的优惠资费，执行较低资费。

(4) 代理人代为在邮政储蓄机构开立个人存款账户的，代理人应同时出示代理人与被代理人的有效实名证件。单位代理个人开户应依法承担相应法律责任，出示单位的营业执照、机构信用代码证复印件、单位负责人、授权经办人及被代理人的有效实名证件。除教育、社会保障、公共管理等行业单位外，其他单位不得为非本单位员工代理开立个人存款账户。

实训案例

一、客户对营业窗口、自动柜员机以及跨行存款、取款、转账等有不同金额限制提出质疑，请给客户讲解并说明风险防范的授权要求。

案例分析：

客户从存款账户一次性提取现金一定金额及以上的，应请取款人提前一天及以上向网点预约，以便准备现金。客户大额取款预约可以在网点柜面或通过电话办理。大额取款预约金额可由各一级分行自定，但不得高于 20 万元。网点现金充足时，可在未提前预约的情况下，为客户办理大额取款业务。大额取款预约的受理范围与相应储种的办理范围一致。异地取款预约金额不得高于异地取款限额。

大额交易授权规定：

(1) 开户、销户、存款、取款、行内现金到账户汇款、行内账户间汇款金额在10万元(含10万元)至50万元(不含50万元)之间的，需经营业主管授权，金额在50万元(含50万元)以上的，需经支行(局)长授权。

(2) 无密户定期提前支取金额在5000元(含5000元)至10万元(不含10万元)之间的，需经营业主管授权，金额在10万元(含10万元)以上的，需经支行(局)长授权。

(3) 现金跨行汇款金额在5万元(含5万元)至20万元(不含20万元)之间的，需经营业主管授权，金额在20万元(含20万元)以上的，需经支行(局)长授权。

(4) 账户跨行汇款金额在10万元(含10万元)至50万元(不含50万元)之间的，需经营业主管授权，金额在50万元(含50万元)以上的，需经支行(局)长授权。

(5) 授权柜员仔细核对授权交易的各项内容后方可进行授权。检查事项包括业务种类、交易金额、柜员操作合规性等，现场授权柜员需亲见授权交易发送完成。

(6) 开立10万元以上(含10万元)存单的，现场授权柜员还应在存单规定位置加盖业务用个人名章。

大额交易限额规定：

(1) 异地取款每日每户累计最高限额为200万元(含200万元)；用急付款方式为客户办理异地取款，凭存折每日每户取款累计最高限额为5万元(含5万元)，凭绿卡每日每户取款累计最高限额为1万元(含1万元)；紧急折取款每日每户累计最高限额为20万元(含20万元)。

(2) 客户通过ATM办理汇款业务，每日每户累计最高汇出限额为5万元(含5万元)，客户在此范围内可自行设置每日每户累计汇款限额。客户通过境内ATM办理取款业务，每日每户累计最高取款限额为2万元(含2万元)，发卡机构对5000元(含5000元)以下的ATM单笔取款金额不设限制；通过境外ATM办理取款业务，每日每户累计最高取款限额为等值人民币1万元(含1万元)。

(3) 客户通过电话银行办理汇款业务，每日每户累计最高汇出限额为5万元(含5万元)，客户在此范围内可自行设置日汇出限额。

(4) 客户通过商易通办理行内汇款业务，单笔最高汇出限额为200万元(含200万元)，客户在此范围内可自行设置单笔最高汇出限额；办理跨行汇款业务单笔最高汇出限额为5万元(不含5万元)。客户从商易通办理的汇款业务，每日每户累计最高汇出限额可由客户自定。

(5) 绿卡通卡内互转不在上述汇款限额范围内。

(6) 同一客户号下账户间互转不受上述累计金额限制。

(7) 以上限额均指本金，不包含手续费和利息。

二、某客户持活期存折来网点办理取款业务，柜员办理取款业务存折在刷磁时失败，且网点不能办理重写磁条或随机换折交易，而客户又急需用款的特殊情况下，柜员此时应如何处理？

案例分析：

可以办理紧急折取款交易。

(1) 当活期存折、本外币活期一本通存折刷磁失败，且网点不能办理重新写磁或随机换折交易，而客户又急需用款的特殊情况下，客户需出示本人有效实名证件，柜员采用手工输入账号方式为客户办理紧急折取款交易。代理人代为办理的，需同时出示代理人与被代理人有效实名证件。紧急折取款需营业主管授权。

(2) 紧急折取款每日每户累计最高限额为20万元(含20万元)。办理紧急折取款业务，应核对客户的有效实名证件，登记客户身份基本信息，并留存其有效实名证件的复印件或影印件。系统验证输入的证件类型、证件号码与账户开户时的证件信息是否一致，不一致时拒绝交易。有密户办理异地的紧急折取款交易受理范围为全国或上线省间办理。无密户和预留印鉴的账户只能在开户局办理紧急折取款交易。

(3) 客户连续累计输错账户密码达3次，账户自动锁定，手续费收取方式切换过渡期间默认为账户扣收，切换过渡期后选择现金收取时，须以现金方式向客户收取手续费。系统自动判断客户九项信息，并均联动客户信息录入/修改，在客户信息未补录完整或修改正确的情况下紧急折取款交易无法完成。

(4) 系统自动判断是否为实名账户，如果为非实名账户，系统提示“非实名账户不允许做该交易”，须修改实名证件后才可办理紧急折取款交易。当账户处于挂失、账户冻结、账户止付、长期不动户、密码锁定等特殊状态时，不允许办理紧急折取款交易。修改户名后未换折，在办理此交易时，系统提示：“该账户户名已修改，请先办理随机换折/单/簿。”交易成功后可通过“客户信息录入/修改”、“客户业务办理情况查询”联动按钮进入相关交易继续操作。

(5) 柜员必须使用长短波灯等专用仪器检验存折/单荧光丝防伪特征。经检验，确认客户所持存款凭证不符合防伪特征，不得为其办理业务。规定限额以下或规定范围以外的业务是否必须检验存款凭证真伪由各一级分行自定。对于确定符合短波荧光丝防伪特征的存折/单，柜员还要查看存折/单是否有被刮补、挖补及涂改痕迹，特别要检查存折/单户名、印刷号和账号三处位置。经检查确定存折/单有被刮补、挖补及涂改痕迹，不得为客户办理业务。

项 目 案 例

> 客户来网点办理开户业务，对要求填写的“个人账户申请书”提出异议，同时咨询对资金来源有什么要求。请给客户讲解并说明必要性。

案例分析：

(1) 客户在中国邮政储蓄银行开立的个人存款账户，分为个人结算账户和个人储蓄账户两大类。个人结算账户是自然人因投资、消费、结算等需要，凭个人有效实名证件以自然人名称在邮政储蓄机构开立的办理资金收付结算业务的人民币活期存款账户。本外币活期一本通、绿卡账户纳入个人结算账户管理。个人结算账户用于办理个人汇款收付和现金存取。

(2) 下列款项可以转入个人结算账户：

① 工资、奖金收入；

② 稿费、演出费等劳务收入；

③ 债券、期货、信托等投资的本金和收益；

④ 个人债权或产权转让收益；

⑤ 个人贷款转存；

⑥ 证券交易结算资金和期货交易保证金；

⑦ 继承、赠与款项；

⑧ 保险理赔、保费退还等款项；

⑨ 纳税退还；

⑩ 农、副、矿产品销售收入；

⑪ 其他合法款项。

(3) 个人储蓄账户是指自然人凭个人有效实名证件以自然人名称在中国邮政储蓄银行开立的办理存取存款本金和支取存款利息业务的储蓄存款账户。活期储蓄账户、本外币定期一本通、整存整取、零存整取、整存零取、存本取息、定活两便、个人通知存款账户均纳入个人储蓄账户管理。个人储蓄账户仅限于办理现金存取业务，不得办理汇款结算，不得加办绿卡。

注意事项：

(1) 客户在中国邮政储蓄银行开立个人存款账户时，应填写“个人账户申请书”，应如实提供姓名、姓名拼音(大写)、性别、国籍、职业、住所地或者工作单位地址、联系电话、证件类型、证件号码、发证机关所在地、证件到期日九项十一种身份基本信息。录入证件号码时需将其所有字符(含汉字、英文字母、数字、半角括号等)完整输入到系统中，证件类型选择户口簿时，证件号码需输入户口簿上记载的身份证号码。可选择提供以下信息：出生日期、民族、电子邮箱、个人职位、供职于现任职单位的时间、前任职单位、实际控制客户的自然人和交易实际受益人等信息。如果为代理人开户，还应提供代理人姓名、证件类型、证件号码、国籍、联系方式。

有效实名证件发证机关所在地填写规定：存款人为港、澳、台地区居民或外国居民的，其发证机关所在地统一为北京市；存款人为武警的，其发证机关所在地统一为重庆市；存款人为军人的，其发证机关所在地统一为天津市；存款人为中国居民的，其发证机关所在地为证件上标明的发证机关所在地。

(2) 开户时柜员根据客户所填写的申请书，及时将客户完整信息录入系统。客户在邮政储蓄银行开立存款账户时，邮政储蓄银行应按照客户特点、账户属性、国籍、地域、行业或职业、业务、交易规模和频率、交易方式等因素，对客户涉及洗钱或恐怖融资的风险等级进行评估和划分。

(3) 邮政储蓄机构在开立个人存款账户时要严格执行实名制有关规定，加强对个人存款账户开立的审查，识别客户真实身份，不得为存款人开立假名、匿名账户。

思考与讨论题

1. 实名制和客户身份识别有哪些要求？
2. 大额交易有哪些要求？
3. 各类挂失业务办理有什么要求？

项目四　卡　业　务

项目导入

客户来网点营业厅办理卡业务，请按照客户的要求给予办理，并给客户做必要的理财介绍。

学习目标

知识目标

- 制卡流程规定和卡业务日常处理规范；
- 卡业务特殊处理规定；
- 绿卡通业务操作规范；
- 淘宝卡业务操作规范；
- 华商联盟交易的操作规范。

能力目标

- 熟悉制卡方法和流程；
- 能熟练进行卡业务日常业务操作；
- 能熟练进行卡特殊业务操作；
- 能熟练进行绿卡通业务操作；
- 能熟练进行淘宝卡业务操作；
- 能熟练进行华商联盟业务操作。

任务一　卡业务处理

任务导入

客户来网点营业厅办理卡业务，请以柜员角色给客户办理发卡业务或卡正常业务，并告知客户特殊业务的相关办理方法。

任务分析

- 卡分类及相关规定；
- 各类卡(吞没卡、作废卡)的处理。

应知应会

4.1.1 基本规定

1. 卡分类

中国邮政储蓄银行绿卡(借记卡)是由中国邮政储蓄银行发行，具有消费、汇款结算、存取现金等全部或部分功能的金融支付工具，不允许透支。绿卡可以根据以下属性进行分类：

(1) 按发行对象和服务等级，可分为普卡、VIP 卡等；

(2) 按业务功能，可分为普通绿卡、绿卡通卡、副卡等；

(3) 按凭证与账户对应关系，可分为单卡户、卡折合一户；

(4) 按联合发卡的合作伙伴性质，可分为绿卡联名卡、绿卡认同卡、绿卡通联名卡、绿卡通认同卡等。

(5) 按金融信息载体，可分为磁条卡和 IC 卡，IC 卡包括单芯片卡和磁条芯片复合卡。

(6) 按金融 IC 卡服务应用范围，可分为标准金融 IC 卡和加载行业应用的金融 IC 卡。

2. 相关规定

(1) 绿卡卡面主要由“邮政徽”、“中国邮政储蓄银行”字样、“绿卡(XX 卡)”、“绿卡通(XX 卡)”、“闪付”字样、“银联”标识及印刷图案组成。绿卡卡面要素具有固定位置，不得随意变动。

(2) 中国邮政储蓄银行统一发行的绿卡，版面由总行负责设计并指定厂家生产，各单位不得自行设计与生产。

(3) 一级分行或二级分行发行的绿卡(区域性联名卡)，版面由当地自行设计后报总行批准，在总行指定厂家生产。

(4) 总行可新增全国性联名卡，一级分行仅能新增辖区范围内的区域联名卡。同一卡类别只能使用一个卡 BIN，同一卡 BIN 可分配给多个卡类别使用。同一卡品种下卡类别不能相同。

(5) 全国性借记卡卡类别编号前两位为 00～09，后两位依次顺序排列，在同一卡品种下，不同的卡介质卡类别进行统一排序。

(6) 绿卡卡片规格、卡号、磁条信息格式、芯片信息格式及内容遵循中国银联、中国人民银行及总行颁布的有关标准。

(7) 绿卡的发行对象为个人。

(8) 客户持绿卡可在邮政储蓄机构指定的特约商户刷卡消费，在指定的受理网点、ATM 办理存取现金、汇款等业务，在电话银行、固定电话支付终端、网上银行、手机银行、电视银行等渠道办理查询、汇款等业务，还可根据事先签订的协议，办理代收代付等业务。

(9) 活期开户的起存金额可以为 0 元；卡申请的起存金额也可为 0 元。

(10) 客户申领绿卡时，须出示本人有效实名证件，并填写“个人账户申请书”。

绿卡(含绿卡通卡)可由他人代为申领，申领时，必须同时提交代理人和被代理人的有效实名证件，由代理人在申请书上注明代办事由，网点应全面了解代理人的职业背景、代办目的、代办性质等，登记“代理开户信息核实登记簿”，并据此判断代办理由是否正当，如理由明显不正当，不得为其办理绿卡。原则上，个人一次性代办绿卡不得超过 3 张。单位代客户统一申领绿卡时，由申领单位与邮政储蓄机构统一签订协议。

(11) 客户领用绿卡时，柜员应提示客户在卡背面签名条上书写本人姓名。批量方式申领绿卡的，客户本人需持绿卡及有效实名证件到全国任一网点柜面办理密码修改业务以激活卡，不允许代办。未激活卡除密码更改、挂失及后续处理、作为转入方的入账汇款、批量存款等业务外，不可办理其他业务。

(12) 客户凭绿卡办理存款、取款、汇款、消费、更改密码等交易时，柜员不得通过键盘手工输入卡号。挂失卡、换卡可手工输入卡号。

(13) 换卡、卡折合一户撤销卡或折，可在省内任一联网网点办理。

(14) 磁条卡可更换为磁条卡、磁条芯片复合卡或单芯片卡；磁条芯片复合卡可更换为磁条芯片复合卡或单芯片卡；单芯片卡只能更换为单芯片卡。军人保障卡、有效期内的学生资助卡等特殊类型的联名/认同卡以及区域性联名/认同卡原则上只能更换同一卡品种卡类别的卡。学生资助卡三年期满后可更换为绿卡通卡。

(15) 绿卡销户时，应收回绿卡，有折卡销户时必须同时提交活期存折和卡，绿卡当场剪角(即沿卡背面左上角磁条下沿且与水平不大于 45 度角方向进行剪切处理，下同)或在磁条上打洞作废，IC 卡还须破坏芯片的完整性(IC 卡正中间打孔处理，打孔直径不小于 0.5 mm)。

(16) 绿卡因破损、信息丢失等原因不能使用时，可为客户办理换卡。换卡时，客户本人需出示有效实名证件，凭密码在省内任一网点办理，并交回旧卡，不允许代办。因卡老化、污染、损毁等原因造成卡号模糊、缺失等无法辨识真伪，或者 IC 卡芯片缺失的，不得办理换卡，应向客户说明情况，进行凭证挂失处理。换卡不得代理。换卡和挂失补发新卡后，原卡签订的中间业务、电子银行业务等协议及电子现金卡圈存绑定关系自动转移到新卡。单卡户不得加办存折，单折户不得加办绿卡。

(17) 客户可选择是否为绿卡开通自助设备转账功能。开通时，客户本人需出示有效实名证件，填写“个人账户申请书”或“个人账户特殊业务申请书”在全国任一网点办理，不允许代办。为客户开通该业务时，柜员应向持卡人充分提示相关风险。单位代个人批量开立借记卡时，原则上应关闭自助设备转账功能，在持卡人同意的情况下，方可开通自助设备转账功能。

4.1.2 其他规定

1. 卡折合一户处理特殊规定

(1) 开立卡折合一户(除批量办理外)只能本人办理，不能代办。

(2) 客户撤销绿卡时，客户须持账户对应的有效实名证件、存折和卡及其密码在省内任一联网网点办理，客户在交易凭条上签名确认，被撤销的卡当场剪角或在磁条上打洞作废，IC 卡还须破坏芯片的完整性；卡撤销后，原卡对应的活期存折可继续使用。

(3) 客户撤销存折时，客户须持账户对应的有效实名证件、存折和卡及其密码在全国任一联网网点办理，客户在交易凭条上签名确认。撤销的存折在内页加盖“作废”戳记交客户收执留存，邮政储蓄机构仅将旧存折封面(包括盖有日戳或储蓄业务章的封二)收回保存，在回收的存折封二上应加盖“存折内页由储户本人保存”戳记，并由客户在戳记的空白处签字确认，日终上缴会计稽核。存折撤销后，原存折对应的卡可继续使用。

(4) 绿卡须先存款后支取，不得透支。绿卡存款按中国人民银行规定的同期同档次存款利率、计息方法计付利息。

(5) 客户可选择是否开通 ATM 渠道、ATM 汇款和 POS 渠道交易功能，且可在限定金额范围内自行设置境内 ATM 汇款、境外 ATM 取款和 POS 消费限额。

(6) 客户可在全国任一联网网点对自助银行功能、限额进行设置；对跨境 POS 消费日限额进行设置、修改、撤销和查询。

(7) 当账户状态为以下任一状态时，拒绝办理绿卡取款、汇出汇款、消费等资金支出类交易：卡已挂失、卡已撤销、账户不存在、账户止付、账户已冻结、账户已销户、卡密码输入错误、账户可用余额不足、卡磁道出错、卡芯片出错、非服务对象内的卡、其他拒绝原因。

当账户状态为以下任一状态时，拒绝办理绿卡存款、汇入汇款等资金存入类交易：卡已撤销、账户不存在、账户已销户、卡磁道出错、卡芯片出错、非服务对象内的卡、其他拒绝原因。

(8) 绿卡凭密码交易。客户如遗忘密码，应按规定程序办理密码挂失和重置手续。

2. 吞没卡、作废卡处理

(1) 下列情况时 ATM 会吞卡：

① ATM 发生故障；

② 持卡人操作错误引起 ATM 吞卡；

③ 超过一定时间客户未取卡；

④ 发卡行返回“挂失卡”、“被窃卡”、“特殊条件下需没收的卡”、“有作弊嫌疑的卡”、“需捕捉的卡”等吞卡指令。

(2) 特约商户在发生下述情形之一时，应取消或拒绝交易并按要求没收卡：

① POS 终端显示的交易应答信息为发卡机构发出的没收卡指令，包括“挂失卡”、“被窃卡”、“特殊条件下需没收的卡”、“有作弊嫌疑的卡”、“与发卡方安全保密部门联系”、“与收单方安全保密部门联系”等；

② 联络发卡机构时，发卡机构给出没收卡的指令。

(3) 发卡机构对密码输错或输错次数超过规定、磁条信息错误、磁条损坏、废卡及其他情形可以拒绝交易，但不得发送吞没卡指令。

(4) ATM 所隶属的邮政储蓄机构负责暂时保存被吞卡片。集中管理的 ATM 可由指定的邮政储蓄机构负责暂时保存被吞卡片。

(5) 对 ATM 机具非因发卡机构吞卡指令而吞卡的，客户可在吞卡后 35 日内，出示本人有效实名证件及其他可以证明为卡片持有者的材料到指定机构办理领卡手续。代理人代为领取的，需同时出示代理人与被代理人有效实名证件。

(6) ATM 所属邮政储蓄机构柜员在核对客户有效实名证件上的姓名与所领卡片正面姓名字母(拼音)或背面签名一致，或客户持有效实名证件且所领卡片通过个人密码验证的，领卡人在“吞没卡领卡登记簿”上签名领取卡片，如代为领取的，还需核对授权委托书签名与卡背面签名。

(7) ATM轧账后，轧账人员应将实际吞卡情况与个人业务处理系统“吞没卡登记簿”进行核对，对系统未记录的吞卡人工登记，根据吞卡原因分别处理。

(8) 对吞卡认领期满无人认领的卡片或按发卡行吞卡指令吞没的卡片，ATM所属邮政储蓄机构应将绿卡当场剪角(即沿卡背面左上角磁条下沿且与水平不大于45度角方向进行剪切处理，下同)或在磁条上打洞作废，IC卡还须破坏芯片的完整性。

(9) 吞没卡上缴时打印“吞没卡上缴清单”，一式两份，一份留存备查，另一份连同破坏处理后的卡片日终随原始凭证送会计稽核，会计稽核审核无误后，定期进行销毁处理。

3. 会计对吞没卡、作废卡的处理

会计稽核收到上缴的“吞没卡上缴清单”和作废的卡片，核点无误后，按以下情况处理：

(1) 对他行的吞没卡，须以发卡行为单位分类，编制“银联卡跨行业务吞没卡销毁清单”，与吞没卡片复印件一起留存备查。

(2) 对吞没的绿卡，编制“绿卡吞没卡销毁清单”留存备查。

(3) 吞没卡卡片作为废卡妥善保管，定期销毁。

(4) 会计稽核应将“银联卡跨行业务吞没卡销毁清单”以传真方式或通过中国银联公共服务平台转发中国银联。

4. 商户没收卡处理

(1) 使用POS签购单向持卡人开具没收卡的收据，一式三份，收据上须抄录卡号及没收原因，分别由商户、持卡人和收单机构保管。

(2) 没收卡后应立即当场进行破坏处理，在没收次日起3个工作日内通知收单机构，并对未按要求处理产生的风险承担责任。

5. 邮政储蓄机构作为收单方，对商户没收的银行卡的处理方法

(1) 登记“吞没卡登记簿”，上缴时打印“邮政储蓄吞没卡上缴清单”，一式两份，一份留存备查，另一份应连同破坏卡片，日终时随原始凭证送会计稽核，会计稽核审核无误后，定期进行销毁处理。

(2) 会计稽核收到上缴的“邮政储蓄吞没卡上缴清单”和作废的卡片，核点无误后，对他行的没收卡，须以发卡行为单位分类，编制“银联卡跨行业务吞没卡销毁清单”，与没收卡片复印件一起留存备查。对没收的绿卡，编制“绿卡吞没卡销毁清单”留存备查。没收卡卡片作为废卡妥善保管，定期销毁。

(3) 会计稽核应将“银联卡跨行业务吞没卡销毁清单”以传真方式或通过中国银联公共服务平台转发中国银联。

特约商户按要求没收银行卡并进行相关处理的，收单机构按有关规定对商户收银员进行奖励，奖励费用由发卡机构根据中国银联提供的没收卡信息，通过中国银联收付费交易向收单机构支付。

邮政储蓄机构作为发卡方的处理：将收到的吞没卡、没收卡信息备案，并进行相应处理。

吞没卡、没收卡认领期满后，客户如需再次使用绿卡，必须先办理挂失，然后再重新申领绿卡。

6. 作废卡

(1) 各级凭证管理部门是废卡的管理部门。

(2) 制卡部门制卡过程产生的废卡必须立即剪角或在磁条上打洞作废，然后在“作废卡登记簿”上登记，妥善保管，定期销毁。

(3) 网点对发卡过程中产生的废卡、更换的旧卡、销户卡、撤销卡，日终时随原始凭证上缴会计稽核。会计稽核核对无误后，移交废卡的管理部门妥善保管，定期销毁。废卡销毁时必须造册，经主管领导批准，会同审计、风险、保卫部门监督销毁。

实训案例

一、客户对不填单办理业务提出异议，请给客户解释并说明免填单的适用范围。

案例分析：

(1) 存取款免填单是指客户凭卡/折在邮政储蓄网点办理存取款业务时，无需填写存取款凭单，只需出示相关的存款凭证，并告知柜员存取款金额，由柜员打印凭单，客户核对打印内容并签名确认。

(2) 存取款免填单只适用于客户持卡/折办理的活期存取款业务。开户、挂失以及规定金额以上的存取款业务，客户须按规定填写相关凭单。

(3) 对于一万元以上的交易，打印交易凭条后，应提示客户填写交易金额小写，与打印内容核对。

注意事项：

(1) 实行存取款免填单的网点必须加强核对，控制风险。客户办理业务时，柜员应主动询问。对客户口述的业务种类和金额，柜员应认真核对，确保客户口述内容与机印记录、实际现金一致。交易凭单交客户签名确认时，需提醒客户核对户名、业务种类和金额等相关内容。取款业务处理完毕将现金交客户时，需提醒客户核点现金。

(2) 柜员办理完存款、取款等业务后，必须打印交易凭单，认真核对后交客户签名确认，客户确认后再将交易凭单的客户回执联交予客户。

二、客户来网点对收取小额账户管理费提出异议，请给客户解释并说明具体标准。

案例分析：

(1) 为提高系统的运行效率，促进客户合理管理个人资产，中国邮政储蓄银行陕西省分行对特定账户和客户收取账户管理费，包括小额账户管理费、卡年费、VIP 服务费等。

(2) 小额账户管理费仅对账户季度日均余额小于 100 元的个人活期存款账户收取，在每季度末月的 29 日收取一次；卡年费仅对绿卡账户收取，每年度收取一次；VIP 服务费仅对 VIP 卡账户(包括绿卡 VIP 卡、绿卡通 VIP 卡)，不对 VIP 客户的其他非 VIP 卡账户收取，每季度收取一次。

(3) 账户状态处于冻结、账户止付等异常状态下的个人活期存款账户，不收取小额账户管理费。处于挂失、长期不动户等异常状态及账户可用余额不足收费金额的个人活期存款账户，均收取小额账户管理费；对于可用余额不足的情况，待账户可用余额增加后补扣欠费。在欠费状态下，可应客户要求直接办理清户，不需补足欠费。

(4) 小额账户管理费欠费达到12元、账户余额为0且满足长期不动户条件的账户，系统将于每季度首月的15日自动做清户处理。网点可根据已销户账户/卡号分户账查询、已销户账户/卡户明细查询(客户)、已销户账户/卡号历史明细查询、已销户一本通/绿卡通历史明细查询(客户)等交易对长期不动的欠小额账户管理费的账户进行查询，或打印小额账户管理费清户清单。

(5) 对于客户账户中(不含信用卡)没有享受免收账户管理费(含小额账户管理费)和年费的，中国邮政储蓄银行应根据客户申请，为其提供一个免收账户管理费(含小额账户管理费)和年费的账户(不含信用卡、贵宾账户)。

符合以下条件的账户，免收小额账户管理费:

(1) 代发工资，代发低保、社保和养老金等社会福利性资金账户，粮食直补、退耕还林款、家电下乡等其他财政补贴资金，代发计划生育奖励金、助学金，代收烟草款等所有代收付账户。其他类代发账户各市分行如需免征，须向省行报批。

(2) 办理授权代缴水、电、煤气、电话等公共事业性费用的活期账户，其他类代收账户各市分行如需免征，须向省行报批。

(3) 用于偿还个人贷款、信用卡自动还款的活期账户。

(4) 用于购买基金、人民币理财产品、国债、保险产品的活期账户。

(5) 开通第三方存管业务的活期账户。

(6) 当季统计期内存在过本、外币子账户的绿卡通活期主账户及本外币活期一本通活期主账户。

(7) VIP客户名下的所有活期账户。

(8) 特定的区域性联名卡/认同卡活期账户，各一级分行如需免征，需向总行报备。

(9) 军人保障卡、武警军人保障卡。

(10) 中职学生资助卡、高中学生资助卡自开卡之日起三年内免收。

新开立的活期账户在开户季度统计期内免收小额账户管理费。中国邮政储蓄银行可对借记卡按年收取卡年费。各一级分行根据经营发展策略或当地政策要求，需在辖内对所有卡产品或对特定卡产品征收卡年费的，应由一级分行向总行报批，总行批复同意后方可执行。报批材料至少应包括征收原因、征收对象、资费标准、征收期限、免征条件等。对签约代发工资、退休金、低保、医保、失业保险和住房公积金的借记卡免收卡年费。

任务二　绿卡通卡业务处理

任务导入

客户持现金来网点营业厅办理业务，既要开活期账户，又要开定期存单，还要给在外地上学的孩子汇学费，请给该客户做绿卡通业务介绍并促成业务。

任务分析

绿卡通卡业务处理。

应知应会

定义及规定：

(1) 绿卡通业务是指对一个人民币活期结算账户和多个不同储种、币种、资金形态的账户同时进行管理的绿卡借记卡业务。绿卡通卡可申请副卡，绿卡通卡对卡内所有账户具有完全操作权限，副卡在绿卡通卡授权额度内使用绿卡通卡人民币活期主账户资金。

(2) 绿卡通卡允许开立一个主账户和多个子账户，人民币活期结算账户为主账户，其他储种、币种、资金形态的存款账户为子账户。

绿卡通卡内人民币子账户可开多个，储种可以为整存整取、定活两便和个人通知存款。

(3) 客户在机构新开立的人民币子账户余额累积计算在绿卡通卡开户机构余额内。

(4) 绿卡通卡内所有账户使用相同协议国税率。

(5) 绿卡通卡内储种为整存整取、定活两便、个人通知存款的子账户，单笔存款金额最高500万元(含500万元)，超过500万元的，需分笔开户。

(6) 绿卡通卡须预留密码，绿卡通卡内所有本币、外币账户使用同一密码。绿卡通卡与所属副卡的密码分别管理。

(7) 客户办理绿卡通卡子账户存款、子账户取款业务，须填写存取款凭单。

(8) 除行业应用子账户外，绿卡通卡内所有账户可在全国任一联网网点通存通取。

(9) 绿卡通卡内所有子账户全部销户后方可销户，可在省内任一联网网点办理。签订中间业务协议的绿卡通卡销户前，须撤销中间业务协议。

绿卡通卡销户时，同时自动撤销其所属所有副卡。

(10) 绿卡通卡内子账户可移出成为存单户，已开立的存单也可移入绿卡通卡内。移入、移出的存单与对应的绿卡通卡子账户开户机构、户名、起息日、存期、利率等相同。非同一证件类型及号码、非同一户名、非同地市、非同一协议国税率或未预留密码的存单不允许移入。预留密码的存单移入绿卡通卡后，密码变更为绿卡通卡密码。移入、移出时，客户须持本人有效实名证件、绿卡通卡在省内任一联网网点办理，不得代理。

(11) 绿卡通卡内活期账户资金与同币种其他储种子账户资金可以进行互转，切换过渡期间客户可持绿卡通卡在省内和上线省任一联网网点办理，可在全国办理。

活期账户资金转为其他储种子账户时，金额不能小于相应储种的最低起存金额。其他储种子账户资金转入活期账户时，本息须全额转入，原子账户销户。

提前支取的整存整取转入活期主账户，客户须提供本人有效实名证件，代理人还需同时提供账户所有人和代理人的有效实名证件。

(12) 绿卡通卡可办理约定转账定制业务。客户须持本人有效实名证件、绿卡通卡在省内任一联网网点办理，并填写“绿卡通业务事项申请书”，约定转存储种、转账周期、首次转账日期、设定活期留存金额、约转金额或留存和约转金额。代为办理的，需同时提供代理人及被代理人的有效实名证件。

(13) 绿卡通卡约定转账可约转定制定期整整、定活两便、个人通知存款三种储种，约定转账周期可定制“天”、“月”、“季”和“年”四种，“首次转账日期”必须设定为1日至28日。约定转账起存金额不能低于起存金额100元，且不能低于指定子账户储种最低起存金额。绿卡通卡可办理多次(最多 5 次)约定转账定制，同一储种同一日期只能约转生成一笔子账户。约定转账日前一天日终系统根据客户约定事项自动将绿卡通卡内符合条件的活期账户资金转为相应子账户。

(14) 绿卡通卡可办理约定转账变更、撤销业务。客户持本人有效实名证件、绿卡通卡在省内任一联网网点办理，并填写“绿卡通业务事项申请书”。代为办理的，需同时提供代理人及被代理人的有效实名证件。

(15) 绿卡通卡可办理约定转账定制查询业务。客户持绿卡通卡在省内任一联网网点办理。绿卡通卡客户承担副卡交易产生的法律责任，副卡交易产生的资产归属于绿卡通卡主卡客户。

实训案例

一、某大学生持绿卡通副卡来网点咨询使用方法，请予以讲解并说明使用时的注意事项。

案例分析：

(1) 绿卡通卡可申请副卡，绿卡通卡对卡内所有账户具有完全操作权限，副卡在绿卡通卡授权额度内使用绿卡通卡人民币活期账户资金。

(2) 绿卡通卡与所属副卡的密码分别管理。

(3) 绿卡通卡销户时，同时自动撤销其所属所有副卡。

(4) 绿卡通卡最多可申请 5 张副卡，客户需出示绿卡通卡、本人有效实名证件和副卡使用人有效实名证件，并填写“绿卡通业务事项申请书”在县(市)内任一联网网点办理，不允许代办。申请副卡时需设定副卡支出额度。

(5) 副卡可办理存款、取款、消费、汇出汇款等业务，不支持汇入汇款、中间业务、理财业务、外汇业务等。副卡与所属绿卡通卡间不允许相互汇款。

(6) 绿卡通卡申请副卡时，客户须设定副卡月支出额度。

(7) 主卡持有人可对副卡月支出额度进行修改，须持本人有效实名证件、绿卡通卡在全国任一联网网点办理，并填写“绿卡通业务事项申请书”，不得代理。

(8) 副卡支出额度以月为周期，每月 15 日日终系统自动将可用支出额度恢复为月支出额度。对于修改月支出额度的，可用支出额度即时更新为修改后的月支出额度。

(9) 副卡发生支出类交易后，系统自动扣减其当月可用支出额度(含交易本金与手续费)。副卡发生存款交易后，不增加其当月可用支出额度，如发生异地存款手续费，不扣减其当月可用支出额度。副卡发生冲正、调整、消费退货等交易时，如原交易未发生在本额度周期内，其当月可用支出额度不予冲回。

注意事项：

(1) 绿卡通副卡为密码挂失、密码锁定、可疑、停用等特殊状态时方可办理撤销。

(2) 绿卡通卡撤销副卡时，客户须持本人有效实名证件、绿卡通卡在县(市)内任一联网网点办理。撤销副卡时，除副卡丢失情况外，应收回副卡，当场剪角或在磁条上打洞作废，不得代理。

(3) 绿卡通副卡停用、启用。如副卡被盗或遗失，绿卡通卡客户及副卡客户可办理副卡停用、启用业务。副卡停用后，该副卡不能办理除副卡启用、副卡撤销外的其他业务。办理副卡停用和启用时，绿卡通卡客户本人须持有效实名证件、绿卡通主卡在全国任一联网网点办理；副卡客户本人须持有效实名证件在全国任一联网网点办理。

二、个人客户和集团客户来营业厅咨询、开办对账单业务，请以大堂经理的角色给客户做业务说明。

案例分析：

(1) 对账单和对账簿业务是为方便客户了解绿卡(副卡除外)卡内账户资金变动情况，向持卡人提供账务交易明细的服务。对账簿分为活期对账簿和定期对账簿。活期对账簿记录绿卡活期账户交易明细；定期对账簿记录绿卡通定期子账户交易明细。对账簿只用于记录交易明细，不可办理任何业务。活期对账簿打印加办后的交易明细，且不压缩打印，IC借记卡的活期对账簿不打印电子现金账户交易明细；定期对账簿打印加办时未销户以及加办后新开立的子账户明细。对账簿打满后自动更换。绿卡单卡户只能加办活期对账簿；绿卡通卡可同时加办活期对账簿和定期对账簿。卡折合一户、电子现金卡、绿卡通副卡不允许加办对账簿。

(2) 加办对账簿需客户本人出示有效实名证件和绿卡办理，不允许代办(批量加办对账簿除外)。对账簿的加办、撤办、更换、补发和明细打印均可在全国任一联网网点办理。二级分行、一级支行(县市机构)和网点可办理批量加办对账簿业务。

(3) 客户可向中国邮政储蓄银行申请寄送对账单。对账单分为电子对账单与纸质对账单两种。电子对账单是指中国邮政储蓄银行以电子邮件的方式向客户预留的电子邮箱发送的对账单。纸质对账单是指中国邮政储蓄银行以邮寄信件的方式向客户预留的地址寄送的对账单。

(4) 客户申请、变更、撤销寄送对账单，需出示本人有效实名证件、绿卡在省内任一网点办理。代理人代为办理的，需同时出示代理人与被代理人有效实名证件。

(5) 客户查询对账单寄送申请信息，需出示本人有效实名证件和绿卡在省内任一联网网点办理。代理人代为办理的，需同时出示代理人与被代理人有效实名证件。

(6) 客户申请打印对账单，需出示本人有效实名证件和绿卡在全国任一联网网点办理，不允许代办。

(7) 寄送的绿卡通对账单内容包括本、外币账户基本信息以及人民币主账户、外币活期账户交易明细信息；打印的绿卡通对账单内容包括本、外币账户基本信息以及人民币主账户交易明细信息。

(8) 客户可持单卡、绿卡通和本人有效实名证件在全国任一联网网点申请加办、补发和撤销对账簿，对账簿分为活期对账簿和定期对账簿。绿卡单卡户只能加办活期对账簿，绿卡通卡可同时加办活期和定期对账簿。卡折合一户、小额支付卡、绿卡通副卡不允许加办对账簿。对账簿只登记交易明细，除加办、补发和补登交易外不能办理其他业务。对账簿不能办理挂失，因老化、污染、损毁无法继续使用或丢失的对账簿只能办理补发。卡销户后原加办的对账簿自动作废，未补登的明细不再补登。

(9) 活期对账簿的交易明细从加办之时开始打印且不压缩明细，定期对账簿打印加办之时未销户的子账户明细，定期对账簿奇数行打印子账户开户/续存，偶数行打印销户/支取。绿卡通IC卡的活期对账簿不打印电子现金账户交易明细。

(10) 一级支行和网点可办理批量加办、修改、撤销对账单寄送业务。客户申请寄送对账单后，将按月度周期向客户发送上月16日至本月15日对账单；客户取消对账单寄送服务后，中国邮政储蓄银行将从办理取消当日所在对账单月度周期起，取消对账单寄送服务。

(11) 因客户原因造成对账单寄送服务费无法扣收时，中国邮政储蓄银行将从本对账单月度周期起，取消对账单寄送服务。

任务三 联名卡/认同卡业务

任务导入

客户来网点咨询联名卡/认同卡业务、代收代付业务，请向其介绍联名卡/认同卡开办和使用的流程及方法及代收代付业务的流程。

任务分析

- 淘宝卡、华商联盟卡等联名卡/认同卡的发行、特点及使用；
- 联名卡/认同卡业务签约要求和办理方法；
- 协议单位代收代付业务的签约和收付。

应知应会

绿卡联名(认同)卡是指中国邮政储蓄银行与盈利性机构(非盈利性机构)合作发行的借记卡产品。绿卡联名(认同)卡持卡人可享受绿卡(绿卡通)借记卡全部或部分金融功能。同时，绿卡联名卡持卡人可享受盈利性质联名单位提供的特定服务或优惠；绿卡认同卡持卡人领用认同卡表示对非盈利性质合作单位的认同和支持，也可享受合作单位的相应服务。

绿卡联名(认同)卡按发行区域分为全国性绿卡联名(认同)卡和区域性绿卡联名(认同)卡。绿卡联名(认同)卡的发行要遵循“积极开发、严格审批、维护品牌、注重效益、鼓励创新”的原则，要严格遵守国家有关法律法规、银行卡业务相关规定和标准，要有利于中国邮政储蓄银行绿卡品牌的建设和发展。

发卡条件：

(1) 绿卡联名卡的联名单位应是在同行业处于领先地位、具有一定经营规模、品牌效益好、管理水平高、拥有广泛客户群和社会知名度的大中型企业(集团)。

(2) 绿卡认同卡的认同单位应是政府机构或社会影响力大、信誉程度高、获得广泛认同的事业单位和团体组织。

(3) 各分行在所辖地区发行的区域性绿卡联名(认同)卡，其发行区域原则上不小于地市范围，且必须在联名(认同)单位服务区域范围之内。

(4) 区域性绿卡联名(认同)卡的首批发卡量原则上不应低于 1 万张，1 年内发卡量不应低于 2 万张。

中国邮政储蓄银行卡产品中卡品种代码为两位，卡类别代码为四位。普通绿卡联名(认同)卡的卡品种为“绿卡联名卡(银联)”等；绿卡通联名卡的卡品种为“绿卡通联名卡(银联)”等，全国性绿卡联名(认同)卡的卡类别代码顺序前两位使用 00～09，区域性绿卡联名(认同)卡代码前两位参考地区代码标准。

1. 淘宝绿卡签约加办

客户事先要拥有淘宝卡、支付宝账号和联通或移动手机；签约客户、银行卡持卡人与支付宝账户所有人必须是同一个人；在淘宝卡账户挂失、卡挂失、密码挂失、账户支付、账户冻结情况下，不能办理签约。

柜员必须审核申请人提供的身份证件、银行卡真实有效；柜员必须审核淘宝签约加办申请书填写内容正确、完整、无涂改；柜员必须审核凭证打印输出内容与凭证填写内容、身份证件相符；柜员必须审核客户在申请书上的签名正确；柜员必须主动向客户进行风险提示；客户要妥善保管凭证以及个人资料。

2. 淘宝绿卡签约撤办

撤办时输入的身份证号应与签约时绑定的证件号码一致；在淘宝卡账户挂失、卡挂失、密码挂失、账户止付、账户冻结情况下，不能办理签约撤办。

柜员必须审核申请人提供的身份证件、银行卡真实有效；柜员必须审核淘宝签约加办申请书填写内容正确、完整、无涂改；柜员必须审核凭证打印输出内容与凭证填写内容、身份证件相符；柜员必须审核客户在申请书上的签名正确。

3. 淘宝绿卡签约信息查询

已经成功办理联名签约的客户，在淘宝卡账户挂失、卡挂失、密码挂失情况下，不能办理签约信息查询。

4. 淘宝绿卡止付限额修改

变更时输入的身份证号应与签约时绑定的证件号码一致；在淘宝卡账户挂失、卡挂失、密码挂失情况下，不能办理止付限额修改。

5. 淘宝绿卡手机号码修改

变更时输入的身份证号应与签约时绑定的证件号码一致；在淘宝卡账户挂失、卡挂失、密码挂失情况下，不能办理手机号码修改。

柜员必须审核申请人提供的身份证件、银行卡真实有效；柜员必须审核淘宝卡、签约变更申请书填写内容正确、完整、无涂改；柜员必须审核申请书打印输出内容与申请书填写内容、身份证件相符；柜员必须审核客户在申请书上的签名正确；柜员必须主动向客户进行风险提示；客户要妥善保管凭证以及个人资料。

实训案例

一、某经常网购的客户来营业网点咨询淘宝联名卡业务，请介绍业务并促成业务。

案例分析：

1. 业务介绍

绿卡淘宝联名卡又称“淘宝绿卡”，是针对青年和大学生客户以及具有电子商务需求的客户而设计的绿卡产品，是首张全国性主题联名卡。作为一张集金融服务和网上支付功能于一体的电子理财卡，与其他银行的同类产品相比具有非常显著的优势。

2. 业务优势

实时联动扣款——便捷的支付手段。

客户在网上使用“支付宝”账户进行支付时，系统联动事先绑定的淘宝绿卡进行扣款，并向指定手机发送动态认证码，无需额外使用电子证书进行认证，简化了网上支付的操作流程。

实名＋手机认证——全面的安全保障。

申请时，系统会自动对支付宝账户的个人信息进行校验，并提示客户预留手机号码，每次联动扣款交易都会向客户手机自动发送动态认证码进行验证。无需通过网银转接，避免在网页中输入银行卡号、银行卡密码等关键要素，最大程度地保障账户安全。

支付＋实时提现——满足多样化的需求。

淘宝绿卡不仅支持联机支付，而且也为网上商户提供“支付宝”账户向淘宝绿卡转账的实时提现功能。交易提交后，相关资金将立即转至淘宝绿卡内，为网上商户提供便捷的货款结算渠道。广大客户只要到全市任意邮政储蓄网点即可申领淘宝绿卡，在开通支付宝卡通支付功能后即可享受“卡不在手，淘宝无忧”的无限购物乐趣。

3. 网上支付功能

淘宝绿卡采用了安全的网上支付手段——实名制认证和手机安全认证。

实名制认证是指客户开办淘宝绿卡网上支付功能(支付宝卡通功能)时，必须到网点办理，邮政储蓄系统将验证客户姓名、证件号码等信息的合法性。

手机安全认证是指客户在网上支付时，由邮政储蓄系统向客户预留的手机发送随机验证码，客户须在网上输入此随机验证码以完成支付。

4. 网点业务办理方法

(1) 申请开办淘宝绿卡。可申请开通单卡户或卡折合一户。

(2) 签约加办支付宝卡通功能。客户开通支付宝账户并激活此账户后，使用支付宝账户和淘宝绿卡，在网点申请开通支付宝卡通功能。客户在申请支付宝卡通功能时，须填写支付宝账户、真实姓名、证件类型、证件号码、手机号码、淘宝绿卡卡号等信息，邮政储蓄系统验证客户申请的合法性，包括验证淘宝绿卡及卡密码的合法性，证件类型和证件号码的合法性；验证通过后发送支付宝系统，支付宝系统验证支付宝账户的存在及支付宝账户状态是否正常，验证支付宝账户对应的户名与传入的真实姓名是否一致。客户在签约时，必须填写手机号码用于为客户提供手机安全认证；还必须设定当日累计支付限额，设定值不能超过5000元，签约成功后，客户签字确认。

(3) 签约信息查询。客户可在网点查询支付宝卡通业务的签约信息。

(4) 支付限额修改。支付限额为每日累计支付金额。客户可在网点修改支付宝卡通业务的支付限额，最高支付限额不能超过5000元(支付限额的范围：0.01～5000元)。

(5) 手机号码修改。客户可在营业网点修改手机号码，手机号码用于为客户提供手机安全认证(支持移动和联通手机)。

(6) 签约撤办。客户可在网点申请撤销支付宝卡通功能，邮政储蓄系统核实签约关系存在，并且状态正常，然后把相关信息发送支付宝系统；支付宝系统核实签约关系存在，并且状态正常，将结果返回邮政储蓄系统。签约撤销成功后，客户签字确认。

5. 网上交易

(1) 支付宝卡通业务激活。客户在使用支付宝卡通业务提供的任何功能之前，必须在支付宝网站激活该业务。客户输入淘宝绿卡卡号，系统验证通过后激活产品。产品激活后，支付限额取决于客户在网点设定的支付限额。

(2) 支付。客户使用登录密码登录支付宝网站，验证通过支付密码和手机短信随机验证码，然后使用支付宝卡通业务进行付款，客户不需要在使用过程中验证淘宝绿卡的卡密码。支付宝系统和邮政储蓄系统会分别验证客户的签约存在以及签约状态是否为正常。

(3) 淘宝绿卡余额查询。客户使用支付宝账号、登录密码登录支付宝网站，验证通过支付密码，然后就可以查询淘宝绿卡的可用余额和账户状态。支付宝系统和邮政储蓄系统分别验证客户的签约存在及签约状态是否为正常。

(4) 支付限额查询。客户登录支付宝网站，可以查询客户当日剩余的可用支付限额。

6. 退货、对账功能

(1) 批量退货。支付宝公司的结算人员发起批量退货指令，支付宝系统向邮政储蓄系统发送批量退货请求和批量退货文件，邮政储蓄系统接受之后，定时处理批量退货文件。

(2) 实时对账。支付宝系统定时向邮政储蓄系统发起实时对账请求，邮政储蓄系统把符合要求的订单数据发送给支付宝系统，订单数据包括支付成功的数据；支付宝系统以邮储提供的订单数据为准，同时调整支付宝系统的订单数据。

(3) 下载退货结果。支付宝发起下载退货结果的指令，支付宝系统向邮政储蓄系统发送下载退货结果请求，邮政系统接收之后，支付宝系统从邮政储蓄的文件服务器上获取退货结果文件，包括成功和失败数据，失败记录需要说明失败原因。

(4) 签约对账。支付宝公司的结算人员在交易的第二天发起签约对账指令，支付宝系统向邮储系统发送签约对账请求，邮政储蓄系统生成昨日的签约对账数据文件，包括签约成功的，签约撤销成功的数据；支付宝系统获取文件之后，以邮政储蓄的签约数据为准进行核对和处理，如果出现不一致，双方的业务人员需要核实不一致的原因，及时处理相关问题。

(5) 订单对账。支付宝公司的结算人员在交易的第二天发起订单对账指令，支付宝系统向邮政储蓄系统发送订单对账请求，邮政储蓄系统生成昨日的订单对账数据文件，包括订单支付成功的数据；支付宝系统获取文件之后，以邮政储蓄的订单数据为准进行核对和处理，如果出现不一致，双方的业务人员需要核实不一致的原因，及时处理订单差错问题。

(6) 清算对账。支付宝公司的结算人员在交易的第二天发起清算对账指令，支付宝系统向邮政系统发送清算对账请求，邮政储蓄系统生成昨日的清算对账数据文件，包括清算成功等的数据，支付宝的清算明细与邮储的清算明细一致；支付宝系统获取文件之后，以邮储的清算数据为准进行核对，如果出现不一致，双方的业务人员需要核实不一致的原因，及时处理货款差错问题。

二、某小商户来营业网点咨询华商联盟卡业务，请介绍业务并促成业务。

案例分析：

1. 业务介绍

华商联盟是邮政储蓄面向广大个体工商户、私营企业主推出的专项服务产品。加入华商联盟的客户，不仅可以享受全国范围内的专窗优先、产品预约、专线电话等各类优惠及优先、优质服务，而且可以免费在自己商铺内开通“商易通”电话自助转账业务，免费通过“商易通”转账全国各地，体验足不出户轻松转账的超值尊贵服务。

2. 加盟条件

(1) 普通华商联盟：只要客户的任一邮政储蓄账户上一月日均余额达到 10 万元(含)以上，就可以申请加入华商联盟。

(2) 高端华商联盟：只要客户的邮政储蓄活期账户上一月度日均余额在 30 万元(含)以上，就可以申请加入高端华商联盟。

3. 专享服务

华商联盟客户在邮政储蓄指定网点享受以下优惠及优先、优质服务：

1) 优惠服务

(1) 普通华商联盟及高端华商联盟客户：

客户为个体工商户者，可开通“商易通”电话自助转账业务，免费；

“商易通”省内、省外异地电话转账手续费优惠 40%；

通过柜面或 ATM 进行省内异地账户间转账，手续费优惠 50%；

会员账户换卡、正式挂失、临时挂失、省内异地解挂失、再挂失手续费，免费；

账户变动短信通知，华商联盟资格有效期内免费一年。

(2) 高端华商联盟客户：

在任何渠道邮储账户间转账手续费全免。

2) 优先服务

(1) 专窗服务。客户在全国指定邮政储蓄网点华商联盟专窗享受免排队或优先服务。

(2) 预约服务。全国指定邮政储蓄网点接受华商联盟客户在国债、保险、基金代销期的提前预约或优先办理服务。

(3) 专线电话。设立华商联盟专线服务电话 95580，优先处理华商联盟客户的咨询和投诉，并在规定时限内答复。

3) 优质服务

(1) 华商联盟服务基地。在广东省加盟的会员客户，凭华商联盟会员卡在广东省内指定邮政储蓄网点的华商联盟专窗享受免排队或优先服务；在全国其他省指定邮政储蓄网点华商联盟专窗也可享受免排队或优先服务。

(2) 其他服务。根据客户需求，提供邮政特色服务。

(3) 普通华商联盟：会员从加盟当季开始接受华商联盟资格考核，若连续两个季度日均余额不足 10 万元(含)，将被取消会员资格。

(4) 高端华商联盟：如单季日均余额在 30 万元(不含)以下，系统将于次季将其降级为普通华商联盟账户。如该账户连续两个季度日均余额在 10 万元(不含)以下，系统将自动取消其华商联盟资格。

三、有网点辖区内新发展起来的企业目前尚未委托金融机构代发工资，请以客户经理的身份到该企业介绍并发展代发工资业务。

案例分析：

1. 业务介绍

代收代付业务是指邮政储蓄机构接受机关、企事业等单位或个人客户的委托，为委托单位或个人办理的代收、代付类个人结算业务。

(1) 代付类业务：指邮政储蓄机构接受单位或个人的委托，向指定客户发放款项的业务，如代付工资、代付养老金、代付社会保险、代付医疗保险等。

(2) 代收类业务：指邮政储蓄机构接受单位或个人的委托，向指定客户收取款项的业务，如代收公用事业费、代收通讯费等。

2. 业务规定

所有代收代付业务开办前，应由邮政储蓄机构有权单位与委托单位或个人签订代收代付业务合作协议，协议需经法律主管部门审核。

办理代收代付业务时，须按协议将委托机构款项划转至邮政储蓄机构相应账户后方可处理，邮政储蓄机构一律不得代替委托单位或用户垫付资金。

处理代收代付批量业务时，须建立严密的批量数据管理制度和数据交接手续。接受代收代付业务批量数据(含纸质和电子数据)时，应双人接收、双人核对、双人整理、双人上传主机，系统处理后返回的结果双人核对。

邮政储蓄机构处理代收代付批量业务后，应及时与委托单位进行对账。

3. 代收代付协议

代收代付协议至少包括以下内容：

(1) 协议各方的单位名称、地址、联系人、联系电话；

(2) 业务名称、业务合作范围及实施方式；

(3) 开立账户种类(单卡户、单折户、卡折合一户)；

(4) 协议各方应承担的权利、义务和违约责任；

(5) 手续费的收取标准和结算方式；

(6) 资金清算方式、资金划拨时限；

(7) 争议解决方案；

(8) 协议期限和生效方式；

(9) 各方有权签字人签字并加盖公章或合同业务章。

客户申请办理代收代付业务(需要建立对应关系的代收代付业务)时，邮政储蓄机构应与客户签订双方协议，或与委托单位、客户签订多方协议，协议应明确各方承担的权利与义务、代收代付业务的相关规定等内容。

任务四 信用卡业务

任务导入

客户来网点营业厅办理信用卡，请给客户办理信用卡，并介绍信用卡的使用方法和注意事项。

任务分析

- 信用卡的申请、签收、激活及密码管理；

● 信用卡的额度管理、消费、取现、转账、分期付款、积分、还款以及卡片挂失和换卡等操作方法及使用注意事项。

应知应会

4.4.1 信用卡业务

1. 信用卡业务规定

信用卡是商业银行向个人和单位发行的，凭以向特约单位购物、消费和向银行存取现金，具有消费信用的特质卡片载体，其形式是一张正面印有发卡银行名称、有效期、号码、持卡人姓名等内容，背面有磁条、签名条的卡片。信用卡按持卡人是否向发卡银行交存备用金分为贷记卡、准贷记卡两类。贷记卡是发卡银行给予持卡人一定的信用额度，持卡人可在信用额度内先消费、后还款的信用卡。准贷记卡则是先按发卡银行要求交存一定金额的备用金的信用卡。邮政储蓄银行发行的信用卡，一般单指贷记卡。

2. 业务术语

(1) 综合授信额度：信用卡中心提供给信用卡客户可循环使用的最高透支额度。一个客户在信用卡中心开立的所有卡片都受综合授信额度的限制，即所有卡片的总透支额度不能超过综合授信额度。

(2) 信用额度：指信用卡中心核定给持卡客户的单张卡片透支额度。在额度许可的范围内，可循环使用。

(3) 临时额度：指持卡人向信用卡中心提出临时增加信用额度时，由发卡行批准后给予的有期限(最长 1 个月)的额度。

(4) 可用额度 = 信用额度 + 临时额度 − 使用并已入账的金额 − 已使用但未入账的金额 + 还款。

(5) 对账单：发卡机构提供给持卡人，反映其账务交易明细、全部或最低还款额等情况的单据。

(6) 当期对账单：指定日期所属的账单周期所出的账单。

(7) 上期对账单：至距离指定日期最近一个已出的账单。

(8) 全部应还款额：指账单日发卡行计算出的持卡人的全部应还款金额，并通过对账单通知持卡人，告知其如在最后还款日前还清全部应还款额的，可享受本期额度内消费的免息待遇，同时声明该金额中尚未包括自月结日至实际还款日之间的额度内取现的应收利息及复利。

(9) 最低还款额：指账单日发卡行计算出持卡人的最低还款金额，并通过对账单通知持卡人，告知其如在最后还款日前还清全部应还款额有困难的，可按最低还款额还款，这样虽不能享受本期额度内消费的免息待遇，但无需缴纳滞纳金。

(10) 账单日：信用卡中心每月定期对持卡人的信用卡账户当期发生的各项交易、费用等进行汇总结算，并结计利息、计算持卡人当期应还款项的日期。账单日可自由选择，每年可调整一次账单日。

(11) 最后还款日：指持卡人应偿还全部还款额或最低还款额的日期，由发卡行在每月对账单中加以明确，目前暂定为账单日后的第20天。

(12) 免息：指持卡人在最后还款日之前(含当日)还清了对账单上所列的全部应还款额后，可享受免息待遇。

(13) 免息还款期：持卡人除现金及转账外的交易从记账日起至对账单通知的到期还款日(以下简称到期还款日)(含)止为免息还款期。

(14) 超限费：指账单日当天根据持卡人的实际使用额度余额情况判断是否超过发卡行核定的信用额度，确定是否需要收取超限费。当实际使用额度大于信用额度时，需要收取超限费。超限费 = (实际使用额度余额 − 信用额度) × 5%。

(15) 滞纳金：指持卡人在最后还款日前未还清最低还款额的，需要按照最低还款额未还部分收取滞纳金。滞纳金 = (最低还款额 − 最后还款日前的实际还款金额) × 5%。

(16) 还款：持卡人使用信用贷款后，将款项以现金、转账等方式转入其信用卡账户，归还贷款。

(17) 溢缴款：持卡人将款项转入其信用卡账户，其中大于全部应还款额部分即溢缴款。

(18) 分期付款：分期付款是发卡机构向持卡人提供的一种消费服务，允许持卡人用信用卡以分期还款的形式进行消费。

(19) 授权：是发卡机构对持卡人消费、提取现金等交易请求进行审核并做出批准与否的过程。

(20) 催收：是发卡机构对于违约拖欠贷款的持卡人采取适当的措施，促使持卡人履约还款，减少呆账损失。

(21) 逾期：是在最后还款日未足额偿还最低还款额的行为，逾期未还款的须支付罚息。

3. 信用卡基本规定

(1) 中国邮政储蓄银行信用卡(以下简称“邮储信用卡”)是中国邮政储蓄银行向社会公开发行的，给予持卡人一定信用额度的，持卡人可在使用额度内先透支后还款的，以人民币结算的信用支付工具。

邮储信用卡为面对个人所发行的人民币信用卡，按照持卡人清偿责任不同分为主卡和附属卡。

(2) 邮储信用卡具有消费、存取现金、转账结算等功能。持卡人在一定条件下还可享受免担保、循环使用、免息还款期等便利。

(3) 信用卡持卡人可在境内外带有“银联”标识的特约商户以及境内发卡行指定的其他特约商户消费，在境外带有银联受理标识的ATM上提取当地币种现钞，在境内带有银联受理标识的ATM或发卡行指定的取现网点、ATM提取人民币现金，并享受发卡行提供的其他服务。

(4) 邮储信用卡卡片由中国邮政储蓄银行统一设计、发行。邮储信用卡卡片规格、卡号、磁条信息格式及内容遵循内外卡组织及中国邮政储蓄银行颁布的有关标准。邮储信用卡卡面主要由“中国邮政储蓄银行标识”、“中国邮政储蓄银行”字样、“信用卡”字样、“银联”或其他国际卡组织标识、卡号、有效期、持卡人姓名拼音及印刷图案组成。卡面要素具有固定位置，不得随意变动。

(5) 邮储信用卡凸印字符共有3行，第1行为卡号，第2行为卡片有效期，按照“月/年”方式编排，第3行为持卡人姓名汉语拼音或英文姓名。邮储信用卡卡号由16位数字组成，其中前6位为发卡行标识代码，7～15位为顺序号，第16位为校验码。

(6) 信用卡实行全国集中发卡、集中处理、集中风险控制。客户可通过客户服务中心、网上银行、手机银行、邮政储蓄网点、ATM、POS 等渠道办理业务。

(7) 信用卡可与绿卡或活期结算账户关联进行自动还款。

(8) 信用卡没有异地交易费。

(9) 当期账单应还款额与实际还款额差距小于 5 元，视为全额还款，不会产生利息。

(10) 目前邮政储蓄银行发行的个人人民币贷记卡普卡为银联标准卡，卡 BIN 为 622810，具有银联标准贷记卡普卡的所有功能和服务，卡片有效期 3 年，可设 4 张附属卡，终身免年费。

邮储信用卡只限持卡人本人使用，不得出租、转让或转借他人，不得用于国家法律法规所禁止的交易和行为。否则因未遵守上述条款而由此引起的一切后果由持卡人承担。

4. 信用卡存取款业务

(1) 信用卡存取款交易可持信用卡主卡和附属卡办理。

(2) 客户在做信用卡取款交易时，必须输入信用卡账户交易密码。

(3) 客户连续累计输入错误密码达到 3 次，密码自动锁定，需拨打信用卡客户服务电话进行密码解锁。

(4) 信用卡取现金额超过 10 000 元，客户必须出示申请信用卡卡片时使用的有效身份证件。

(5) 信用卡存款金额超过规定限额，客户必须出示申请信用卡卡片时登记的有效身份证件并进行备案，如存款业务为委托他人办理的，应同时出具代理人有效身份证件备案，信用卡存款交易要求客户出示有效身份证件的限额遵照邮政储蓄系统大额存款规定。

(6) 信用卡存取款交易如超过储蓄系统规定的大额交易金额，需要营业主管或支行(局)长现场授权。

5. 信用卡转账业务

(1) 信用卡转账业务包括信用卡现金转账还款、账户转账还款、信用卡转出转账交易。

(2) 信用卡账户转账还款是指在邮政储蓄开立的活期结算账户向信用卡账户转账还款的交易；信用卡转出转账分为信用卡账户转出至邮政储蓄活期结算账户、信用卡账户转出至邮储信用卡账户；现金转账还款是指客户在网点用现金向信用卡账户转账还款的交易，用于客户未持信用卡时办理还款业务。

(3) 转账还款要求操作员手工输入转入账/卡号和转入账户户名。

(4) 信用卡转账交易可支持信用卡主卡和附属卡办理。

(5) 信用卡账户转账还款超过大额转账规定限额时，客户应事先办理大额转账申请手续，办理大额转账申请限额及处理规定遵照《中国邮政储蓄业务制度》要求。

(6) 信用卡转出转账金额超过 10000 元的，要求客户出示申请信用卡卡片时使用的有效身份证件。

(7) 当转出的活期结算储蓄账户处于挂失(含卡、折任一挂失)、止付(不含限额止付)、冻结(不含部分冻结)、清户状态时，不能办理信用卡账户还款转账业务。

6. 信用卡存取款撤销业务

(1) 信用卡存取款撤销是指，由于柜员在办理信用卡存取款交易，交易类型选择错误或输入交易金额错误时，在客户尚未离开柜台前，将该笔差错交易撤销的交易。

(2) 撤销交易必须经过客户授权，输入信用卡账户的交易密码。

(3) 撤销交易只能当日办理。

(4) 撤销交易办理时，需要营业主管进行授权。

(5) 撤销交易只能为纠正柜员操作出现差错而办理，除前述原因之外，柜员不得应客户要求办理本交易。

(6) 办理撤销交易时，营业主管填写“中国邮政储蓄修改分户账通知单”，交易完成后，应将修改分户账通知单交客户签字确认后收回。

(7) 撤销交易分别登记“特殊账务性交易登记簿”、“柜员差错登记簿”。

7. 信用卡销户结清业务

(1) 信用卡销户结清是指信用卡持卡人申请销户后，到网点将信用卡账户中的溢缴款以现金方式取出的交易。

(2) 信用卡销户结清交易只能由信用卡主卡办理。

(3) 信用卡销户结清前，需客户通过客户服务系统进行信用卡的销户申请。信用卡销户申请 45 天后方可办理柜面销户结清交易。

(4) 信用卡销户结清交易需要输入信用卡账户内溢缴款金额，溢缴款金额可通过信用卡账户余额查询交易取得。

(5) 销户结清金额如超过规定限额，要求客户出示申请信用卡卡片时登记的有效身份证件。

8. 信用卡自动还款加办/撤销业务

(1) 信用卡自动还款加办是指客户在网点申请信用卡自动还款业务的交易；信用卡自动还款撤销是指客户在网点申请撤销信用卡自动还款的交易。

(2) 信用卡自动还款加办或加办撤销时，需信用卡持卡人凭信用卡、用于还款的储蓄存折(卡)、存折(卡)密码及其本人身份证件办理。

(3) 用于还款的结算账户必须为邮政储蓄银行开立的活期结算账户。

(4) 客户可持储蓄绿卡或储蓄存折进行加办。

(5) 用于加办的结算账户与信用卡持卡人必须为同一人。

(6) 当已办理加办的结算账户变更时，需先撤销该结算账户的自动还款关系，重新办理加办。

(7) 网点办理信用卡加办交易并非实时生效，需通过系统验证后方可生效。

9. 信用卡查询业务

(1) 信用卡查询交易分为信用卡账户余额查询、信用卡上期账单头查询、储蓄自动还款加办次数查询。

(2) 信用卡账户余额查询是指对信用卡账户的账户余额、可用余额和可取金额进行查询的交易；信用卡上期账单头查询是指对信用卡已出账单信息进行查询的交易；储蓄自动还款加办次数查询是指对活期结算账户加办信用卡自动还款的次数进行查询的交易。

(3) 信用卡账户余额查询和上期账单头查询必须由信用卡主卡办理。

(4) 储蓄自动还款加办次数查询结果为所有用活期结算账户申请自动还款的信用卡的

个数，其中不含当日加办自动还款的信用卡次数。

4.4.2　信用卡的办理与使用

1. 信用卡的办理

申请人提交申请表后，如果审批通过，信用卡中心将制作卡片，将卡片粘贴在嵌卡纸上寄送给持卡人。当持卡人收到卡后仔细核对卡片相关信息是否正确，无误后应在卡片背面签名栏上签名。

持卡人致电 4008895580 进入邮政储蓄银行信用卡 24 小时客户服务热线激活卡片。

2. 信用卡的使用

1) 额度管理

取现额度：为持卡人信用额度的 30%。此外，持卡人账户中的溢缴款金额可全部取出。

分期额度：邮政储蓄银行采用分期额度与信用额度共享的额度方式，即分期付款额度的影响和一般消费相同。

2) 密码管理

信用卡的密码按用途分为交易密码和查询密码。交易密码在取现、消费、ATM 交易(包括查询和取现)时使用，查询密码在 24 小时客户服务热线查询时使用。

信用卡的交易密码和查询密码的长度均为 6 位数字。

交易密码生成方式有两种：一种是若持卡人选择以密函邮寄方式获得交易密码，则系统在卡片生成同时生成密函文件，并邮寄给客户；另一种方式是通过电话银行自行设置密码。目前邮政储蓄银行交易密码和查询密码都是由客户通过 24 小时客服热线申请设置，该种设置方式不向客户收取费用。

持卡人办理取现交易时必须提供交易密码。消费时是否使用密码可由持卡人在填写申请表时选择“刷卡消费方式”，或通过 24 小时客服热线自助设置，设置结果即时生效。持卡人若选择“签名＋密码”方式，则消费时必须输入交易密码。

持卡人交易密码可通过 ATM 或 24 小时客服热线进行修改，查询密码可通过电话银行修改。

持卡人遗忘密码，可通过 24 小时客服热线重置密码，重置交易密码要收取 10 元/次的重置密码费，重置查询密码不收取重置密码费。

若卡片密码连续输入错误次数超过 3 次，该卡片锁定。持卡人需致电 24 小时客服热线，由客服人员进行身份验证后协助清除错误次数记录，之后卡片恢复使用。密码锁定之前，如果有一次输入正确，则之前的密码错误次数自动清零；如密码已经锁定，再输入正确密码，仍不可办理任何交易。

持卡人进行的密码修改和重置类操作会同时触发短信通知。

3) 消费

持卡人可选择“签名＋密码”或“签名”方式进行消费，也可根据用卡习惯通过客服热线进行修改。

如果持卡人选择了“签名＋密码”方式，则持卡消费时，须输入密码；如果持卡人选择了“签名”方式，持卡人消费不需输入密码(当商户要求输入密码时，持卡人只需键入任意6位数字或直接在密码键盘上按“确认”键即可)。

签字前，持卡人要仔细核对签购单据上的卡号、金额与自己的卡号、实际消费金额是否一致，确认无误方可在签购单上签名，签名时须与卡背面的签名一致。

持卡人只要单笔消费500元以上，信用卡中心会自动触发短信通知客户，如果与持卡人的真实交易不相符合，持卡人应立即拨打24小时客户服务电话。

持卡人应妥善保管交易购单的持卡人存根联半年以上。

退货完成后，商户不会退还现金给持卡人，而是由邮政储蓄银行将商户退回款项划回持卡人信用卡账户。

4) 取现

(1) 按取现方式不同，信用卡取现可以分为透支取现和溢缴款取现。

① 透支取现：是邮政储蓄银行为持卡人提供的小额现金借款，在急需时帮助持卡人灵活调度资金。

透支取现的额度根据持卡人的用卡情况设定，最高不超过持卡人信用额度的30%。

境内外透支取现均不享受免息待遇，须支付利息和取现手续费。

② 溢缴款取现：是指持卡人将存放在卡内的资金或还款时多缴的资金取出。持卡人取现时，如果账户内有溢缴款，则系统默认取现金额先取溢缴款，然后透支。

由于央行规定贷记卡在ATM上的每卡每日累计取款金额不超过2000元，若持卡人当日提取溢缴款超过2000元人民币，须到邮政储蓄银行网点柜台办理。

提取溢缴款时，邮政储蓄银行不收取利息，持卡人只需支付溢缴款取现费。

(2) 按受理渠道不同，信用卡取现可分为ATM取现和柜台取现。

① 持邮政储蓄银行人民币信用卡可在邮政储蓄银行ATM或贴有银联标识的其他银行ATM凭卡片和密码提取人民币现金。

② 如发现ATM显示账户已扣款，但未吐钞或卡片被吞，应及时到ATM所属银行网点或致电24小时客服热线请求帮助。

(3) 按照地域位置和手续费的不同，信用卡取现可分为境内取现和境外取现。

根据人民银行和外管局的相关规定，在境内及境外通过银联网络交易时，每卡累计取现金额不超过2000元人民币。

5) 转账

目前邮政储蓄银行不开放信用卡转出转账业务。

6) 分期付款

目前邮政储蓄银行推出两款免息分期付款业务，分别为“笔笔分”单笔免息分期付款和“任意分”账单免息分期付款。(由于邮政储蓄银行的信用卡核心系统目前对交易型分期付款使用了“灵活分期”的定义，所以持卡人的账单上仍显示为“灵活分期”。)

“笔笔分”单笔免息分期付款：只要本期单笔消费500元(含)以上就可以申请“笔笔分”，可在消费交易入账后账单日(含)前针对本期任一笔500元(含)以上消费申请“笔笔分”。

“任意分”账单免息分期付款：上期账单余额减最低还款额大于等于800元就能申请“任意分”，在账单日次日至到期还款日四天(含)前对上期账单部分余额(不限制于一笔特定消费)申请“任意分”。

邮政储蓄信用卡客服随时受理分期申请并及时通知持卡人的分期审批结果。

“笔笔分”和“任意分”都可以申请 3 个月、6 个月、12 个月、18 个月、24 个月共 5 档期数，每月为 1 周期。成功申请的分期付款业务，其分期付款期数自申请后收到第一份账单的当月起算。

分期付款手续费按月收取，每月收取分期付款总金额的 0.6%。在持卡人资金盈余时，可在当期账单日后致电客服提出提前还款申请，以释放可用信用额度，邮政储蓄银行不收取提前还款手续费。

7) 积分

积分活动是保持信用卡客户忠诚度、刺激持卡人消费的一种重要手段。积分分为产品积分和促销奖励积分。产品积分是长期基本的积分计划，是某一卡产品拥有的积分功能。促销积分是某一个特定的时间段进行的积分计划，或是卡中心根据持卡人刷卡行为给予一定的奖励积分。

产生积分的主要方式：刷卡消费、特定商户、某次活动、生日和节日。

邮政储蓄银行规定，持卡人使用信用卡刷卡消费或进行商品邮购、分期付款等均可累积积分。刷卡消费每满人民币 1 元可获得 1 个积分，不足 1 元部分四舍五入。刷卡消费所产生的积分在银行记账日的次日生效。

邮政储蓄银行规定，批发类商户、汽车销售、房地产、移动及固定电话缴费或充值、有线及其他付费电视、水电等公用事业服务费用、彩票、医院、学校、政府服务等不予累积积分。

所称“刷卡消费”仅限实体签单消费，指持卡人在实体店内刷信用卡获取授权码后成功完成的消费交易。预借现金、溢缴款取现、转账、预授权、手工调账、退货、有争议交易、网上支付、信用卡年费、循环使用利息、预借现金的手续费及利息、逾期缴款所衍生的费用(如违约金、利息)、“邮政储蓄银行信用卡领用合约”约定的其他各项手续费不予累积积分。

有下述任一情形的，邮政储蓄银行有权冻结持卡人积分账户或酌情扣除持卡人相应积分。

(1) 持卡人信用卡被止付、停用、账户冻结、自行注销。

(2) 有逾期账款未偿还，未缴足最近一个月账单的最低还款额，或对中国邮政储蓄银行的其他债务不履行偿还义务。

(3) 违反“邮政储蓄银行信用卡领用合约”或其他相关规定。

目前邮储银行信用卡积分没有有效期，积分永久有效。

因为附属卡和主卡共享一个积分账户，因此附属卡不单独累积积分，累积的积分计入主卡积分账户中。

8) 还款

(1) 持卡人可通过网点还款、ATM 还款、自动还款 3 种便捷方式按时还款。

① 网点还款包括现金存款和转账还款。

现金存款：现金存款交易可支持信用卡主卡和附属卡办理。信用卡存款金额超过规定限额，要求客户出示申请信用卡卡片时登记的有效身份证件进行备案，如存款业务委托他人办理的，应同时出示代理人有效身份证件备案，信用卡存款交易要求客户出示有效身份证件的限额遵照邮政储蓄系统大额存款规定。

转账还款：在到期还款日之前，持卡人可以亲自或委托他人到邮政储蓄银行网点柜台办理信用卡现金转账还款或账户转账还款业务。

信用卡现金转账还款是指客户在网点用现金向信用卡账户转账还款的交易，用于客户未持信用卡时办理还款业务。

网点的账户转账还款是指用在邮政储蓄银行开立的活期结算账户向信用卡账户转账还款的交易，无论同城、异地，中国邮政储蓄银行网点都可受理还款业务，并且不收取还款手续费。

② ATM 还款。持卡人可以在邮政储蓄银行的自动存款机上通过现金向信用卡存款实现还款。

ATM 行内转账：持卡人可在全国范围内的邮政储蓄银行 ATM 上用绿卡向信用卡转账还款。

ATM 跨行转账：目前，邮政储蓄银行只在江苏、广东、福建和天津等省开办了 ATM 绿卡跨行转账业务。

③ 自动还款。如持卡人有邮政储蓄银行借记卡或活期结算账户，可在邮政储蓄银行网点或通过 24 小时客户服务热线申请自动还款业务的加办，将信用卡与其关联进行自动转账还款。

邮政储蓄银行会在到期还款日从持卡人借记卡活期账户中扣款偿还信用卡该期对账单的全部应还款或最低应还款(由持卡人在申请开通自动还款业务时选定)。

如持卡人的借记卡活期账户余额不足，则将余额全部扣减用于偿还部分欠款，因此必须提前确认持卡人还款账户的余额是否充足，以避免未全额还款而额外产生的费用。

(2) 还款顺序。还款的顺序依次为上期欠款和本期欠款。在同期欠款中，还款分配顺序为：本期利息、费用、预借现金交易本金、消费透支交易本金。

(3) 还款方式。持卡人可选择全额还款或最低还款额的还款方式。

若持卡人在到期日前全额清偿信用卡账户内所有欠款，则免收非现金交易(如消费、预授权完成)透支利息；否则，不适用免息还款期限规定。

若持卡人在到期还款日之前未全额清偿最低还款额，除按照银行规定支付利息外，还需按照最低还款额未清还部分的 5% 支付滞纳金。

当期最低还款额 = 本期各种费用和利息 + 上期最低还款额未还部分 + 本期预借现金余额 + (本期消费余额 + 上期未计入最低还款额且未还的消费余额) × 10%

持卡人办理的取现、转账类交易不享受免息还款的待遇，邮政储蓄银行将从交易入账日起向持卡人收取循环利息。

9) 卡片挂失和换卡

(1) 卡片挂失。持卡人卡片不慎丢失或被盗，应及时致电邮政储蓄银行 24 小时客户服务热线进行挂失，在挂失生效之后发生的交易(交易时点在挂失生效时点之后的交易)损失均由邮政储蓄银行承担。

出于保护持卡人利益考虑，避免卡片丢失期间被不法分子盗取磁条信息，给持卡人造成损失，挂失之后不允许解挂失。客户若在挂失后又找到卡片，须致电客服申请换卡才可继续使用邮政储蓄银行信用卡。

(2) 更换卡片分以下几种情况。

到期换卡：邮政储蓄银行信用卡卡片使用有效期为 3 年，过期即失效。如果持卡人未在卡有效期满前 50 天有效通知信用卡中心，则邮政储蓄银行视同持卡人同意到期更换新卡，信用卡中心有权决定是否给持卡人更换新卡。若持卡人在卡片到期后不愿意继续用卡，应在卡片到期前 50 天致电邮政储蓄银行 24 小时客户服务热线。

提前换卡和损毁换卡：若持卡人需要在卡片到期 50 天之前进行换卡，或因卡片毁损、断裂、磁条消磁或签名有误等原因无法继续使用，可致电邮政储蓄银行 24 小时客户服务热线申请换卡。

任务五　其他卡业务

任务导入

客户咨询持金融 IC 卡在 ATM、POS、商易通、网上及跨行支付各有什么利弊，请以大堂经理的角色给客户介绍。

任务分析

- 金融 IC 卡的各项使用方法和要求。
- 军保卡在银行业务处理方面的要求。

应会应知

4.5.1　金融 IC 卡业务

金融 IC 卡是指由中国邮政储蓄银行发行，以 IC 芯片为主要信息载体的借记卡。金融 IC 卡根据卡内账户功能，分为 IC 借记卡和电子现金卡。IC 借记卡具备借记账户的全部或部分功能，同时具备电子现金账户功能。电子现金卡仅具备电子现金账户功能。

(1) 电子现金账户是指存储在金融 IC 卡芯片内，符合中国人民银行相关技术规范，可在指定终端上进行快速消费的小额支付账户。电子现金账户应符合如下规定：

① 电子现金账户不挂失、不计息、不可取现或透支，其余额记录在卡片中。

② 电子现金账户余额上限最高为 1000 元，客户可在此范围内自行设定。

(2) IC 借记卡可采用单芯片卡和磁条芯片复合卡两种形式。磁条芯片复合卡开户时，磁条和芯片中均保存借记账户相关信息，电子现金账户的相关信息保存在芯片中。通过磁条或芯片使用借记账户进行交易时，校验同一个密码。客户持磁条芯片复合卡在柜面办理交易时，应优先选择读取芯片，如读取芯片失败，则按照降级处理流程，从磁条读取卡号进行交易。

(3) IC 借记卡在柜面开户时，其携带的电子现金账户同时开立。IC 借记卡批量开户时，可选择是否开通电子现金账户，若选择不开通电子现金账户，客户后续有开通需求，可持本人有效实名证件并填写“绿卡通业务事项申请书”，在全国任一网点办理。代理人代为办理的，需同时出示代理人与被代理人有效实名证件。

(4) 电子现金账户支持圈存、现金充值、快速消费以及余额、明细查询等功能。

① 圈存是指客户在网点或指定终端将借记账户上的资金划转并写入到电子现金账户。圈存包括指定账户圈存、非指定账户圈存、自动圈存及预约圈存等。

② 现金充值是指客户在网点或指定终端将现金划转并写入电子现金账户。

③ 快速消费是指客户在指定终端上通过脱机消费或快速支付交易完成脱机、无密的消费。

④ 余额、明细查询指客户在网点或指定终端查询卡片中记录的电子现金账户余额和交易明细。

(5) 指定账户圈存。

① 指定账户圈存指通过指定终端发起的，将预先与电子现金账户绑定的借记账户资金划转并写入到电子现金账户的业务。

② IC 借记卡开户时，其借记账户默认为与该卡电子现金账户绑定的指定圈存账户。客户也可根据需要指定本人其他借记卡的借记账户作为指定圈存账户。一个借记账户可最多设置为 3 个电子现金账户的指定圈存账户，一个电子现金账户只能设置一个借记账户作为其指定圈存账户。

客户加办指定圈存账户时，需出示本人有效实名证件并填写"绿卡通业务事项申请书"，在全国任一网点办理，代理人代为办理的，需同时出示代理人与被代理人有效实名证件。

(6) 非指定账户圈存指通过指定终端发起的，将借记账户资金划转并写入到电子现金账户的业务。

(7) 自动圈存。

① 自动圈存指加办了自动圈存功能的 IC 借记卡在进行特定联机交易且卡内电子现金账户余额低于所设下限时，将该卡借记账户的资金自动划转并写入电子现金账户，使其余额达到所设上限的业务。

② 客户可加办 IC 借记卡的自动圈存功能，加办时需设置自动圈存的上下限值和日累计自动圈存上限值。自动圈存的上限应低于电子现金账户余额上限，下限值不得低于 50 元，日累计自动圈存上限值不得高于 2000 元。

③ 办理自动圈存或修改自动圈存相关限额时，需客户本人出示有效实名证件并填写"绿卡通业务事项申请书"，在全国任一联网网点办理，不允许代办。

(8) 预约圈存。

① 预约圈存指设置了预约圈存关系的 IC 借记卡在约定的有效期内进行特定联机交易时，按照约定的圈存金额将借记账户的资金自动划转并写入电子现金账户的业务。

② 客户可通过电子银行渠道设置预约圈存关系，约定预约圈存转出账户、圈存金额和有效期。转出账户为客户在电子银行签约的借记账户。

③ 超过有效期的，预约圈存关系自动失效。发生预约圈存时，若圈存金额与电子现金账户余额之和大于电子现金账户余额上限，则该笔预约圈存失败，且预约圈存关系同时失效。

(9) IC 借记卡换卡时，旧卡电子现金账户余额将转移到新卡的电子现金账户中。换卡时因芯片损坏无法确认电子现金账户余额的，旧卡电子现金账户余额将在 30 天后，按照清算后的金额自动转入新卡借记账户中。

(10) IC 借记卡挂失补发新卡后，电子现金账户余额不予转移到新卡中。

(11) IC 借记卡销户时，柜员应将卡内借记账户和电子现金账户余额一并返还客户。销户时因芯片损坏无法确认电子现金账户余额的，可要求客户提供本人在中国邮政储蓄银行开立的个人借记账户，已销户卡内的电子现金账户余额将在 30 天后，按照清算后的金额转入该借记账户中。挂失销户的，其电子现金账户余额不予返还。

(12) IC 卡使用风险防范。

① 客户申领的 IC 借记卡的借记账户为该卡电子现金账户的默认指定圈存账户。批量方式申领 IC 借记卡时可选择是否开通电子现金账户。

② IC 借记卡销户时，柜员应将卡内电子现金账户余额连同借记账户的余额一并返还客户。因芯片损坏销户时，客户应提供本人在行内开立的个人借记账户，原卡电子现金账户余额将在 30 天后，按清算后的金额转入该账户中。

③ IC 借记卡因芯片损坏换卡时，电子现金账户余额将在 30 天后，按清算后的金额转入新卡借记账户中。

④ IC 借记卡挂失补发新卡后，电子现金账户余额不予转移到新卡中。

⑤ 客户可加办 IC 借记卡的自动圈存功能，且须设置自动圈存的上下限值。当卡内电子现金账户余额低于所设下限且该卡在进行联机交易时，自动发起圈存，将该卡借记账户的资金划转至电子现金账户，使其余额达到所设上限。

⑥ IC 借记卡每卡每日自动圈存累计金额上限为 2 万元(参数化)，客户开通自动圈存功能时，可在此范围内进行设置。

⑦ 办理自动圈存设置或修改自动圈存参数时，应核对借记账户对应的有效实名证件，并留存复印件或影印件，不得代理。

⑧ 客户可通过网上银行、电话银行等渠道对 IC 借记卡的电子现金账户进行预约圈存，当客户进行联机交易时，自动完成圈存。

电子现金账户省内、跨省异地和跨行圈存、现金充值等交易的手续费标准由总行统一制定。一级分行如有修改，须向总行报批。指定账户圈存、非指定账户圈存、现金充值切换过渡期间在省内任一联网网点办理，切换过渡期后可在全国范围内办理。

4.5.2 卡交易

1. 商易通

1) 定义及功能

“商易通”业务，是指在固定电话设备上集成刷卡器及相关设备，并绑定客户的绿卡，为客户提供余额查询、实时汇款等服务的业务。

“商易通”固定电话设备支持余额查询、汇款收款、汇款付款、向公司账户汇款、账户明细查询、末笔交易查询及汇总统计等业务。

2) 使用方法和要求

① 客户申请“商易通”业务，应由本人在县(市)内任一联网网点办理，填写申请表并提供相关材料。

② “商易通”业务的客户按服务的不同标准分为“华商联盟”客户(包括普通“华商

联盟”客户、高端“华商联盟”客户)和一般“商易通”客户。

客户申请华商联盟服务所持绿卡的对应账户称为“华商联盟”账户。“华商联盟”账户按照准入条件不同分为高端“华商联盟”账户与普通“华商联盟”账户。高端“华商联盟”账户准入条件是个人活期账户上一月度日均余额在30万元(含)以上，普通“华商联盟”账户准入条件是个人活期账户上一月度日均余额在10万元(含)与30万元(不含)之间。高端“华商联盟”账户与普通“华商联盟”账户享有不同的资费政策。普通“华商联盟”账户满足高端“华商联盟”账户准入条件的，次月系统自动将普通“华商联盟”账户升级为高端“华商联盟”账户。“华商联盟”账户准入条件由总行统一制定，总行可根据市场情况对“华商联盟”账户准入条件进行调整。对于不符合“华商联盟”准入条件的账户，一级分行可通过手工方式将其导入为普通“华商联盟”账户。手工导入的普通“华商联盟”账户标准为账户时点余额达到10万元(含)，手工导入账户须由一级分行业务主管审批。

③ 一般“商易通”客户是指失去“华商联盟”资格的“商易通”客户。客户撤销“商易通”业务，应由本人到原受理网点办理撤销手续，填写申请表并出示本人有效实名证件及绑定的绿卡。通过“商易通”固定电话设备办理行内异地汇款交易时，手续费可以选择从汇出方账户扣收或汇入方账户扣收。跨行汇款交易，手续费从汇出方账户扣收。

2. 网上支付通业务

1) 定义及功能

网上支付通业务是指将绿卡账户与第三方支付公司账户签约绑定后，通过第三方支付平台进行网上支付时，无需登录个人网上银行，便可支付相应款项的业务。网上支付通业务包括支付宝卡通、财付通一点通等。

2) 使用方法和要求

① 客户本人凭绿卡、有效实名证件，可在全国任一联网网点或个人网上银行等自助渠道办理网上支付通业务签约加办、签约信息查询、支付限额修改、手机号码修改和签约撤办，不得代办。

② 客户签约加办网上支付通业务时，客户在第三方支付公司开立账户的姓名、证件种类和证件号码必须与签约绑定的绿卡账户相关信息一致。绿卡换卡、挂失补发新卡的，网上支付通签约加办关系自动转移到新卡。

③ 客户根据网上支付通业务涉及的不同第三方支付公司自行设定每日每户累计支付限额，单个第三方支付公司的最高支付限额为5000元(含)。

3. ATM 交易

1) 定义及功能

绿卡持卡人办理取现等交易时，ATM应提供打印交易凭条的选择。如ATM无法提供打印选择以及ATM吞卡时，必须打印交易凭条。交易凭条应注明交易结果或拒绝原因。交易凭条打印的卡号，除被吞卡和汇款交易的汇入卡外，应隐去卡号校验位前4位数字。

2) 使用方法和要求

① 客户在ATM上可办理取款交易。ATM取款每日每户累计取款限额为2万元(含)。

发卡机构对5000元(含)以下的ATM单笔取款金额不设限制。ATM终端单笔最高吐钞3000元(现存机具吐钞功能无法满足的除外，应按机具出钞口容量上限确定)。

② 客户在ATM上办理取款交易成功后，如ATM吐钞后一定时间内客户没有取钞，ATM将钞票收回到废钞箱并登记“ATM异常交易登记簿”。客户在ATM上可办理存款业务。ATM存款每次放入钞票数不得超过100张。

③ 客户在ATM上可办理行内账户到账户汇款业务，汇出账户须为绿卡账户，汇入账户可为个人结算账户(包括卡和折)。

④ 客户在全国ATM上可办理绿卡通卡内活期主账户与其他储种子账户的资金互转业务。提前支取的整存整取子账户资金不能通过ATM转入活期主账户。

⑤ 客户在ATM上可查询绿卡活期账户余额；在全国ATM上可查询最近10笔卡户活期交易明细，绿卡通卡还可查询未销户子账户的储种、余额等相关信息。

⑥ 客户可在ATM上修改绿卡密码，未激活卡不可在ATM上进行任何交易。

4. POS交易

POS消费指特约商户在出售商品或提供服务时，通过POS终端完成持卡人用卡付款的过程。

① 刷卡并验证客户账户密码；

② 交易成功后，客户在签购凭证上对打印的消费内容签字确认，凭证上打印的卡号应隐去银行卡卡号中间数字，商户将客户签字确认后的签购单保存至少半年以上。

(1) POS消费撤销。

POS消费撤销指特约商户由于各种原因对已经通过POS联机完成的成功交易，于当日当批主动发起取消的过程。

① 撤销时，客户必须出示原交易卡和签购凭证；

② 消费撤销无需验证客户账户密码；

③ 每笔消费交易只可撤销一次，且不得办理部分金额的撤销；

④ 交易成功后，客户在签购凭证上对打印的消费内容签字确认，商户将客户签字确认后的签购单保存至少半年以上。

(2) 退货。

退货指特约商户因商品退回或服务取消，将已扣款项退回持卡人原扣款账户的过程。

① 退货分当日退货和隔日退货，退货期限不得超过30天；

② 退货可全额退货，也可部分退货；退货金额不得大于原始交易金额；

③ 客户退货时，应将原交易的卡、原签购凭证回单联及特约商户认可的其他退货有效单据交收银员；

④ 退货交易无需验证客户账户密码；

⑤ 交易成功后，客户在签购凭证上对打印的消费内容签字确认，商户将客户签字确认后的签购单保存至少半年以上。

(3) POS预授权。

POS预授权指特约商户通过POS终端，就持卡人预计支付金额向发卡方索取付款承诺的过程。

① 刷卡并验证客户账户密码。

② 办理POS预授权时，客户账户止付金额为预授权交易金额的115%，但签购凭证打印的金额为预授权交易金额的100%。

③ POS预授权交易的金额无法再参与其他交易，直至发生相应交易的预授权完成或预授权撤销为止。

④ 预授权交易 30 天内(对追加预授权金额的，以追加交易日为准)如不发生相应交易的预授权完成或预授权撤销，预授权金额次日起自动解止付。

⑤ 如需追加持卡人预授权金额，客户必须出示原预授权交易卡，刷卡并验证客户账户密码。

⑥ 交易成功后，客户在签购凭证上对打印的消费内容签字确认，商户将客户签字确认后的签购单保存至少半年以上。

(4) POS 预授权完成。

POS 预授权完成指特约商户对已取得的预授权交易，在预授权金额或超出预授权金额一定比例的范围内，通过 POS 终端或手工方式完成持卡人付款的过程。

① 预授权完成交易可通过联机、离线和手工方式完成；

② 预授权完成交易需在预授权交易后 30 天内完成；

③ 预授权完成不需校验客户账户密码；

④ 预授权完成金额不得超过 POS 预授权金额的 115%。预授权完成金额超过预授权金额 115% 时，超过部分按另一笔消费处理；

⑤ 预授权完成采用联机或离线方式完成的，在交易成功后打印签购凭证，客户在签购凭证上对打印内容签字确认，商户将客户签字确认后的签购单保存至少半年以上。

5. POS 预授权撤销

POS 预授权撤销指特约商户在取得预授权后的有效期内，通过 POS 终端或手工方式通知发卡方取消付款承诺的过程。

(1) 预授权撤销可在预授权交易成功后 30 日内通过联机或手工方式完成。

(2) 撤销申请发出后，无法取消预授权撤销。

(3) 不支持对预授权金额追加部分的单独撤销。

(4) 预授权撤销不需校验客户账户密码。

(5) 预授权撤销采用联机方式完成的，在交易成功后打印交易凭证，客户在签购凭证上对打印内容签字确认，商户将客户签字确认后的签购单保存至少半年以上。

6. POS 预授权完成撤销

POS 预授权完成撤销指特约商户由于各种原因对已经成功的预授权完成交易，于当日当批主动发起的取消。

(1) 通过联机方式处理的预授权完成交易，其撤销交易采用联机方式完成。

(2) 预授权完成撤销不需校验客户账户密码。

(3) 不得取消预授权完成撤销交易。

(4) 预授权完成撤销交易成功后打印交易凭证，客户在签购凭证上对打印内容签字确认，商户将客户签字确认后签的购单保存至少半年以上。

(5) 预授权完成撤销交易成功后，持卡人账户恢复对原授权金额的止付。

4.5.3 军人保障卡

1. 概述

中国邮政储蓄银行军人保障卡(以下简称军保卡)由解放军总后勤部(以下简称总后)和中国邮政储蓄银行(以下简称邮储银行)联合发行，归军队所有。军保卡具有军队后勤供应保障和借记卡金融服务双重功能，总后及各级部队负责提供军队后勤供应保障功能，邮储银行负责提供借记卡金融服务功能。

军保卡正面为军队卡面要素，包括卡名称(中国人民解放军军人保障卡)、持卡人姓名、照片、军徽、一维条码、保障卡号和背景图案等；军保卡背面为银行卡面要素，包括银行名称、标识、银行卡号、银联标识、磁条、客服电话、银行网址、制卡单位等。

2. 发卡管理

总后负责在军队内部逐级发放军保卡空白卡，邮储银行各级分支机构及代理营业机构无需请领、发放军保卡空白凭证，一级支行(县市机构)或网点为基层部队办理开卡业务。

军保卡批量开卡交易适用于新用户开户，可在一级支行(县市机构)或网点办理；军保卡单笔开卡交易适用于异地挂失后重开新户，只能在网点办理。

军保卡的批量开卡由基层部队授权，经办人携带加盖公章的“军人保障卡工资账户开户申请表”以及开户申请人的有效实名证件复印件，到一级支行(县市机构)或网点办理。首次办理时，授权经办人应出示本人有效实名证件。营业人员应仔细核对并留存上述证件复印件和材料。

对于开户申请人的有效实名证件为居民身份证的，一级支行(县市机构)或网点应进行联网核查并打印留存核查结果。

一级支行(县市机构)业务管理员办理军保卡的批量开卡时，须经业务主管授权；网点柜员办理军保卡的批量开卡时，须经营业主管授权。

军保卡批量开卡完成后，打印“中国邮政储蓄通用凭证”和“批量交易明细”，由基层部队授权经办人签字确认，并交部队财务部门核对。

持卡人本人持军保卡和申请开户时提供的有效实名证件原件，到开户网点补签“中国邮政储蓄银行军人保障卡用卡合约”，并修改密码以激活卡片，然后即可正常办理相关业务。未激活的军保卡不允许在ATM上改密激活。

3. 业务规定

(1) 军保卡为银联卡。

(2) 军保卡为普通绿卡单卡户，不能加办存折。

(3) 军保卡免收年费、小额账户管理费和卡工本费。

(4) 军保卡每卡每年(自然年)现金和转账存入金额累计小于50万元(含)时，免收持卡人行内异地交易手续费，及在中国工商银行、中国农业银行、中国银行、中国建设银行四家银行受理的跨行ATM取现手续费。军保卡每卡每年现金和转账存入金额累计超过50万元时，持卡人不再享受本条上述手续费优惠。

(5) 军保卡不允许开通网上银行、网上支付通、邮政支付网关、第三方存管、基金、理财等业务；不允许跨境交易，包括香港、澳门、台湾等地区。

(6) 持卡人的有效实名证件类型或证件号码发生变更时，应由本人提供军保卡、原账户对应的有效实名证件和新的有效实名证件到全国任一联网网点办理实名证件变更手续。若原账户对应的有效实名证件已被发证机关收回，应提供发证机关证明书。

(7) 军保卡丢失或损坏时，持卡人本人可到全国任一联网网点办理凭证临时挂失或正式挂失，也可通过电话银行办理凭证临时挂失。

(8) 由于卡片损坏或消磁办理补换卡时，持卡人本人应持新卡、基层部队开具的“军人保障卡工资账户变更证明”和有效实名证件原件，到网点办理补换卡手续。对于原开户地为本县(市)的，按照换卡做后续处理；对于原开户地为其他县(市)的，应将原账户挂失清户，并为其重新开户。换卡和重新开户时，持卡人应填写“中国邮政储蓄银行个人结算账户开户/变更申请书”。

(9) 作废的旧卡由网点营业人员将卡片剪角(即沿卡背面左下角磁条上沿且与水平不大于 45 度角方向进行剪切处理，下同)、破坏磁条完整性，再将卡片退还持卡人，并留存剪角后的卡片正反面复印件交事后监督。

(10) 办理军保卡凭证密印双挂失或大额挂失时，持卡人本人须提供军保卡卡号、账户对应的有效实名证件，在全国任一联网网点办理。挂失后续处理前，一级支行(县市机构)或挂失受理网点应按相关规定办理挂失核保手续。

(11) 办理军保卡本地挂失补发新卡或异地挂失后重开新户时，持卡人本人应持新卡、基层部队开具的“军人保障卡工资账户变更证明”和有效实名证件原件，到原挂失受理网点办理。

(12) 换卡或挂失补发新卡后，原卡的中间业务加办关系自动转移到新卡；挂失清户后重新开卡的，应在清户前撤销所有中间业务加办关系，开卡后重新加办。

(13) 持卡人办理正式挂失后又找到原卡片，须持原挂失申请书、客户有效实名证件和原卡片以及基层部队开具的“军人保障卡工资账户变更证明”办理解挂失手续。

(14) 再挂失、挂失补发新卡、挂失清户、密码重置、解挂失、挂失事项更改等挂失后续处理应到原挂失受理网点办理。

(15) 办理军保卡凭证临时挂失时，不收手续费。由于卡损坏或消磁的原因办理凭证正式挂失，免收挂失手续费；由于卡丢失的原因办理凭证正式挂失，按 10 元/卡正常收取挂失手续费。

(16) 网点在收到基层部队财务部门划拨的工资款后，根据其提供的加盖公章的代发工资清单，对军保卡代发工资。代发工资包括向本行本地卡代发、向本行异地卡代发和向他行卡代发三种情况。

(17) 网点代发完成后须将代发工资结果文件反馈给基层部队财务部门，及时与其进行对账。

(18) 军保卡账户连续 3 个月无代发工资记录则视为逾期。军保卡开户机构应每月查询并打印军保卡逾期而未销户的清单，将此清单及时提供给所属的基层部队。根据基层部队反馈的书面通知，对相应账户进行账户止付，敦促持卡人清户。

(19) 按照基层部队通知对逾期军保卡办理的账户止付/解止付交易可在全国任一联网网点办理。

(20) 按照基层部队通知对逾期军保卡办理账户止付后，持卡人须持军保卡和基层部队开具的“军人保障卡工资账户变更证明”在原止付网点办理解止付或清户手续。

(21) 持卡人离开军队系统时，应到网点办理清户手续。营业人员将卡片剪角后退还持卡人，并留存剪角后的卡片正反面复印件交事后监督。

邮储银行各级分支机构及代理营业机构在开展军人保障卡业务时，应规范业务操作，防范各类风险，并加强涉军信息保密措施，确保涉军信息安全。

4.5.4　跨行业务

1. 跨行取款

(1) 跨行取款分为他行卡在中国邮政储蓄银行办理取款和中国邮政储蓄银行卡在他行办理取款两种。跨行取款可以通过中国邮政储蓄银行网点柜面和 ATM 渠道实现。

(2) 他行卡在网点柜面和 ATM 办理跨行取款，是通过银联系统实现的，资费按照发卡行资费标准执行；中国邮政储蓄银行卡在他行办理跨行取款，是通过银联系统实现的，资费按照中国邮政储蓄银行资费标准执行。

(3) 农民工银行卡特色服务业务是指客户使用参与农民工银行卡特色服务的商业银行的银行卡，在参与商业银行指定网点柜面通过刷卡方式办理取款及查询的业务。

(4) 各一级分行可依照中国人民银行相关规定，按照业务准入流程，指定网点开办农民工银行卡特色服务业务。

(5) 农民工银行卡特色服务当日累计最高取款限额为 5000 元(含 5000 元)；客户持中国邮政储蓄银行卡在他行 ATM 取款当日累计最高取款金额为 2 万元(含 2 万元)，另还应遵循他行相关规定。

(6) 当账户处于挂失、账户止付、账户冻结、密码锁定、可疑凭证锁定、未激活、长期不动户等特殊状态下，不允许办理跨行取款。

2. 银联跨行汇款

(1) 通过中国邮政储蓄银行 ATM、商易通等渠道发起的跨行汇款，均为银联跨行汇款。通过中国邮政储蓄银行卡在他行开通银联跨行汇款功能的渠道，也可办理银联跨行汇款业务。

(2) 银联跨行汇款业务的资费按照发卡行制定的标准执行。

(3) 中国邮政储蓄银行卡通过他行渠道办理银联跨行汇款，每日无交易笔数限制。

(4) 当账户处于账户止付、账户冻结、挂失、长期不动户、密码锁定、可疑凭证锁定、吞没卡等特殊状态时，不允许办理银联跨行汇款业务。

3. 人行跨行汇款

(1) 人行跨行汇款业务可通过现代化支付系统和网上支付跨行清算系统实现。现代化支付系统又包括大额支付系统和小额支付系统。

(2) 单笔金额 5 万元(含 5 万元)以上的人行跨行汇款业务仅能通过大额支付系统转发交易。单笔金额 5 万元(不含 5 万元)以下的人行跨行汇款业务，根据客户需要可选择普通方式通过小额支付系统转发交易，也可选择加急方式通过大额支付系统转发交易，还可直接通过网上支付跨行清算系统转发办理。

(3) 人行跨行汇款业务可通过中国邮政储蓄银行网点柜面、电子银行、商易通等渠道办理。其中，网点柜面仅支持通过现代化支付系统实现的跨行汇款。

(4) 当账户处于账户止付、账户冻结、挂失、长期不动户、密码锁定、可疑凭证锁定、吞没等特殊状态时，不允许办理人行跨行汇款业务。

(5) 大额支付系统运行工作日及工作时间按照中国人民银行规定执行。当中国人民银行根据管理需要调整运行工作日及工作时间时，从其规定。

(6) 网点办理的人行跨行汇款业务包括现金跨行汇款、账户跨行汇款、退汇挂账核销及相关事务类交易，其中，事务类交易包括查询、申请退回处理、自由格式报文。

(7) 现金跨行汇款是指客户以现金方式通过现代化支付系统向他行账户汇款；账户跨行汇款是指客户凭个人结算账户通过现代化支付系统向他行账户汇款。

(8) 网点开办个人柜面跨行汇款业务前，需逐级上报，经一级分行审批同意后，方可开办柜面跨行汇款业务功能。申请开办该业务的网点应具备以下条件：

① 具有跨行汇款实际需求；

② 已建立规范的跨行汇款业务管理流程，及完善的风险控制机制；

③ 具备开办业务所需的合格操作人员，同时对外办理业务的储蓄柜台在2个(含2个)以上。

(9) 现金跨行汇款业务可在任一开办跨行汇款业务的网点办理，账户跨行汇款业务需在全国任一联网网点办理。

(10) 客户在网点办理人行跨行汇款业务时，需留存真实有效的联系方式，办理现金跨行汇款和5万元(含5万元)以上的账户跨行汇款还需如实提供证件信息。

(11) 因中国人民银行退汇、汇入行退汇等原因造成的汇款异常情况，需做退汇挂账核销处理。退汇挂账核销处理包括三种方式：再次汇出、退回账户、退回现金。由于客户原因造成的退汇，柜员可以根据原交易情况办理退回现金或原账户。由于非客户原因造成的退汇，柜员应按照原交易情况办理再次汇出，不需要客户前来办理。

(12) 退汇挂账核销业务规定。

① 对于退回现金的，客户本人需出示原交易凭证、原交易申请书及客户本人有效实名证件等资料，在原交易网点办理，不允许代办。

② 对于退回原账户的，客户需出示原交易凭证、原交易申请书及有效实名证件等资料，在原交易网点办理。代理人代为办理的，需同时出示代理人与被代理人有效实名证件办理。

③ 退回现金或退回原账户办理完成后，应收回客户原跨行汇款申请书。对于客户无法提供原跨行汇款申请书的，应请客户书写相关说明，日终上缴会计稽核中心。

④ 再次汇出只能为纠正内部差错、司法机关提供扣划信息有误、系统出现异常而办理，柜员不得应客户要求办理。再次汇出只允许修改原收款人账号和原收款人姓名其中一项，再次汇出不收取手续费。

(13) 对有疑问或发生差错的跨行汇款业务，网点应立即上报上级机构，上级机构业务管理员需当日(最迟不超过下一个工作日上午)发出查询，查询时需同级业务主管授权。

(14) 如网点办理的人行跨行汇款业务出现差错或客户提出要求，网点可向原汇入行发出申请退回请求，如汇入行同意，由其将款项退回。

办理申请退回业务时，客户本人需出示原交易凭证、原交易申请书、有效实名证件至原交易网点办理，不允许代办。

申请退回办理完成后，应收回客户原跨行汇款申请书。对于客户无法提供原跨行汇款申请书的，应请客户书写相关说明，日终上缴会计稽核中心。

(15) 退汇挂账核销交易需经营业主管授权后，由柜员办理；申请退回处理交易需由支行(局)长授权后，由柜员办理。

(16) 因客户提供的汇入账号或汇入户名不符造成他行退汇的，进行挂账核销时不再退还客户已交纳的手续费。

4. 跨行圈存

(1) 跨行圈存分为他行IC卡通过中国邮政储蓄银行设备进行圈存和中国邮政储蓄银行IC卡通过他行设备进行圈存。

(2) 中国邮政储蓄银行IC卡通过他行设备进行圈存，单笔圈存金额最低为10元(含10元)，最高为1000元(含1000元)。他行IC卡通过中国邮政储蓄银行设备进行圈存，单笔圈存金额限额以发卡行规定为准。

实训案例

一、客户持新领信用卡咨询激活方法，请指导客户激活。

案例分析：

持卡人致电4008895580进行邮储银行信用卡24小时客户服务系统。

选择2—卡片激活及密码重置。

选择1—卡片激活。

输入需要激活的信用卡卡号。

输入持卡人申请时使用的身份证件号码、预留的家庭电话(不含区号)和信用卡签名栏后三位数字。

持卡人设置交易密码和查询密码。

注意事项：

客户一旦忘记相关申请信用卡时所留的联系方式，包括固定电话和移动联系电话，需到申请网点查询相关信息，再进行激活。

二、客户持卡人信用卡的信用额度为1万元，消费了1笔6000元，并将该笔交易申请6个月的单笔免息分期付款，请指导客户使用信用卡还要注意的事项。

案例分析：

如果持卡人信用卡的信用额度为1万元，消费了1笔6000元，并将该笔交易申请6个月的单笔免息分期付款，那么当前的可用额度还有4000元，分期后每期需还款1000元和相应的手续费，持卡人每还一期，将恢复1000元的可用额度。

附属卡额度：附属卡生成后，会与主卡共用同一账户。当前邮政储蓄银行实行附属卡与主卡共享信用额度的政策。

注意事项：

客户额度：持卡人的客户额度即客户名下所有主卡的最高信用额度。例如，持卡人有两张主卡，1张额度为1万元，1张额度为3万元，则持卡人客户额度为3万元。

调高额度需求：当持卡人有提升永久或临时信用额度需求时，可以致电 24 小时客服热线提出申请，邮政储蓄银行会根据持卡人的用卡情况和资信状况及时处理。

三、客户持新信用卡咨询在 ATM 和 POS 机上的使用方法和注意事项，请指导客户激活。

案例分析：

(1) 信用卡 ATM 交易包括信用卡存款、信用卡取款、信用卡转账、信用卡账户余额查询、信用卡交易密码修改。

(2) 持卡人办理 ATM 交易时，输入的密码为信用卡交易密码。

(3) ATM 存取款：

① 持卡人可凭主卡或附属卡办理存取款业务。

② 持卡人办理 ATM 取现，每日每卡累计不得超过 2000 元。

③ 持卡人每日 ATM 取现笔数最多为三笔。

(4) ATM 转账：

① 持卡人可凭信用卡主卡和附属卡办理 ATM 转账交易。

② 持卡人办理转出转账交易时，透支转账与溢缴款转账合计每日不得超过 5 万元(含)。

③ 持卡人每日 ATM 转出转账笔数最多为三笔。

(5) ATM 账户余额查询：

① 持卡人只能用主卡办理 ATM 账户余额查询。

② 持卡人可对信用卡账户余额、可用额度和可取金额进行查询。

信用卡 POS 交易包括消费、消费撤销、退货、预授权、预授权完成、预授权撤销、预授权完成撤销。

注意事项：

修改信用卡 ATM 交易密码时，须提供原密码。

信用卡 POS 交易持卡人可凭签名消费，也可选择凭签名加密码消费。若持卡人选择凭签名加密码消费，则消费时除签名外还需要提供交易密码。

四、信用卡批量业务都有哪些？业务处理过程中有哪些注意事项？

案例分析：

(1) 信用卡批量交易包括批量自动还款关系加办、批量自动还款关系加办撤销、批量存款、批量扣款。批量交易在日终统一处理。

(2) 批量自动还款关系加办成功后，持卡人个人活期结算账户登记加办标志。批量自动还款关系撤销成功后，加办标志取消。

(3) 信用卡中心在最后还款日前一日日终将有欠款的信用卡账户汇总生成自动扣款文件提交给各省，各省从约定的结算账户扣收所欠账款并提交给信用卡中心处理。

(4) 当自动还款账户余额不足时，扣款金额为还款账户的可用金额。

(5) 当持卡人成功销户后，其账户溢缴款可以存入持卡人指定结算账户。日终，各省对信用卡中心提交的批量文件进行处理。

注意事项：

(1) 对于批量文件生成时间，操作时要注意以下几点：

① 信用卡中心按日生成自动还款关系加办与撤销文件。

② 信用卡账户销户申请与销户结清间隔期满当日日终生成批量存款请求文件。

③ 最后还款日前一日日终生成批量扣款请求文件。

(2) 批量文件设置有有效期，超过有效期的批量文件作废、不再处理。各省接收到信用卡中心提交的批量文件后，应在 2 日内将批量结果文件处理完毕并返回信用卡中心。

项目案例

一、客户到营业网点咨询邮政信用卡，就信用卡申领和使用事项提出异议和质疑，请给客户逐一说明。

案例分析：

中国邮政储蓄银行信用卡(简称“信用卡”)申请人(简称“乙方”)就信用卡申领和使用等相关事宜与中国邮政储蓄银行(简称“甲方”)达成共识，并签订如下合约：

1. 申领

(1) 乙方(含主卡和附属卡申请人，下同)保证向甲方提供的所有申请资料和信息是真实、准确、完整和合法的，并同意或授权甲方在本次业务过程中(从业务申请至业务终止)，向中国人民银行个人信用信息基础数据库及信贷征信主管部门批准建立的其他个人信用数据库或有关单位、部门及个人查询并留存乙方的信用信息，并将乙方信用信息提供给上述个人信用数据库，查询获得的信用报告限用于中国人民银行颁布的《个人信用信息基础数据库管理暂行办法》规定用途范围内。

(2) 乙方同意甲方对其个人资料进行收集、处理、传递及应用，不论批准与否，乙方同意本人提交的申请表及有关证明资料均由甲方保留。

(3) 甲方承诺恪守对乙方个人资料和资信状况的保密义务，但法律、法规、规章或监管当局规定必须予以披露的，如向中国人民银行个人信用信息基础数据库报送数据，向国内外银行卡组织报送信用材料，以及甲方业务处理必要需求等情况除外。

(4) 甲方有权依据乙方的资信状况、中国人民银行征信记录及在甲方资产余额和交易情况决定是否批准乙方的信用卡申领。甲方核准乙方申请的同时核定乙方的信用额度。甲方有权依据乙方的资信状况核定并在未予提前通知的情况下主动调整其信用额度，并有义务将额度调整的信息通知乙方。乙方同意并认可对调整后的信用额度内所发生的债务承担清偿责任，乙方在每一时点的实际可用额度依照甲方规定计算。

(5) 主卡持卡人可为其年满 16 周岁的指定人员办理和注销附属卡，每张主卡最多可办理 4 张附属卡。普卡主卡与其附属卡共享信用额度，金卡附属卡额度可由主卡持卡人在主卡额度范围内进行调整。

(6) 主卡申请人为其父母、子女、配偶等申请附属卡时，主卡申请人请确保附属卡申请人本人在申请表上签名并保证附属卡申请人在申请附属卡时已知悉及同意章程和本合约。

(7) 若乙方同时持有多张甲方发行的信用卡，各卡实际使用额度的总和不得超过乙方额度最高卡片的信用额度，同时每张卡片的实际使用额度受到该卡信用额度的限制。

(8) 主卡持卡人对主卡和附属卡项下发生的一切债务负有清偿责任，附属卡持卡人对本人的附属卡项下所发生的债务负有连带清偿责任。附属卡持卡人未满18周岁的，主卡持卡人应对主卡和所有附属卡项下的债务向甲方承担全部清偿责任。

(9) 甲方按持卡人确定的通讯地址寄送卡片后，即履行完发卡义务。持卡人需确保提供的地址准确无误，并能正常收取邮件，否则因此发生遗失、被盗用的风险甲方不承担任何责任。

(10) 为保证乙方利益，乙方在获准申领并收到信用卡后，应立即在信用卡背面的签名栏签署与申请表一致的签名，并在使用信用卡交易时使用相同的签名，否则由此产生的法律责任及相应损失由乙方承担。

2. 使用

(1) 信用卡只限持卡人本人使用，不得出租、转让或转借他人，不得用于国家法律法规所禁止的交易和行为，否则由此产生的一切后果由乙方负责。

(2) 乙方可选择密码加签名的方式或只使用签名的方式来确认消费交易的有效性。凡使用密码完成的交易，均视为乙方本人进行的交易。未使用密码进行的交易，以记载有乙方签名的交易凭证为该项交易的有效凭证。通过甲方电话银行人工服务办理的业务，以甲方的语音记录为乙方办理业务的有效凭据；通过甲方电话银行自动语音系统办理的业务，以输入电话银行密码视为乙方本人进行的交易；甲方认可的不需经过乙方输入密码、签名的交易(如自扣还款、分期付款等)记录，视为该交易的有效凭证。

(3) 由于乙方密码保管不善而造成的损失，由乙方自行承担。若乙方遗忘密码，可通过甲方电话银行申请重置，并承担重置密码的手续费，甲方不提供密码函。

(4) 乙方应在甲方认可的符合国家标准和行业管理的安全技术和商户环境下在互联网上使用信用卡。否则，乙方对在互联网上用卡所导致的一切风险和损失自行承担责任。

(5) 乙方不能将信用卡用于任何非法场所，包括购买当地法律禁止的商品及服务，否则乙方自行承担在非法场所使用信用卡导致的风险。

(6) 乙方不得利用信用卡从特约商户处套取现金，否则乙方自行承担造成的损失和法律后果。

(7) 甲方有权依据其认定的正当理由或风险控制等相关因素，在未予提前通知的情况下，随时停止乙方使用信用卡。

3. 利息及费用

(1) 除本合约另有规定外，乙方非现金交易(不包含现金转账，下同)从交易入账日至甲方规定的到期还款日(含，下同)止为免息还款期。乙方在免息还款期内偿还当期已出账单的全部款项，无须支付非现金交易的利息。如果乙方在免息还款期内未偿还当期已出账单的全部欠款，则当期已出账单的所有余额及下期新增非现金交易不适用免息还款规定，乙方应按甲方规定支付透支利息。利息由交易入账日起以实际欠款金额计算，至偿还全部欠款为止。

(2) 乙方使用信用额度支取现金或转账的，不适用免息还款期和最低还款额规定，乙方需自交易入账日起按甲方规定利率向甲方支付透支利息。

(3) 乙方在账单规定的到期还款日前偿还了已出账单全部应还款额的，当期消费交易可享受最长50天、最短20天的免息还款待遇，否则自交易入账日起计收透支利息。信用卡透支按日利率万分之五计收利息，按月计收复利。

(4) 对于取款和转出转账交易，乙方应按交易金额的一定比例缴纳手续费；取款交易还要遵守银行监管当局和国家外汇管理部门关于境内、外每日最高累计取现额的规定。

(5) 金卡允许超限。若乙方超过甲方批准的信用额度用卡，视为超限，应就超出信用额度的部分支付超限费，同时，已入账的非现金交易不再享受免息还款待遇，从交易入账日起按甲方规定的利率按日计收利息。

(6) 信用卡账户内的存款视为溢缴款。乙方信用卡账户内的溢缴款不计付利息，提取溢缴款或利用溢缴款转账应按交易金额的一定比例缴纳手续费。

(7) 乙方应按甲方规定，按时偿还透支款项、利息、滞纳金等其他有关费用。甲方有权依照国家有关规定收取其他相关费用，收取的其他相关费用直接计入乙方信用卡账户。

(8) 本合约涉及的具体收费项目和标准见《收费标准》。

4. 账单

(1) 乙方信用卡发生交易、费用或欠款未还时，甲方应按月向乙方提供账单。当月内没有任何交易且账单金额小于 5 元或溢缴款金额小于 5 万元的除外。乙方自账单日起 10 天内未收到账单，应主动向甲方查询。乙方不得以未收到账单为理由拒绝还款。如乙方对账单有异议，应自账单日起 60 天内向甲方查询和要求更正，否则视为乙方收到账单且账单正确无误。

(2) 乙方及联系人的通讯地址、电话号码、电子邮箱等信息变更，应当及时与甲方联系办理资料变更手续。否则，由此产生的一切风险和损失由乙方承担。由于乙方没有及时变更资料给甲方造成损失的，乙方应予赔偿。

(3) 乙方有权在向甲方提交甲方规定的相关证明材料后对不符的账务进行核查，有权向甲方请求调阅签购单。如经查证认定争议交易确为乙方所为，乙方须支付甲方查阅签购单手续费。

(4) 乙方有权向甲方免费索取最近三个月的账单，索取三个月之前的账单则需支付手续费，甲方不提供一年以前的账单。

5. 还款

(1) 乙方应在甲方指定的到期还款日之前及时偿还欠款。

(2) 乙方可选择全额还款或最低还款额的还款方式。乙方在到期还款日前清偿其信用卡账户已出账单的全部欠款的，甲方免收乙方非现金交易透支利息；否则，不适用免息还款期规定。乙方在到期还款日前未全额偿还最低还款额的，除按照甲方规定支付透支利息外，还需按照最低还款额未偿还部分的 5% (最低 10 元)支付滞纳金。

(3) 乙方当期最低还款额 = 本期各种费用和利息 + 上期最低还款额未还部分 + 本期预借现金余额 + (本期消费余额 + 上期未计入最低还款额且未还的消费余额) × 10%。

(4) 若乙方选择以其名下的甲方借记卡自动关联还款，则乙方授权甲方在到期还款日从该借记卡活期账户中扣款偿还信用卡该期账单的全部应还款或最低应还款(由乙方在申请开通本功能时选定)。如该借记卡活期账户余额不足，则将余额全部扣减用于还款。

(5) 还款的顺序依次为上期欠款和本期欠款。在同期欠款中，还款先后顺序为利息、费用、预借现金(含透支转账)交易本金、消费透支交易本金等。甲方有权视情况就某一笔或多笔还款变更上述顺序。

(6) 乙方超过到期还款日未偿还最低还款额的，视为违约行为。在此情况下，甲方有权将乙方个人资料和资信状况在催收账款的必要、合理范围内予以披露；有权自行或委托律师事务所、债务催讨公司等其他第三方机构追讨或代为追讨乙方的欠款。甲方因催收或委外催收而产生的包括但不限于诉讼费、律师费、第三方代理服务费等款项均由乙方承担。

6. 有效期

(1) 信用卡卡片的有效期为三年，过期自动失效，但乙方使用信用卡所发生的债权债务关系并不因信用卡过期而改变。

(2) 乙方如未在卡片有效期满前50天以双方认可的方式通知甲方要求终止使用此卡并办理销户手续，甲方视同乙方同意到期更换新卡。甲方有权决定是否为乙方更换新卡。

(3) 乙方申请销户时应按甲方规定办理销户手续。自销户申请日起45天内，乙方应全部清偿其信用卡欠款，包括分期付款剩余未记账本金。甲方对已收取的年费、手续费不予退还。信用卡欠款余额清偿完毕，乙方应将信用卡及其全部附属卡交还甲方或自行剪毁，因未及时销毁卡片而引发的损失由乙方自行承担。乙方欲领回销户卡中溢缴款，可在银行柜台、自助银行设备提取，或者要求甲方以汇款方式付至持卡人在甲方开立的账户。

注意事项：

1. 相关责任

(1) 信用卡的所有权属于甲方，如乙方未按本合约使用信用卡，甲方有权按照国家的有关规定收回或不发卡给乙方，并可授权所属机构和特约商户没收信用卡，乙方应继续承担清偿全部欠款的义务，且全部未偿债务均视为到期并须一次清偿，乙方对债务的清偿责任不因卡片的更换而消失。

(2) 如信用卡遗失、被窃、卡片信息外泄或被冒用等情形发生，乙方应及时向甲方办理挂失手续，甲方为金卡持有人提供挂失前48小时失卡保障服务。挂失在经甲方确认后生效，挂失收取手续费。甲方根据乙方的需要将为其补办新卡，并收取补换卡手续费。普卡挂失生效前所发生的损失均由乙方承担。若乙方与他人合谋，或有其他不诚信行为，或不配合甲方调查情况，一切损失由乙方自行承担。

(3) 信用卡损坏而无法使用时，乙方应将卡片交还甲方或自行剪毁。甲方将为乙方补发新卡，乙方承担补换卡手续费。

(4) 乙方与特约商户、办理预借现金机构等发生的交易纠纷，应由乙方与各方当事人自行协商解决，甲方不负任何责任。乙方不得以纠纷为由拒绝偿还因信用卡交易而发生的相关债务及费用。

(5) 乙方自愿接受甲方和善意第三方的促销信息宣传(包括但不限于电邮、信函、账单信息、账单夹寄宣传品、短信等)。

(6) 乙方满足甲方促销活动条件而获赠礼品(积分)，但在获赠礼品(积分)后因销户、退货或其他原因不再符合活动条件，甲方有权按促销活动细则从乙方的信用卡账户中扣除赠送的礼品(积分)价值。

2. 法律适用

(1) 该合约适用中华人民共和国有关法律和中国人民银行、中国银行业监督管理委员会的有关规定，未尽事宜依据《中国邮政储蓄银行信用卡章程》业务规定及金融管理、国家外汇管理有关规定办理。

(2) 甲方与乙方在履行本合约的过程中发生的任何争议，由双方协商解决。提起诉讼者，由甲方住所地有管辖权的人民法院管辖。

(3) 该合约的解释权属于甲方。该合约是对章程的解释和补充。该合约和章程不一致时应以章程为准。甲方对章程及该合约修改、增减、变更服务内容(方式)、收费项目或费率标准等，经法定程序公布后立即生效。

二、新入行员工请教师傅批量业务的处理规范和方法，请给其讲解批量业务的操作方法和注意事项。

案例分析：

1. 批量业务介绍

批量业务是指以一定文件格式处理多个账户开户、续存、加办对账簿等的交易。

二级分行、一级支行(县市机构)和网点可以办理批量业务。其中二级分行、一级支行(县市机构)办理批量业务时，不得发生现金收付。

2. 批量业务协议

中国邮政储蓄银行为单位客户办理批量开户(单位集中代员工开立工资账户、养老金账户等)时，应事先与单位客户签订协议，在代收付协议中应明确单位在为员工代理开户前征得员工同意，确定单位有权代员工开户。不得妨碍员工行使可以选择任一银行营业网点开立个人银行账户的权利，不得变相为员工指定开户银行。单位应依法承担相应法律责任，需提供单位营业执照、机构信用代码证复印件、单位负责人、授权经办人及被代理人的有效身份证件及复印件。柜员通过登录机构信用代码应用服务系统进行查询，核对机构信用代码证及有效期限，登记机构信用代码，留存机构信用代码证的复印件或者影印件；通过联网的公民身份信息系统进行核查，并打印核查结果，根据核查确认的信息在业务系统中完整录入客户身份信息。具体办理各种批量业务时，应填写批量业务申请书。

3. 批量业务办理规范

(1) 一般情况下，一个批量开户文件对应使用一种凭证，卡折合一户的开户可同时申请存折和绿卡。

(2) 批量开户可为单位客户批量开立一个或多个个人结算账户、活期储蓄账户、定活两便账户、整存整取账户、通知存款账户等。可开立的存款凭证包括活期存折、绿卡、存单、本外币活期一本通和本外币定期一本通。一个批量开户文件只能开立一种账户。

(3) 个人活期存款账户批量开户时，开户起存金额可以为零，其余账户种类起存金额同该储种规定。

(4) 批量开户成功后，柜员应在15日内批量领取存款凭证。批量领取存折/单的，可以一次录入一个存折/单号、打印一张存折/单；也可以一次录入存折/单起始号和张数，按顺序打印多张存折/单，中途可暂停打印，然后续打。批量领取卡的，无需打印凭证，一次建立多个卡号和多个账户的一一对应关系。

(5) 批量加办对账簿业务可为客户已开立的单卡批量加办活期对账簿或定期对账簿。

(6) 一级支行(县市机构)可指定网点办理批量开户业务，被指定网点负责发放相关凭证。

(7) 单位客户负责提供需要批量开户的个人信息，批量开户业务受理机构应通过联网核查，审核单位提供的开户信息无误后，办理批量开户。办理批量开户时，网点普通柜员需经营业主管授权；管理机构业务管理员需经同级业务主管授权。批量开户完成后，受理机构将凭证交至单位客户指定委托人时应请接收人在相关明细清单或登记簿上签字确认。

注意事项：

(1) 批量交易成功后可以查询打印成功、不成功交易处理结果和明细。如与实际不一致，可经营业主管授权做批量取消处理，也可经支行(局)长授权做批量冲正等处理。原批量交易由管理机构处理的，应经同级业务主管授权做批量取消、冲正等处理。

(2) 批量总控资料查询可对实时批量、非实时批量的总控资料进行查询。

(3) 办理非零金额批量开户和批量续存时，应遵循“银行不垫款”原则，必须先收到资金后才能办理。

三、客户咨询信用卡相关费用，请举例给客户介绍说明。该客户为邮储的普通信用卡客户，其信用卡账单日为每月3日，7月20日客户持信用卡消费2000.00元，7月24日通过邮储ATM透支取款500.00元，请问8月3日的账单上的全部应还款额为多少元？

案例分析：

信用卡的各项费用如下：

收费项目		普卡	金卡
年费		免费	主卡125元/年，附属卡60元/年，首年免年费，刷满6次免收次年年费
挂失费		20元/次	40元/次
换卡费		10元/卡	20元/卡
重置密码费		10元/次	15元/次
卡片快递费		20元/次	
分期撤销手续费		20元	
透支取现费	境内	交易金额的1%，最低2元，跨行加收2元手续费	交易金额的1%，最低10元，跨行加收2元手续费
	境外	交易金额的1%，最低15元	交易金额的1%，最低20元
溢缴款取现费	境内	交易金额的0.5%，最低2元，跨行加收2元手续费	交易金额的0.5%，最低10元，跨行加收2元手续费
	境外	交易金额的1%，最低15元	交易金额的0.5%，最低20元
短信通知服务费		3元/月/户	免费
透支利率		日息万分之五，按月计收复利	
滞纳金		最低还款额未还部分的5%，最低10元	
超限费		不允许超限	超限金额的5%，最低5元，最高200元
补制账单费		3个月内免费，超过3个月5元/份	
境内外调阅签购单费		副本10元/份，正本50元/份	
ATM跨行查询手续费	境内	免费	
	境外	4元/次	

该客户相关费用计算如下：

(1) 透支取款手续费 = 500.00 × 1% = 5.00(元)；

(2) 透支取款 500.00 元取款利息 = 500 × 10 × 0.05% = 2.50(元)；

(3) 全额还款 = 2000.00 + 500.00 + 5.00 + 2.50 = 2507.50(元)。

讨论与思考题

1. 邮政绿卡都可以办理哪些业务?
2. 邮政绿卡通业务都有哪些特色服务?
3. 邮政联名卡和认同卡都有哪些种类和特点?
4. 什么是授信额度?
5. 邮政信用卡的业务基本规定有哪些?
6. 邮政信用卡的还款方式有哪些要求?

项目五　国内汇兑业务

项目导入

个人客户和商户要求办理相关形式的汇款，请为其办理，并能熟练处理各类汇兑的特殊业务且能进行各类差错处理。

学习目标

知识目标

- 个人汇兑交易的操作规范；
- 商户汇兑交易的操作规范；
- 特殊业务、差错交易的操作规范。

能力目标

- 能熟练进行个人汇兑交易的操作处理；
- 能熟练进行商户汇兑交易的操作处理；
- 能熟练进行特殊业务交易的操作处理；
- 能熟练进行差错交易的操作处理。

任务一　个人汇兑业务

任务导入

个人客户要求办理个人汇兑业务，请为其介绍个人各类汇兑交易的操作处理，并能熟练进行单笔兑付业务的操作处理，且能熟练进行网汇类汇款的操作处理。

任务分析

- 个人汇兑各类汇兑业务的按址汇款、密码汇款的操作处理；
- 个人汇兑各类汇兑业务的入账汇款、上网汇款的操作处理；
- 个人汇兑业务的单笔兑付业务操作处理；
- 逻辑集中系统内的个人现金到账户、个人账户到账户的业务操作处理。

应知应会

5.1.1　按址汇款

1. 关键点

(1) 先清点用户汇款现金，再进行汇款交易。

(2) 汇款金额超过 1 万元必须审核并复印用户有效身份证件。

(3) 账户—现金的汇款，金额超过 1 万元时，需要用户出示有效身份证件。

(4) 汇款金额超过 1 万元或办理免费汇款时，需要营业主管授权。

2. 风险点

(1) 汇款现金出现假币。

(2) 营业员直接使用主管身份进行授权。

(3) 授权人未审核汇款人身份。

(4) 凭证打印内容有误。

(5) 客户签名不正确。

5.1.2　密码汇款

1. 关键点

(1) 先清点用户汇款现金，再进行汇款交易。

(2) 汇款金额超过 1 万元必须审核并复印用户有效身份证件。

(3) 账户—现金的汇款，金额超过 1 万元时，需要用户出示有效身份证件。

(4) 汇款金额超过 1 万元或办理免费汇款时，需要营业主管授权。

(5) 必须提示用户牢记取款密码。

(6) 密码汇款交易只能在汇兑联网网点办理。

(7) 密码汇款不需要收款人邮编、地址等信息。

2. 风险点

(1) 汇款现金出现假币。

(2) 营业员直接使用主管身份进行授权。

(3) 授权人未审核汇款人身份。

(4) 凭证打印内容有误。

(5) 客户签名不正确。

5.1.3　入账汇款

1. 关键点

(1) 先清点用户汇款现金，再进行汇款交易。

(2) 汇款金额超过 1 万元必须审核并复印用户有效身份证件。

(3) 账户—现金的汇款，金额超过 1 万元时，需要用户出示有效身份证件。

(4) 汇款金额超过 1 万元或办理免费汇款时，需要营业主管授权。

(5) 入账汇款系统不显示收款人姓名，必须提示客户正确填写收款人账号及姓名，以免造成退汇。

(6) 入账汇款交易只能在汇兑联网网点办理。

(7) 汇入账户必须为有效的人民币活期储蓄结算账户。

2. 风险点

(1) 汇款现金出现假币。

(2) 营业员直接使用主管身份进行授权。

(3) 授权人未审核汇款人身份。

(4) 凭证打印内容有误。

(5) 客户签名不正确。

5.1.4　商务汇款

1. 关键点

(1) 先清点用户汇款现金，再进行交易。

(2) 录入收款商户号，系统回显商户名称与客户填写的商户名称必须一致。

(3) 商务汇款交易只能在汇兑联网网点办理。

2. 风险点

(1) 凭证打印内容有误。

(2) 客户签名不正确。

5.1.5　单笔兑付

1. 关键点

(1) 认真审核收款人姓名及收款人有效身份证件。

(2) 按址汇款必须凭打印有效标识码的“中国邮政储蓄银行取款通知单”办理兑付业务。

(3) 密码汇款必须凭正确取款密码兑付。

(4) 取款金额超过1万元需营业主管授权，无着汇票兑付需支行(局)长授权。

(5) 取款金额超过1万元，复印收款人有效证件。

(6) 此交易可以兑付按址汇款、密码汇款、礼仪卡、网汇E、入账超时退户、无着汇票及办理过退汇、改汇和挂失特殊业务汇票的兑付。

2. 风险点

(1) 收款人姓名与取款通知单不符，收款人(含代理人)有效身份证件无效。

(2) 营业员直接使用主管身份进行授权。

(3) 授权人未审核取款人身份。

(4) 客户填写内容不正确。

实训案例

客户到网点持现金给账户汇款，同时持绿卡给另一账户汇款，请给客户介绍储汇逻辑集中系统，并在逻辑集中系统中给客户办理以上两项业务。

案例分析：

入账汇款是指汇款人将资金直接汇入收款人账户的业务，且客户办理汇款业务的渠道、汇出账户、汇入账户均属中国邮政储蓄银行。

(1) 入账汇款按照汇入方账户类型可分为向个人账户入账汇款和向单位账户入账汇款。向个人账户入账汇款是指汇入方为在中国邮政储蓄银行开立的个人结算账户，并实现资金到个人账户汇划的业务。向单位账户入账汇款是指汇入方为在中国邮政储蓄银行开立的单位账户，并实现资金到单位账户汇划的业务。

① 向个人账户入账汇款按照汇出方式可分为现金到个人账户入账汇款和账户到个人账户入账汇款。现金到个人账户入账汇款是指客户以现金形式将资金汇入行内个人结算账户的业务。账户到个人账户入账汇款是指汇款人和收款人均在中国邮政储蓄银行开立个人结算账户，并在不同账户间办理资金汇划的业务。

② 向单位账户入账汇款按照汇出方式可分为个人现金/支票到单位账户入账汇款和个人账户到单位账户入账汇款。个人现金/支票到单位账户汇款是指客户以现金/支票形式将资金汇入行内单位账户的业务。个人账户到单位账户入账汇款是指客户以在中国邮政储蓄银行开立的个人结算账户向在中国邮政储蓄银行开立的单位账户的资金汇划业务。

(2) 向个人账户入账汇款按照汇出方式可分为现金到个人账户入账汇款和账户到个人账户入账汇款。

① 个人现金到账户汇款。个人现金到账户汇款是指将汇款人交付的现金汇入行内指定收款人的结算账户的业务。全国范围均可受理。网点柜员即可直接办理。授权权限分为：金额在10万元(含)至20万元(不含)之间的，营业主管授权；金额在20万元(含)以上的，须由支行(局)长授权。业务成功后打印中国邮政储蓄银行个人入账汇款凭单。

② 个人账户到账户汇款。个人账户到账户汇款是实现邮政储蓄个人结算账户向行内指定收款人账户汇款的业务。全国范围均可受理。网点柜员即可直接办理。授权权限分为：金额在10万元(含)至50万元(不含)之间的，营业主管授权；金额在50万元(含)以上的，由支行(局)长授权。业务成功后打印中国邮政储蓄银行个人入账汇款凭单。

注意事项：

(1) 个人现金到账户汇款。收款账户为副卡、储蓄账户或账户为已销户、长期不动户等状态或收款人姓名和收款账户不符时，交易无法办理成功。当汇款金额大于等于1万元时，必须输入汇款人证件类型、证件号码。如系统内记录的汇款客户姓名、性别、证件类型、证件号码、证件到期日、国籍、职业、联系电话、通讯地址等九项信息不全时，则根据提示将其补充完善。收款人账户为军保卡，资费支付方不能选择收款方。

(2) 个人账户到账户汇款。汇款人账户为储蓄账户或处于长期不动户、未激活、挂失、账户冻结、账户止付、吞没卡、已销户等状态或余额不足等情况，交易无法成功办理。收款账户为副卡、储蓄账户或账户为已销户、长期不动户等状态或收款人姓名和收款账户不符时，交易无法成功办理。当汇款金额大于等于5万元时，必须输入汇款人证件类型、证件号码。如汇款人在系统内记录的账户开户人姓名、性别、证件类型、证件号码、证件到期日、国籍、职业、联系电话、通讯地址等九项信息不全，则根据提示将其补充完善。收款人账户为军保卡，资费支付方不能选择收款方。当代理人代办时，输入完代理人姓名后需要根据提示录入证件类型、证件号码、国籍、联系电话等五项信息。

(3) 汇出账户为储蓄账户或者处于长期不动户、未激活、挂失、账户冻结、账户止付、吞没等状态或余额不足等情况时，无法成功汇出。

汇入个人账户为副卡、储蓄账户或者处于长期不动户等状态，无法成功汇入；汇入单位账户处于睡眠、双向账户冻结等状态，无法成功汇入。

(4) 入账汇款特殊业务包括入账汇款冲正、入账汇款限额止付、入账汇款限额解止付、强制解止付等。

(5) 对一笔汇款只能办理一次入账汇款限额止付，止付金额必须与原交易金额相符。入账汇款限额止付交易只能在原交易网点及其上级管理机构办理，解止付只能在原止付交易机构办理。入账汇款冲正和入账汇款限额止付、入账汇款限额解止付其他规定同本制度“冲正和止付”章节相关规定。

(6) 向单位账户汇款特殊规定：

① 储蓄业务系统发起对单位账户的限额止付，如因特殊原因无法实现解止付，可按公司业务有关规定在公司结算集中处理系统实现单位账户强制解止付；公司结算集中处理系统发起对个人结算账户的限额止付，如因特殊原因无法实现解止付，可在储蓄业务系统实现个人结算账户强制解止付。

② 储蓄业务系统发起的对单位账户的冲正、限额止付、限额解止付等特殊业务按照本制度相关规定执行；公司结算集中处理系统发起的对个人结算账户的取消、冲正、限额止付、限额解止付等特殊业务按照公司业务相关规定执行。

任务二　国内汇兑特殊业务处理

任务导入

个人客户要求办理汇兑业务的改汇，随后又要求办理退汇，请以柜员身份受理。

任务分析

- 汇兑业务的客户申请退汇、无法兑付退汇和客户申请改汇等特殊事项的操作处理；
- 汇兑业务的取款通知单挂失及其撤销挂失、密码挂失及其重置等特殊事项的操作处理；
- 汇兑业务的止付、解止付、入账限额止付、入账限额解止付和汇票详细信息查询等特殊事项的操作处理。

应知应会

5.2.1　客户申请退汇

1. 关键点

(1) 用户必须凭汇款收据和汇款人有效身份证件办理。

(2) 待兑的密码汇款和在有效兑付期内待兑的按址汇兑均可申请退汇，其他种类的汇款均不受理退汇业务。

(3) 密码汇款退汇后，不打印取款通知单，客户可凭原预留密码办理退汇兑付。

(4) 此交易只能在联网网点办理。

2. 风险点

(1) 申请退汇的客户与原汇款人不一致，且代理人身份证件无效。

(2) 柜员必须审核申请人提供的身份证件真实有效。

(3) 柜员必须审核原汇款收据，确认其完整性和真实性。

5.2.2　无法兑付退汇

1. 关键点

(1) 密码汇款收款人拒收汇款的，必须填写特殊业务事项变更申请书。

(2) 必须凭有效身份证件和正确的取款密码办理此交易。

2. 风险点

(1) 申请退汇的客户与原收款人不一致，且代理人身份证件无效。

(2) 审核申请人提供的身份证件真实有效。

5.2.3　改汇

1. 关键点

(1) 用户必须凭汇款收据和汇款人(含代理人)有效身份证办理。

(2) 改汇只能改收款人姓名和收款人地址，只改其中一项需营业主管授权，统合更改需支行(局)长授权。

(3) 待兑的密码汇款和在有效兑付期内待兑的按址汇款均可申请改汇，其他种类的汇款均不受理改汇业务。

(4) 每笔汇票只能改汇一次，只能在联网网点办理。

2. 风险点

(1) 柜员必须审核申请人提供的身份证件真实有效。

(2) 柜员必须审核原汇款收据，确认其完整性和真实性。

(3) 必须由主管办理各项授权业务，严禁柜员自行授权。

(4) 授权人必须审核申请人的证件类型、号码、汇款收据等相关资料，必须确认申请人在场。

5.2.4　取款通知单挂失

1. 关键点

(1) 用户必须凭本人(含代理人)有效身份证件办理。

(2) 待兑的按址汇款在有效兑付期内或无着上缴前均可申请挂失。

2. 风险点

(1) 申请挂失的客户与收款人不一致且代理人身份证件无效。

(2) 柜员必须审核申请人提供的身份证件真实有效。

5.2.5 撤销挂失

1. 关键点

(1) 用户必须凭找到的取款通知单和本人有效身份证件办理。

(2) 必须在原挂失网点办理撤销挂失手续。

(3) 交易需要营业主管授权。

2. 风险点

(1) 柜员必须审核申请人提供的身份证件真实有效。

(2) 必须由主管办理各项授权业务，严禁柜员自行授权。

(3) 授权人必须审核申请人的证件类型、号码、汇款收据等相关资料，必须确认申请人在场。

5.2.6 密码挂失

1. 关键点

(1) 用户必须凭找到的取款通知单和本人有效身份证件办理。

(2) 只能在联网网点办理。

2. 风险点

(1) 申请挂失的客户与原汇款人不一致，且代理人身份证件无效。

(2) 柜员必须审核申请人提供的身份证件真实有效。

5.2.7 密码重置

1. 关键点

(1) 必须由汇款人凭本人有效身份证件办理。

(2) 密码挂失 7 天后，在挂失网点办理密码重置。

(3) 需要营业主管授权。

2. 风险点

(1) 办理密码重置的客户与原汇款人不一致。

(2) 营业员直接使用主管身份进行授权。

(3) 授权人未审核申请人身份。

5.2.8 止付

1. 关键点

(1) 各级收汇、兑付机构均可对该汇票进行止付。

(2) 需要支行(局)长授权。

2. 风险点

(1) 必须由主管办理各项授权业务，严禁柜员自行授权。

(2) 授权人必须审核汇票信息。

5.2.9 解止付

1. 关键点

(1) 解止付必须由原止付机构办理。

(2) 需要支行(局)长授权。

2. 风险点

(1) 营业员直接使用主管身份进行授权。

(2) 必须由主管办理各项授权业务，严禁柜员自行授权。

(3) 授权人必须审核原止付交易与现解止付交易属同一笔汇款。

5.2.10 入账限额止付

1. 关键点

(1) 各级收汇、兑付机构均可对入账账户进行限额止付。

(2) 需要支行(局)长授权。

2. 风险点

(1) 营业员直接使用主管身份进行授权。

(2) 必须由主管办理各项授权业务，严禁柜员自行授权。

(3) 授权人必须审核账户的正确性。

5.2.11 入账限额解止付

1. 关键点

(1) 解止付必须由原止付机构办理。

(2) 需要支行(局)长授权。

2. 风险点

(1) 营业员直接使用主管身份进行授权。

(2) 必须由主管办理各项授权业务，严禁柜员自行授权。

(3) 授权人必须审核账户的正确性。

5.2.12 汇票详细信息查询

1. 关键点

(1) 必须凭汇款人身份证件办理。

(2) 柜员执行该交易，需要营业主管授权，营业主管和支行(局)长操作不需要授权。

2. 风险点

(1) 柜员必须审核申请人提供的身份证件真实有效。

(2) 柜员必须审核原汇款收据，确认其完整性和真实性。

(3) 必须由主管办理各项授权业务，严禁柜员自行授权。

(4) 授权人必须确认申请人在场。

实训案例

客户来网点做预约账户汇款预约修改，请给客户介绍逻辑集中后预约账户汇款申请、查询和修改的办理流程和注意事项，并给该客户办理预约账户汇款。

预约汇款是指按客户约定的日期、频次、金额，系统自动从汇款人指定的账户扣款，向约定的收款人账户定额定期汇出款项的业务。预约汇款业务限于中国邮政储蓄银行开立的个人结算账户间汇款。汇出账户必须为有密户。客户办理预约汇款业务的申请、变更和撤销时，需出示本人有效实名证件和存款凭证，并填写“预约汇款申请书”，在汇出账户省内任一联网网点办理，不允许代办。

案例分析：

(1) 预约账户汇款申请实现客户申请开通个人结算账户定期定额向指定个人结算账户汇款的功能。在汇出账户开户省范围内办理。网点柜员办理。业务成功，打印中国邮政储蓄银行预约转账申请书。

(2) 预约账户汇款修改/撤销实现客户修改/撤销已预约汇款业务信息的功能。在汇出账户开户省范围内办理。网点柜员办理。业务成功，打印中国邮政储蓄银行预约转账申请书。

(3) 预约账户汇款查询实现客户查询账户预约汇款业务信息的功能。在汇出账户开户省范围内办理。网点柜员办理。业务成功，打印中国邮政储蓄银行预约转账申请书。

(4) 预约账户汇款申请。

① 汇出账户为储蓄账户或账户处于长期不动户、未激活、挂失、已销户、吞没卡等状态，交易无法成功办理。

② 汇入账户为储蓄账户或账户处于长期不动户、已销户等状态，交易无法成功办理。

③ 客户办理预约汇款业务申请时需设定首次汇款日期。首次汇款日期需大于申请日期。设定汇款截止日期的，到汇款截止日期系统自动解除预约汇款关系；不设定截止日期的，预约汇款申请长期有效。汇款周期可设置为一至十二个月的整数月。客户可在网点柜面办理预约汇款撤销以解除预约汇款关系。

④ 预约转账单笔最大转账金额为5万元(含)，预约转账金额包含在每日每户转账累计金额上限500万元(含)内。

⑤ 每个结算账户作为转出账户可以和多个转入账户建立预约转账关系，多个转出账户也可以和一个转入账户建立预约转账关系。两个个人结算账户间同一方向的转账只能建立一种预约转账关系。

⑥ 每次汇款日期根据“首次汇款日期”与“汇款周期”计算，使用对年对月对日的方法，若汇款当月不存在相应日期(例如小月没有31日，2月没有30日等情况)，则自动设置为月末。

⑦ 由于汇出账户挂失、冻结、止付、余额不足、清户或汇入账户账号/卡号错误、户名错误、清户等原因造成汇款不成功的，在下一约定日期系统仍将发起转账交易，但不补转上期金额；连续两个约定周期汇款不成功的，预约汇款服务自动取消。

⑧ 已办理预约汇款业务的汇出账户若办理挂失，在挂失期间预约汇款交易停止执行；汇入账户若办理挂失，在挂失期间预约汇款交易正常进行。

⑨ 汇入账户为军保卡时，手续费收取方式不能选择汇入方收取。

(5) 预约账户汇款修改/撤销。

① 客户变更转出账号、卡号或转入账号、卡号的，需将原预约转账关系撤销后重新申请预约转账业务。

② 当客户申请修改首次汇款日期时，申请日期必须小于等于首次汇款日期。

③ 客户申请修改后的累计汇款限额必须小于已成功产生的累计汇款金额。

④ 当汇入账户为军保卡时，手续费收取方式不能修改为汇入方收取。

任务三　国内汇兑差错交易

任务导入

柜员日终出现长短款，请以柜员身份核查原始单据，并作相关业务处理。

任务分析

- 个人汇兑的收汇信息更正的操作处理；
- 个人汇兑的附加业务更正的操作处理；
- 个人汇兑的汇款取消交易的操作处理；
- 个人汇兑的金额冲正交易的操作处理。

应知应会

5.3.1　收汇信息更正

1. 关键点

(1) 收款人姓名、地址仅能同时修改其中一项，且只能修改一次。

(2) 按址汇款和商务汇款在兑付局打印通知单或已兑清单后不能更正。

2. 风险点

(1) 营业员直接使用主管身份进行授权。

(2) 必须由主管办理各项授权业务，严禁柜员自行授权。

(3) 授权人必须审核原汇款单与系统修改内容，保证修改信息的正确性。

5.3.2　附加业务更正

1. 关键点

(1) 可以对附言、投单回执进行更正。

(2) 交易仅限当日。

(3) 交易需营业主管授权。

2. 风险点

(1) 营业员直接使用主管身份进行授权。

(2) 必须由主管办理各项授权业务，严禁柜员自行授权。

(3) 授权人必须审核原汇款单与系统修改内容，保证修改信息的正确性。

5.3.3 汇款取消

1. 关键点

(1) 营业主管授权，原操作柜员办理。

(2) 交易仅限当日。

(3) 按址汇款、密码汇款、网汇通汇款、网汇 E 汇款、网汇通卡、礼仪卡和上午汇款单笔收汇，均支持当日取消。

(4) 按址汇款取消应在兑付机构打印取款通知单之前，网汇通汇款取消应保证汇款单笔收汇应在商户即兑付信息导出之前。

(5) 对于账户扣收的汇款，取消成功后没自动联机挂长款，办理联机长款付出以现金方式退还汇款本金和汇费。

2. 风险点

(1) 营业员直接使用主管身份授权。

(2) 必须由主管办理各项授权业务，严禁柜员自行授权。

(3) 授权人必须审核原汇款单与系统修改内容，保证修改信息的正确性。

5.3.4 金额冲正

1. 关键点

(1) 营业主管授权。

(2) 误发和重发的情况可以把金额冲正为 0。

(3) 金额多输了可以冲正为正确的金额。

(4) 金额少输了则不能直接冲正到正确金额，只能先冲正为 0，再做一笔正确金额的入账汇款。

(5) 冲正成功后，自动联机挂长款，办理联机长款付出以现金方式退还汇款本金和汇费。

(6) 金额冲正交易只可做一次。

2. 风险点

(1) 营业员直接使用主管身份授权。

(2) 冲正金额输入不正确，造成资金损失。

实训案例

> 柜员在网点日终轧账时出现短款，核查原始凭证，发现一张汇票出现金额录入错误，请提出解决差错的步骤和方法。

案例分析：

(1) 入账汇款冲正。入账汇款冲正是实现因内部差错处理需要完成个人现金/支票、个人账户向行内个人结算账户、单位账户汇款交易冲正的功能。须在原交易机构进行操作。

业务发送时需要支行(局)长授权。业务成功，打印中国邮政储蓄银行通用凭证。

(2) 入账汇款账户限额止付。入账汇款账户限额止付实现因内部差错处理需要，由柜员对个人账户或单位账户办理限额止付的功能。须在原交易机构进行操作。业务发送时需要支行(局)长授权。业务成功，打印中国邮政储蓄银行通用凭证。

(3) 入账汇款账户限额解止付。入账汇款账户限额解止付实现解除原入账汇款账户限额止付的功能。须在原止付机构进行操作。业务发送时需要支行(局)长授权。业务成功，打印中国邮政储蓄银行通用凭证。

注意事项：

(1) 在切换过渡期间，只支持向公司账户汇款的止付。全国上线后将支持全部功能。

(2) 止付金额必须与原交易金额相符。

项 目 案 例

客户到网点咨询邮政国内汇款的业务渠道及种类，请给客户做邮政国内汇款的产品推介。

案例分析：

(1) 邮政汇款业务按交易方式和服务对象的不同，可分为行内汇款和跨行汇款。行内汇款业务指客户办理汇款业务的渠道(柜台、“商易通”、ATM、电子银行等)、汇出账户的开户方、汇入账户的开户方均属邮政储蓄机构的汇款交易。跨行汇款业务指客户办理汇款业务的渠道、汇出账户的开户方、汇入账户的开户方涉及两家或以上金融机构，且一方属邮政储蓄机构的汇款交易，包括银联跨行汇款和人行跨行汇款。

(2) 行内汇款业务按账户关系和实现方式可分为：

① 账户到账户汇款业务，是指汇出方客户和汇入方客户均在邮政储蓄机构开立个人结算账户或对公账户，并在不同账户间办理资金的划转业务，包括个人结算账户间汇款、个人结算账户向对公账户汇款、对公账户向个人结算账户汇款。

② 现金/支票到账户汇款业务，是指客户将资金通过网点柜台汇入邮政储蓄个人结算账户或对公账户的资金划转业务。

③ 预约汇款业务，是指汇出方客户在邮政储蓄网点柜台办理预约汇款申请后，由系统自动按客户约定时间、约定金额向指定的账户进行资金划转的业务。

(3) 当汇出账户处于挂失(含凭证、密码任一挂失)、止付(不含限额止付)、冻结(不含金额冻结)、销户或长期不动户状态，或汇入账户处于销户、长期不动户状态时，不能办理汇款业务。

(4) 客户需通过电子银行、ATM 等渠道办理自助汇款的，必须事先在邮政储蓄网点柜台书面申请并确认开通账户自助汇款功能。为客户开通自助汇款业务时，柜员要向持卡人充分提示相关风险，并要对持卡人进行更为严格的真实身份核查，确保实名开户。

(5) 预约账户汇款。预约账户汇款业务限于邮政储蓄机构的个人账户间汇款。汇出账户和汇入账户均应为邮政储蓄个人结算账户。汇出账户必须为有密户。预约账户汇款业务的申请、变更与撤销，应由客户本人持有效实名证件及凭证办理，受理范围为转出账户开户省内。客户办理预约账户汇款业务申请时须设定首次汇款日期。若设定汇款截止日期，到汇款截止日期的第二天系统自动解除预约汇款关系；不设定截止日期的预约汇款申请长期有效。客户可通过在网点办理预约账户汇款撤销交易来解除预约汇款关系。汇款周期为一至十二个月的整数月。预约汇款单笔最大汇款金额为 5 万元(含)，预约汇款金额包含在每日每户汇款累计金额上限 500 万元(含)内。每个结算账户作为汇出账户可以和多个汇入账户建立预约汇款关系，多个汇出账户也可以和一个汇入账户建立预约汇款关系。两个个人结算账户间同一方向的汇款只能建立一种预约汇款关系。客户可对预约汇款汇入的账户、手续费收取方式、单笔汇款金额、首次汇款日期、汇款周期、汇款截止日期信息进行变更。

注意事项：

(1) 客户变更汇出账号、卡号或汇入账号、卡号的，需将原预约汇款关系撤销后重新申请预约汇款业务。

(2) 每次汇款日期根据“首次汇款日期”与“汇款周期”计算，使用对年对月对日的方法，若汇款当月不存在相应日期(例如小月没有 31 日，2 月没有 30 日等情况)，则自动设置为月末。

(3) 由于汇出账户挂失、冻结、止付、余额不足、清户，或汇入账户账号/卡号错误、户名错误、清户等原因造成汇款不成功的，在下一约定日期系统仍将发起汇款交易，但不补汇上期金额；连续两个约定汇款周期汇款不成功的，预约汇款服务自动取消。

(4) 已办理预约汇款业务的汇出账户若办理挂失，在挂失期间预约汇款交易停止执行；汇入账户若办理挂失，在挂失期间预约汇款交易正常进行。

(5) 汇出或汇入账户挂失补发新存折后，预约汇款交易正常进行。单卡户或卡折合一户以卡号申请预约汇款业务的，挂失补发新卡、换卡后，预约汇款服务自动关联到新卡。

(6) 客户可持卡/折凭密码在全国任一联网网点查询本人账户作为汇出账户所做的预约汇款约定的情况。

讨论与思考题

1. 简述国内汇兑单笔兑付时的业务办理步骤。
2. 国内汇兑特殊业务处理都有哪些风险点？
3. 国内汇兑差错处理都有哪些关键点？

项目六　电子银行业务

项目导入

客户在邮政储蓄银行营业厅咨询电子银行产品，请了解客户的实际情况，并以理财经理的角色给客户介绍网上银行、手机银行等电子银行并促成业务。

学习目标

知识目标

- 电子银行的相关规定；
- 电子银行的处理规范。

能力目标

- 能熟练给客户介绍电子银行产品；
- 能熟练办理电子产品手续；
- 能熟练进行电子银行业务的机上操作。

任务一　电子银行业务管理

任务导入

有新入行员工，请为其介绍电子银行业务及其相关业务管理。

任务分析

- 客户管理；
- 限额管理；
- 安全管理；
- 客户注册；
- 账户管理。

应知应会

1. 业务概况

电子银行业务是指商业银行等银行业金融机构利用面向社会公众开放的通讯通道或开放型公众网络，以及银行为特定自助服务设施或客户专用网络，向客户提供的离柜式银行服务。电子银行渠道主要包括网上银行(利用计算机和互联网)、电话银行(利用电话等声讯设备和电信网络)、手机银行(利用移动电话和移动通信网络)、自动终端(多媒体自动终端、自助上网机等)。

1) 网上银行

网上银行业务是指银行通过互联网及其相关技术向客户提供的金融服务。

(1) 企业网上银行。企业网上银行业务是银行利用互联网技术，为企业客户提供的账户管理、收款付款、支付结算、集团理财、代发工资/代理报销、网上支付海关税费等银行服务。

(2) 个人网上银行。个人网上银行业务是指银行利用互联网技术，为个人客户提供账户余额查询、账户明细查询，以及转账汇款、缴费、支付、投资理财等银行服务。

2) 电话银行

电话银行业务是银行通过电话自动语音及人工服务应答方式为客户提供的银行服务。电话银行的服务功能包括业务咨询、账户查询、转账汇款、投资理财、代理业务等。

3) 手机银行

手机银行业务是银行利用移动网络和移动技术，通过移动网络为客户提供的金融服务。手机银行提供的服务包括账户查询、转账、缴费、支付、投资理财等。银行客户除了拨打固定电话之外，也可使用手机接入银行语音服务系统，使用电话银行服务，但这种形式并非手机银行。

4) 自助终端

自助终端业务是指利用银行提供的机具设备(如多媒体自助终端、自助上网机等)，由客户自助操作，获取银行提供的存取款、转账、账户查询等金融服务。

中国邮政储蓄银行个人网上银行以互联网为传输媒介，向客户提供信息、金融及衍生服务。客户通过个人网上银行可以自助办理查询、转账、汇款、基金买卖、理财产品买卖、网上支付、信用卡还款、对账单打印等各种业务。

开展个人网上银行业务，应遵循“统一规划、统一管理、统一开发”的原则。总行统一提供个人网上银行服务界面，统一负责个人网上银行的开发和维护，开展个人网上银行业务。各分行开发特色业务，须报总行批准，由总行组织开发。

个人网上银行服务对象为在中国邮政储蓄银行开立有借记卡(绿卡通副卡除外)、信用卡、本币结算存折、外币活期一本通或外币定期一本通账户的客户。

凡受理个人金融业务的营业网点均应受理个人网上银行业务，包括网上银行客户注册、账户签约、变更与注销、发放客户证书等。

2. 客户管理

个人网上银行客户是指通过中国邮政储蓄银行个人网上银行系统或柜面进行注册的客

户。个人网上银行客户按客户类型分为网上注册客户和柜面注册客户。网上注册客户是指通过个人网上银行系统自助注册的个人客户，可以查看个人网上银行提供的信息、办理账户查询等非账务类交易，以及绿卡通定活互转交易；柜面注册客户是指通过网点柜面办理注册手续，并与银行签订个人网上银行服务协议的个人客户，柜面注册客户可以使用个人网上银行提供的各类服务。柜面注册客户根据身份认证方式不同，可分为“UK＋短信客户”、“电子令牌客户”和“手机短信客户”。

(1) 客户通过网点进行注册，选用普通UK和手机短信密码组合作为交易认证方式的，称为“UK＋短信客户”。

(2) 客户通过网点进行注册，选用电子令牌作为交易认证方式的，称为“电子令牌客户”。

(3) 客户通过网点进行注册，选用手机短信密码作为交易认证方式的，称为“手机短信客户”。

个人网上银行根据注册方式、客户类型和申请项目的不同，为客户提供包括账户管理、转账汇款、外汇通、投资理财、信用卡、网上支付、个人贷款、客户服务等在内的业务功能。

3. 限额管理

(1) 转账、跨行汇款和网上支付业务：使用手机短信可以办理单笔和日累计金额1万元以内的转账、跨行汇款和网上支付业务，使用电子令牌可办理单笔和日累计金额10万元以内的转账、跨行汇款和网上支付业务，使用UK＋短信可办理单笔和日累计金额100万元以内的转账、跨行汇款和网上支付业务。

(2) 汇兑业务：使用手机短信可以办理单笔和日累计金额1万元以内的行内汇款业务，使用电子令牌可办理单笔5万元、日累计金额10万元以内的汇兑业务，使用UK＋短信可办理单笔5万元、日累计金额100万元以内的汇兑业务。

(3) 跨境汇款业务：使用手机短信和电子令牌不能办理跨境汇款业务，使用UK＋短信可以办理单笔汇出等值2000美元(含)、每日累计等值5000美元(含)的跨境汇款业务。

(4) 其他业务限额与柜面交易限额一致。

(5) 以上限额根据监管部门的相关规定及中国邮政储蓄银行风险控制需要，进行设置。

客户可在总行制定的业务限额范围以内，根据风险承受能力，自行设置业务限额。客户设置个性化限额的，交易限额不超过客户设置的限额。

4. 安全管理

客户登录个人网上银行时通过“登录密码”进行认证，“登录密码”在客户首次登录网银时需进行修改，进行网上银行操作时根据客户类型需分别使用手机短信密码、电子令牌密码或手机短信和UK密码组合进行交易认证。

网上注册、追加账户、设置网上交易密码，凭证挂失交易需要验证账户密码外，个人网上银行的其他网上交易均不使用账户密码。需要验证账户密码的交易，密码错误次数限制遵照相关业务制度规定。客户可选择在全国任一联网网点办理个人网上银行业务注册、更改、注销等业务。

5. 客户注册

(1) 凡在中国邮政储蓄银行开立借记卡(绿卡通副卡除外)、信用卡、本币结算存折、外币活期一本通或外币定期一本通账户的个人客户，均可申请成为个人网上银行注册客户。

(2) 客户在中国邮政储蓄银行营业网点申请注册个人网上银行时，应填写“个人电子银行服务申请表”(以下简称“申请表”)(两联)，提供申请人本人有效身份证件原件和所需注册的账户。网点需留存客户身份证件的复印件。注册个人网上银行业务必须由本人办理，严禁他人代为办理。

(3) 注册行经办柜员应认真审核申请表内容的完整性、准确性。核查账户持有人身份证件是否为本人所有，并进行联网核查，与申请表中填写的身份证件号码是否一致，所持账户是否为客户本人所有等。提醒客户阅读并确认《中国邮政储蓄银行个人电子银行服务协议》、《中国邮政储蓄银行个人网上银行章程》。

(4) 注册行经办柜员为客户办理注册手续后，将申请表客户联交客户留存，申请表后督联专夹保管，日终核点无误后，上交营业主管。

客户同时申请银行账户和注册个人网上银行的，应分别填写开户申请单和个人电子银行服务申请表，营业网点在办妥账户开户手续后再为其注册个人网上银行。

客户信息变更包括追加或撤销签约账户、变更认证方式、变更辅助安全手段、变更手机号码、重置登录密码、重置交易密码、认证工具的解挂失/补发、预留或变更指定汇款、指定转账业务信息等。

客户申请变更时，应填写“个人电子银行服务申请表”，并提供本人身份证件原件，网点留存身份证复印件。变更个人网上银行业务必须由本人办理，严禁他人代为办理；注册行经办柜员应认真审核申请表内容的完整性、准确性。联网核查账户持有人身份证件是否为其本人，与申请表中填写的身份证件号码是否一致。核对申请表上的填写内容与系统显示的客户信息(户名、证件类型、证件号码等)是否相符；营业网点操作柜员为客户办理变更手续，将申请表客户联交客户留存，将申请表后督联专夹保管，日终核点无误后，上交营业主管。

客户到营业网点申请注销时，须携带本人有效身份证件，并填写“个人电子银行服务申请表”；营业网点经办柜员应认真审核申请表内容的完整性、准确性，核查账户持有人身份证件是否为本人所有，与申请表中填写的身份证件号码是否一致等；委托他人办理注销手续的，网点经办柜员还应审核被委托人有效身份证件和委托书；营业网点为客户办理注销手续，将申请表客户联交客户留存，将申请表后督联专夹保管，日终交给营业主管；客户注销个人网银签约账户与非签约账户时，当注销最后一个个人网上银行账户时，系统自动注销该客户。客户手机号码必须通过柜面进行登记和修改，不得在网上修改。

6. 账户管理

客户注册网上银行后，可在网上或柜面将本人名下其他未注册网上银行的账户添加为网上银行账户。网上银行账户分为非签约账户和签约账户两类。

非签约账户是指客户网上注册所使用的账户及在网上追加的账户，仅用于非账务类交易。其中用于网上注册的账户类型包括借记卡(绿卡通副卡除外)、信用卡、本币结算存折、外币活期一本通或外币定期一本通账户；用于网上追加的账户除上述账户外，还包括本币活期储蓄账户、本币定期一本通、存单、零存整取存折、整存零取存折、存本取息存折等。

签约账户包括客户柜面注册所使用的账户、柜面签约账户以及客户使用 UK 签约的账户，账户类型包括借记卡(绿卡通副卡除外)、信用卡、本币结算存折、外币活期一本通或外币定期一本通账户等。

不同客户类型的非签约账户具有相同的功能权限及限额，可办理查询挂失等非账务类交易，绿卡通账户可办理定活互转交易；不同客户类型的签约账户具有不同的功能权限及限额，可办理的网上银行交易根据客户类型确定。用于网银注册和追加的账户必须是正常账户，挂失、冻结等异常账户不能用于网银注册和追加。UK + 短信客户可在网上将非签约账户变更为签约账户。客户可在网上关闭转账、汇款、支付功能，关闭相关功能后，客户必须在网点柜面申请重新开通。客户已签约或追加的个人账户，其账户开户的证件类型、证件号码、户名在相关系统发生变动时，个人网上银行不做变更。

任务二　电子银行业务处理

任务导入

有新入行员工，请为其介绍电子银行业务及其相关业务处理规定和操作方法。

项目导入

- 电子银行业务种类；
- 电子银行的业务处理规定。

应知应会

6.2.1　网上转账汇款业务

邮政储蓄个人网上银行转账类交易包括行内转账、定活互转、批量转账汇款等。邮政储蓄个人网上银行支持的汇款类交易包括跨行汇款、按址汇款、密码汇款、网汇通充值、跨境汇款等。行内转账的收款方可为同城或异地的行内个人客户、行内公司客户和信用卡客户，跨行汇款的收款方可为同城或异地的他行个人客户或他行公司客户。

网上定活互转是客户通过网上银行将活期和定期资金进行相互转账的交易。其中本币定活互转包括绿卡通卡内活期账户与整存整取、定活两便或个人通知存款子账户间的互转；外币定活互转包括绿卡通卡内外币定期子账户与活期账户间的互转及外币活期一本通账户与外币定期一本通账户之间的互转。

批量转账汇款是指签约客户向多个指定收款方进行转账汇款的交易，业务类型包括行内同城、异地转账、跨行同城、异地汇款、按址汇款等。

绿卡通预约开户交易指邮政储蓄个人网上银行客户通过网上银行预先进行绿卡通开户资料录入，获得预约开户号，网点柜员在营业前台凭客户提供的预约开户号在系统调取有关录入资料，为客户办理绿卡通开户。

按址汇款和密码汇款均可通过邮政储蓄个人网上银行办理退汇(撤回汇款)、改汇(其中密码汇款只能改收款人，按址汇款可变更收款人姓名或地址，也可同时更改姓名和地址)，但每笔汇票只能办理一次退汇或改汇业务且业务只能在系统校验确认该笔汇款尚未兑付的情况下才能完成。

密码汇款收款客户如为邮政储蓄个人网上银行客户，可通过网上银行的密码汇款申请兑付交易将款项结转到客户名下已开通网银的本币活期结算账户中。

对在网上银行已经办理密码汇款、但遗忘兑付密码的客户，在汇款没有兑付的情况下，可办理密码汇款预约挂失交易。后续客户需到预约挂失交易所指定的网点按正常程序办理密码汇款兑付、密码挂失交易和兑付密码挂失后重置交易。

邮政储蓄个人网上银行开通邮政网上汇款业务。客户可通过门户网站发起按址汇款、密码汇款、入账汇款等进行邮政汇款，并使用邮政储蓄银行网银账户或第三方支付公司账户等多种方式付款。

网汇通充值是指客户通过网银系统从签约账户转账到网汇通账户的交易。收款人名册是邮政储蓄个人网上银行客户在邮政储蓄网上银行发起的转账汇款类业务的历史收款人及客户自己添加的收款人信息的汇总。客户可查询收款人名册列表，也可对名册内容进行查询和编辑。转账汇款手续费计算器是邮政储蓄个人网上银行为客户提供的一种应用工具，客户可通过此功能，查询各类型转账汇款交易的手续费。

6.2.2 网上外汇通业务

个人网上银行外汇业务简称外汇通业务。外汇通业务包括查询、定活互转、跨境汇款、外币理财等功能。

1. 账户查询

查询功能包括账户查询、交易明细查询、跨境汇款查询、外币理财查询、积分查询和外汇牌价查询等。

(1) 账户查询：可以查询外币主账户及主账户下挂子账户的基本信息及明细信息，外币主账户包括绿卡通(限主卡)、外币活期一本通、外币定期一本通。

(2) 交易明细查询：可以查询通过网上银行操作的定活互转、跨境汇款、外币理财交易的详细信息。

(3) 跨境汇款查询：可以查询在网上银行和柜面办理汇出汇款的信息及状态。

(4) 外币理财查询：可以查看邮储银行已经销售和正在销售的外币理财产品和外币协议储蓄产品，以及客户正在持有的外币理财产品或外币协议储蓄产品。

(5) 积分查询：可以查询使用外汇卡办理的各项外汇业务的基本积分和活动积分。

(6) 外汇牌价查询：可以查看实时外汇牌价和结售汇牌价，还可通过选择日期和币种查询近两年的历史牌价信息，外汇牌价同时支持在门户网站进行查询。

2. 外币定活互转

(1) 外币定活互转功能实现绿卡通卡内外币定期账户与活期账户间的资金互转，以及同一客户的外币活期一本通账户与外币定期一本通账户之间的资金互转。

(2) 定期存款转活期存款只能全额转出，不能部分转出。

(3) 定期存款未到期的，可以转存活期存款。

3. 跨境汇款

(1) 跨境汇款功能实现账户到账户的跨境汇款服务，客户可以通过在网上直接填写汇款信息或调用已经保存的汇款信息模板等方式完成汇出汇款操作。

(2) 账户到账户的跨境汇款产品包括银邮汇款和邮政电子汇款。

(3) 网上个人跨境汇款实行交易限额控制。每个主账户单笔最高汇出金额为等值 2000 美元(含)，且日累计最高汇出金额为等值 5000 美元(含)。网上银行的汇出汇款金额计入客户当日账户汇出汇款的日累计限额中。

(4) 通过网银渠道办理的汇出汇款业务，应由总行指定部门对客户填报的国际收支申报信息和交易信息等进行检查。若相关信息存在明显错误，应及时通知客户进行修改，无误后发送境外。

(5) 客户成功办理汇出汇款后，可凭本人身份证件和办理汇款时打印的相关单据到柜面办理退汇申请。

(6) 客户可以新增汇款信息模板，或将发汇信息保存为汇款信息模板，以方便汇出汇款业务的操作。也可以对保存的汇款信息模板进行修改、删除、查看等操作。同一客户最多可保存十个汇款信息模板。

4. 外币理财

(1) 广义的外币理财包括外币理财产品和外币协议储蓄产品。

(2) 外币理财功能实现在线购买和提前赎回外币协议储蓄产品等服务。

(3) 客户可通过绿卡通卡和外币活期一本通账户购买外币协议储蓄产品。

(4) 外币协议储蓄产品不可部分提前赎回。

(5) 在网点购买的外币理财产品和外币协议储蓄产品，不能在网上银行进行提前赎回和撤销认购的操作。在网上银行购买的外币协议储蓄产品在网上银行或网点均可提前赎回。

除跨境汇款汇出限额由网上银行自行设置参数外，网上银行其他外汇业务的参数均由国际业务系统提供，并同步更新。网上银行办理的外汇业务纳入全行反洗钱系统监控管理，按有关反洗钱制度要求进行监控和报告。未提及的相关外汇业务规定，均参照执行中国邮政储蓄银行外汇业务的管理规定。

6.2.3 信用卡业务

中国邮政储蓄银行个人网上银行支持的信用卡交易包括网上自助注册、在线申请、账户查询、网上挂失、额度管理、设置消费验证方式、短信服务、对账单查询、修改账单日、设置账单寄送方式、在线还款、自动还款设置、网上支付及额度设定、网上支付交易查询、信用卡分期查询、信用卡分期申请、信用卡分期管理、信用卡积分查询、信用卡积分兑换、信用卡积分转移、客户服务、在线客服、安全中心等。

信用卡申请开办为中国邮政储蓄银行信用卡客户或准客户提供下载申请表格、申请进度查询、卡片激活/设定、查询密码等操作，以上功能由门户网站链入。

“我的信用卡”为中国邮政储蓄银行信用卡个人网银客户提供账户查询、网上挂失、额度管理、设置消费验证方式、短信服务设置等功能。

个人网银登录客户可以实时查询本人在网银注册过的信用卡及其附属卡的账户信息；中国邮政储蓄银行信用卡客户可自助挂失本人在网银注册过的信用卡及其附属卡，此挂失为正式挂失，挂失成功后系统联机收取挂失费，计入本期账单；中国邮政储蓄银行信用卡客户可通过额度管理功能进行主卡额度调整和附属卡额度调整；中国邮政储蓄银行信用卡客户可通过设置消费验证方式功能在线修改本人在网银注册过的信用卡的消费验证方式，消费验证方式包括“密码+签名”和“仅签名”两种；中国邮政储蓄银行信用卡客户可通过短信服务功能在线开通和撤销本人在网银注册过的信用卡短信通知业务。

对账单服务为中国邮政储蓄银行信用卡个人网银客户提供网上账单查询等功能，用户可在线查询历史账单、未出账单，执行修改账单日等交易。对账单查询功能用于中国邮政储蓄银行信用卡客户查询未出账单或历史对账单信息，并提供补寄历史对账单的功能；修改账单日功能用于中国邮政储蓄银行信用卡客户通过网银渠道自助修改本人在网银注册过的信用卡的账单日。

信用卡还款服务为中国邮政储蓄银行信用卡个人网银客户提供网上自助还款、自动还款设置等服务。中国邮政储蓄银行信用卡客户可通过在线还款功能将本人名下签约的活期结算账户的金额转到信用卡账户，完成在线自助还款；中国邮政储蓄银行信用卡客户通过自动还款设置功能为本人在网银注册过的信用卡设定自动还款的活期结算账户，实现对信用卡的自动还款。信用卡网上支付功能为中国邮政储蓄银行信用卡个人网银客户提供信用卡网上支付功能开启/关闭、客户网上支付、网上支付交易查询、支付额度设定等服务。信用卡分期功能为中国邮政储蓄银行信用卡个人网银客户提供在线分期查询、操作等服务。

客户可在线查询分期状态、申请账单分期和交易分期，并可对分期进行管理。中国邮政储蓄银行信用卡网银客户可通过分期查询功能在线进行信用卡账户分期付款、账户信息查询和分期付款历史交易查询；中国邮政储蓄银行信用卡网银客户可通过分期申请功能在线进行信用卡账户功能分期申请和账单分期申请；中国邮政储蓄银行信用卡网银客户可通过分期管理功能在线进行信用卡账户交易分期撤销、账单分期撤销和提前还款申请；信用卡积分功能为中国邮政储蓄银行信用卡个人网银客户提供积分查询、积分转移等操作，并可链接到信用卡网站进行积分兑换；中国邮政储蓄银行信用卡网银客户可以通过积分查询功能在线查询本人在网银注册过的信用卡积分信息；中国邮政储蓄银行信用卡主卡网银客户可通过积分转移功能将一张卡片的积分转移至另外一张卡片。转出卡号和转入卡号须为同一客户，主卡和附属卡共用同一积分账户，转出和转入卡都是在网银注册的信用卡主卡；中国邮政储蓄银行信用卡网银客户可以通过积分兑换功能链接到信用卡积分兑换网站进行积分兑换。

信用卡客户服务功能为中国邮政储蓄银行信用卡个人网银客户提供网上客户资料修改、昵称设置、预留信息设置、网银定制、短信通知、日志查询、站内消息等个性化服务。信用卡安全中心功能为中国邮政储蓄银行信用卡个人网银客户提供密码管理、账户设置、短信验证、电子令牌挂失、UK 挂失、证书更新等安全辅助手段，以提升网上银行服务的安全性。信用卡在线客服功能为中国邮政储蓄银行信用卡个人网银客户提供便捷链接，可直接路由到信用卡客服，方便客户操作。

6.2.4 网上支付业务

网上支付业务是指个人客户在网上支付商户网站购物，并通过个人网上银行付款的业务。网上支付业务支持信用卡、借记卡及结算存折三类账户支付。柜面注册客户的信用卡账户、签约账户可开通网上支付功能。客户可针对网上支付业务设置单笔支付限额与累计支付限额，单笔支付限额与累计支付限额不得高于网银后台系统的单笔支付限额与累计支付限额，如客户未设置支付限额，则默认为系统支付限额。个人客户通过个人网银开通网上支付功能时，需阅读并同意中国邮政储蓄银行个人客户网上支付服务协议。

中国邮政储蓄银行仅向个人客户与网上支付商户提供网上支付交易的资金清算服务，产品解释、产品质量、物流货运等相关问题由商户负责，中国邮政储蓄银行不承担任何解释工作与仲裁。个人网上支付系统须保存个人网上支付业务原交易流水六个月以上。

退货交易是指个人客户发起退货申请经网上支付商户确认后，从商户网站或中国邮政储蓄银行商户管理平台向网上支付系统发起退货指令的业务。

网上支付支持全额结算与差额结算。全额结算是指将商户的支付本金、退货本金以及手续费分开结算，不进行轧差结算。差额结算是指商户的支付本金减去手续费、退货本金分开结算。按退货金额不同可将退货交易分为部分退货与全额退货，多次部分退货的总金额不能大于原交易金额，全额退货金额不能大于原交易金额，按包月收取手续费的退货不退还手续费。按固定金额收取手续费的部分退货不退还商户手续费、按包月收取手续费退货不退还商户手续费。

储蓄账户的退货分为已结算交易退货与未结算交易退货。商户发起借记卡已结算交易退货时，网上支付系统对商户结算账户进行实时扣款与实时结算。信用卡账户不区分已结算退货与未结算退货。网上支付商户发起的退货交易，个人网上支付系统须核对原交易信息(原交易流水、原交易金额、原交易账号)，退货款只能退回原账户。

6.2.5　邮政网上汇款业务

邮政网上汇款业务是指汇款人通过中国邮政储蓄银行邮政网上汇款平台将开通汇款功能的个人网上银行账户和第三方支付账户内的资金汇往指定的收款人的业务。

客户可通过门户网站发起按址汇款、密码汇款、入账汇款、退汇、改汇、汇款查询和密码汇款预约挂失等业务，并使用邮政储蓄银行网银账户或第三方支付公司账户等多种方式付款。

(1) 按址汇款：通过邮政网上汇款系统按址汇款交易，客户向邮储提供收款人名址等信息，邮储以投递取款通知单的方式，通知收款人领取汇款。

(2) 密码汇款：通过邮政网上汇款系统密码汇款交易，客户将汇款信息、取款密码告诉收款人，由收款人到联网网点支取汇款。

(3) 入账汇款：通过邮政网上汇款系统入账汇款交易，客户输入邮储银行客户的账号或卡号等信息，邮政网上汇款系统即可将需要汇出的账户金额直接汇入邮储银行客户账户中。此交易不能对信用卡账户入账。

(4) 退汇：客户办理按址/密码汇款后，在汇款待兑的状态下可凭汇票号码及其他有效证明信息要求撤回该笔汇款。

(5) 改汇：客户办理按址/密码汇款后，在汇款待兑的状态下可凭汇票号码及其他有效证明信息要求更改汇款信息(包括按址汇款变更收款人姓名或地址，也可同时更改姓名和地址；密码汇款变更收款人姓名)。

(6) 汇款查询：客户在中国邮政储蓄银行邮政网上汇款平台办理按址/密码汇款业务后，可凭汇票号码和汇款人姓名查询汇票状态。

(7) 密码汇款预约挂失：客户在中国邮政储蓄银行邮政网上汇款平台办理密码汇款后，

如果遗忘密码，可通过此功能在网站上指定一个就近网点作为密码挂失的预约网点，再到该预约网点办理正式挂失。不产生任何费用。

6.2.6 网上投资理财业务

个人网上银行投资理财类业务包括网上国债业务、网上基金业务、网上个人理财业务等，满足客户在网上进行投资理财交易的需求。

1. 网上国债业务

网上国债业务是指中国邮政储蓄银行通过网上银行向客户提供的国债产品购买、提前兑取、购买撤单、储蓄国债(电子式)托管账户开户/销户及信息、交易查询等服务的业务。客户在办理储蓄国债(电子式)托管账户开户时，应与中国邮政储蓄银行在线签订“中国邮政储蓄银行储蓄国债(电子式)托管服务章程”；客户在进行国债购买、提前兑取、撤单交易后，可在规定时间内到网银柜面注册网点打印交易单据。

2. 网上基金业务

网上基金业务是指中国邮政储蓄银行通过网上银行向客户提供的基金产品认购、申购、赎回、转换、定投、撤单、基金设置(包括基金分红方式设置、基金 TA 账户开户、基金 TA 账户查询与销户、基金定投设置)及信息、交易查询等服务的业务。客户在办理基金 TA 账户开户时，应认真阅读《证券投资基金投资人权益须知》。

3. 网上个人理财业务

网上个人理财业务是指中国邮政储蓄银行通过网上银行向客户提供的本币理财产品预约、购买、赎回、撤单、终止投资、理财产品设置及信息、交易查询等服务的业务；客户购买理财产品时，中国邮政储蓄银行应向客户揭示理财产品的风险，并与客户在线签订“中国邮政储蓄银行个人理财产品协议书”；客户可通过个人网上银行进行基金/理财/国债个人资料修改，可修改的内容包括手机号码、固定电话号码、E-mail、联系地址，修改内容次日生效。客户通过个人网上银行进行基金、理财交易时，需要进行风险测评，网银会根据客户风险测评结果对客户进行风险提示，客户可通过网上银行查看个人评测结果。个人网上银行为客户提供国债、基金计算器，方便客户进行国债、基金收益计算。

客户在办理网上国债、网上基金、网上个人理财等业务的非查询类交易前，应先在营业网点加办中间业务账户，成为中国邮政储蓄银行理财客户。同时，还应将加办中间业务账户的储蓄账户进行网银签约。

理财客户在柜面注册网银后，系统默认客户开通个人网上银行投资理财功能，客户可在登录个人网上银行后，自助关闭或开通个人网上银行投资理财功能。

客户变更中间业务账户，且中间业务账户对应的储蓄账户为非签约账户时，系统自动关闭客户网上银行投资理财功能。客户需到柜面进行账户签约后方可恢复交易。

客户中间业务账户对应的储蓄账户状态异常时，系统自动暂停客户网上银行投资理财功能，待账户恢复正常后，系统自动恢复客户网上银行投资理财功能。

6.2.7 其他网上业务

个人网上银行为客户提供一家亲账户管理功能。通过该功能可以将客户本人名下的签约账户和信用卡账户授权给他人，供他人在网上银行查询使用。个人网上银行向客户提供一家亲账户明细合并表，能够及时掌握家人账户信息，方便进行理财规划。

个人网上银行客户可通过网上银行办理账户挂失业务。其中，信用卡可办理正式挂失；借记卡、存折(含本外币存折)、存单可办理临时挂失，有效期为五天。

个人网上银行可实现的绿卡通账户管理包括主卡停用/启用副卡、主卡设置副卡额度、主卡查询副卡。

个人网上银行签约客户可通过网上银行进行网上支付通业务(分支付宝卡通、财付通一点通两种类型)的签约加办、签约撤办、支付限额修改、手机号码修改和相关签约信息的查询。

个人网上银行个人贷款是通过互联网和网点自助终端，提供邮储银行个人贷款各项业务介绍、业务公告、贷款计算器、贷款查询等服务。客户可了解各项贷款业务、最新贷款政策，网银客户可在线申请贷款、查询二手房源信息；已发放贷款的客户可以查询贷款详情、贷款额度详情，提交提前还款申请。

邮储银行个人网银客户可通过业务公告功能了解邮储总行公布的个人贷款相关政策信息。

邮储银行个人网银客户可通过开办机构查询功能查询各类贷款业务的开办机构信息。

邮储银行个人网银客户可通过贷款计算器功能计算出邮储银行各类贷款的每期还款情况。

邮储银行个人网银客户可通过贷款在线申请功能在线提交各类个人贷款品种的申请信息，每位客户最多可以有 3 笔贷款申请同时处于“申请中”状态，每个贷种的申请最多只能有一笔；每一笔贷款申请都将进入客户的历史贷款申请列表；受理状态为“申请中”的贷款申请可以对原有信息进行修改或者撤销该申请；目前暂不受理质押贷款的网上申请。

邮储银行个人网银客户可通过贷款额度查询功能查询个人的贷款额度情况。

邮储银行个人网银客户可通过贷款详情查询功能查询个人名下的所有贷款信息和每笔贷款的详细情况；针对每一笔贷款，可查看和打印下载其详细信息。

柜面注册客户的签约账户可使用提前还款申请功能在线提交各类贷款的提前还款申请(包括部分提前还款、提前结清)。申请状态为“尚未申请”时可以新增提前还款申请，状态为“申请中”时可以对申请信息进行修改或者撤销该申请；一笔贷款处于申请状态时，不接受二次申请。

邮储银行个人网银客户可通过二手房源查询功能查询二手房源的详细信息；查询条件可按单一条件进行查询，也可以选择多项进行组合查询。

实训案例

客户来网点暂停电子银行业务，请以理财经理的角色给客户讲解并介绍如何恢复网银服务。

案例分析：

暂停和恢复网银服务是个人网上银行通过 95580 客服中心为客户提供的网银安全保障措施。客户发现网银存在安全隐患或已发生资金风险时，可通过 95580 客服中心人工坐席申请暂停或重新恢复网银服务。

客户拨打 95580 进入人工服务申请暂停个人网银服务，客服中心坐席员需要人工核对个人网银客户资料留存信息(包括客户姓名、身份证件、手机号码)。暂停网银服务后，客户不能登录个人网银。

客户拨打 95580 进入申请恢复个人网银服务，提示客户输入恢复个人网银服务验证码进行核对。如果验证码核对正确，执行恢复个人网银服务；如不能提示验证码，则进入人工服务，核对个人网银客户资料留存信息(包括客户姓名、身份证件、手机号码)。人工坐席员不得将查询的各种信息告诉客户。

项目案例

客户来网点咨询业务投诉方法，请给客户讲解业务咨询和投诉处理。

案例分析：

个人网上银行为客户提供智能搜索、邮件回复、在线咨询、留言等在线客户服务方式。个人网上银行通过在线方式为客户提供客户服务，用于回复客户在办理网上银行业务时的投诉与建议以及一些疑难问题。其中“在线方式”包括电子邮件(E-mail)等。

在线咨询对客户提供电话回呼服务，客户登录个人网上银行提交咨询问题，如果选择了电话回呼的服务方式，总行客服中心的坐席员会针对客户提出的问题给予回电并进行解答。

总行客服中心成立有在线客服组，专门负责处理投诉、建议和表扬，并督导开办网上银行业务的分行处理辖内的投诉、建议及表扬。总行客服中心的“在线客服”负责处理客户通过门户网站或者个人网上银行提交给总行的投诉、建议和表扬。根据其内容分类处理，给予答复。如果客户提交的投诉与建议主要问题涉及分行或者非网上银行业务，则分发给分行或者相关部门处理。

总行客服中心在线客服应设立专门职位，针对在线客服人员进行监控，确保在线客服的质量。分行客服人员负责接收、处理总行在线客服人员流转下来的投诉、建议和表扬。

投诉与建议的正常处理时限应不超过五个工作日(从受理之日起)，遇节假日顺延。如果不能及时处理，应及时通知客户，并且告知客户暂时不能解决的原因。

网上银行客户服务组每日应打印辖内投诉和建议的业务统计清单，统计业务量。对客户的投诉与建议的正式回复应经有关业务部门主管批准。总行客服中心在线客服每日应打印各分行的投诉与建议的业务统计清单，及时了解分行客户服务的工作进度，如果发现大量未处理投诉，应督促分行及时处理。总行客服中心在线客服与分行客户服务组应将每日处理完毕的投诉与建议打印清单存档备查，保存期为一年。

讨论与思考题

1. 电子银行业务都有哪些？
2. 电子银行可以查询哪些信息？
3. 电子银行的使用有哪些注意事项？

项目七　个人理财业务

项目导入

客户在邮政储蓄银行营业厅咨询个人理财产品，请以理财经理的角色给客户介绍保险产品并促成销售。

学习目标

知识目标

- 理财产品的相关规定；
- 理财产品的处理规范。

能力目标

- 能熟练给客户介绍相关理财产品；
- 能熟练办理理财产品手续；
- 能熟练进行理财产品业务的机上操作。

任务一　理财业务介绍

任务导入

客户来网点营业厅咨询理财业务，请给客户介绍理财业务并办理相关手续。

任务分析

- 理财业务概述；
- 理财业务的业务术语；
- 理财业务的一般规定。

应知应会

7.1.1　理财业务概述

人民币个人理财业务是指邮政储蓄银行以客户为中心，根据客户需求和对风险的偏好及承受能力，通过掌握的客户信息，分析客户财务状况，综合运用邮政金融资源自行开发销售个人理财产品或接受金融同业委托，为其代销个人理财产品，并以此为基础将适合的金融产品进行组合，代为客户制定理财规划并提供相应的理财顾问服务的业务。

专户理财业务是指中国邮政储蓄银行以特定客户为中心，根据特定客户的需求和对风险的偏好及承受能力，通过掌握的客户信息，分析客户财务状况，根据客户投资需求，为客户提供个性化的投资理财服务的业务。其形式包括与基金公司、证券公司、资产管理公司、信托公司和商业银行合作的集合理财计划、信托计划等。

7.1.2　业务术语

(1) 预约：指客户在理财产品的预约起止期内预定购买一定金额理财产品的交易。

(2) 认购：指客户在理财产品的认购起止期内至邮政储蓄网点购买一定金额理财产品的交易。

(3) 预约最终有效日：指为客户预定的理财产品额度保留的最终日期，即客户在预约期所预定购买的理财产品额度在认购期开始日至预约最终有效日(含)前均为有效，在预约最终有效日后，若客户仍未进行认购，则系统将取消预定的额度。

(4) 理财合同号：客户每认购一次理财产品，系统均为该客户所购买的理财产品生成一个合同号，用以标记该合同号下该理财产品的交易信息及状态，客户办理提前赎回、终止投资等交易均凭该合同号办理。但财富系列之“日日升”多次购买都产生一个理财合同号。

(5) 提前赎回：用户提前终止委托合同，自愿承担一定的提前赎回手续费并按照提前赎回当日的产品净值返还全部/部分投资的交易。

(6) 终止投资：指客户在约定期限内办理取消对理财产品的投资，并取得本金和相应收益的交易。特定的理财产品，允许客户在约定日之前的一段时间内办理取消对该理财产品的投资。

(7) 提前终止：理财产品发行人提前终止理财产品运作，向客户计付收益及本金。

(8) 延期：理财产品发行人延长理财产品的认购期间的交易。

(9) 分红：对允许分红的理财产品，客户可约定现金分红或红利再投。现金分红指系统于分红日将所分金额存入客户指定活期结算账户；红利再投指系统于分红日将所分金额按分红日当日净值折成份额存入客户理财账户。

(10) 理财产品成立日：即预期收益起始日，指理财产品认购结束，发行人开始对所募集资金进行运作的日期。

(11) 理财产品到期日：指根据约定，理财产品投资结束的日期。

(12) 收益支付日：指向客户支付收益的日期。

(13) 超额收益手续费：指根据约定，当理财产品的收益超过约定比例时，由发行人向客户收取一定金额的费用。

(14) 最低投资额：指理财产品规定的客户首次投资最低金额。

(15) 最高投资额：指理财产品规定的客户累计最多可投资的金额。

(16) 倍增金额：指理财产品规定的在客户认购时，超过最低投资额的部分，应为约定金额的整数倍，该约定金额为倍增金额。

(17) 产品总额度：指该产品总共预期募集的额度。

(18) 预约额度：指某机构可接受客户预约认购的理财产品总量。

(19) 已预约额度：指全国所有网点已接受客户预约认购的理财产品总量。

(20) 可预约额度：指全国所有网点在预约期内剩余的可接受客户预约的理财产品总量。

(21) 已认购额度：指某机构在认购期内已接受客户认购的理财产品总量。

(22) 可认购额度：指某机构在认购期内剩余的可销售的理财产品总量。

(23) 约定追加投资：对于允许约定追加投资的理财产品，客户可约定在理财产品规定的期间，按约定的金额进行追加投资，在规定的追加投资终止日，当客户的储蓄账户可用余额达到客户约定的金额时，由系统于追加投资终止日自动从其个人结算账户扣除相应金额进行投资。

(24) 主动追加投资：指对于允许主动追加投资的理财产品，在规定的追加投资期间，客户追加认购该理财产品的交易。

7.1.3　一般规定

个人客户必须凭已签约的个人结算账户卡/折和理财类交易账户密码在营业窗口办理理财业务。

(1) 理财产品以集中全国数据方式进行业务处理。

(2) 在理财产品销售过程中，在客户签订理财合同之前，网点前台人员或理财经理必须对客户进行风险提示。

(3) 理财业务的存折摘要为：认购、主动追加、约定追加时记“理购”，提前赎回时记“理提”，终止投资时记“理终”，现金分红时记“理分”，到期(包括提前终止)时记“理结”。

(4) 理财产品的状态分为未成立、成立、不成立。理财合同的状态分为正常、不正常(具体包括止付、冻结等)；对理财合同状态不正常的，不允许办理提前赎回、终止投资等交易。

(5) 在产品预约期，客户可在邮政储蓄网点进行理财产品的预约，客户需在预约最终有效日至全国范围内任一联网网点进行认购，预约最终有效日后未进行认购的，客户所预约的额度取消。预约客户认购时，认购金额可以小于、等于、大于预约金额。

(6) 客户认购时，认购的金额应满足最低投资额、最高投资额和倍增金额的整数倍且在该销售机构所控制的额度范围内。

(7) 客户认购时，系统生成一个理财合同号，对同一产品的多笔认购分别生成不同的合同号，根据购买日期顺次排列。

(8) 在产品发行成立、发行不成立、提前赎回、终止投资、主动追加投资、约定追加投资、分红时，应根据理财产品说明书中约定的时间对客户的活期结算账户资金和理财合同账户下的份额进行处理。

(9) 对于允许主动追加投资的理财产品，在规定的追加投资期前，全国中心应为各省重新分配该理财产品的认购额度，在规定的追加投资期内，客户可至邮政储蓄网点进行认购，生成新的理财合同号。

(10) 对于允许约定追加投资的理财产品，在规定的追加投资终止日，客户的活期结算账户可用余额应达到客户约定的金额，且该约定金额满足倍增金额的整数倍，方能约定追加成功。约定追加投资的金额不受该销售机构的额度控制，约定追加投资不生成新的理财合同号。

(11) 对允许分红的理财产品，客户可以选择现金分红或红利再投。在权益登记日/除息日根据客户各理财合同的总份额计算红利金额。对选择现金分红的，系统于权益登记日/除息日后指定工作日内将分红金额返还客户活期结算账户。对选择红利再投的，系统根据“权益登记日/除息日”的单位净值(除息后)计算应得份额，并将所分份额计入该理财合同中，更新该理财合同号下的总份额及可用份额。

(12) 客户提前赎回时，按相应的持有区间向客户收取一定的提前赎回手续费，并按相应的收益区间向客户收取一定的超额收益手续费；客户终止投资理财产品及理财产品到期后，按相应的收益区间向客户收取一定的超额收益手续费。

(13) 客户可凭已签约的个人结算账户卡/折在全国范围内任一网点预约、认购；提前赎回、终止投资等特殊交易只能在原认购同一县(市)范围内办理；撤单交易只能在原交易网点办理。

(14) 理财产品购买时，即建立客户购买信息；根据不同的理财产品属性可以办理提前赎回(或部分提前赎回)及终止投资(或部分终止投资)。

(15) 客户办理理财认购时应签订“中国邮政储蓄银行理财产品协议书”(20 万起卖的理财产品需签订“中国邮政储蓄银行私人银行服务协议书”)、“中国邮政储蓄银行客户风险承受力评估报告”、“中国邮政储蓄银行人民币理财计划产品说明书”，办理提前赎回、终止投资、追加投资变更、撤单时应填写“中国邮政储蓄银行理财业务申请表”，产品协议书及业务申请表由客户签字确认及邮政储蓄机构加盖业务章后生效，业务申请表及交易回执效力等同于产品协议书的补充协议。

实训案例

一、主要理财工具及其特点有哪些？个人资产配置如何组合？

案例分析：

1. 主要理财工具及特点

(1) 国债：是最安全的投资工具，收益性略高于定期存款，但流动性较差。

(2) 证券：股票，典型的高风险、高收益、高流动性投资工具。

(3) 基金：收益和风险介于股票与债券之间，赎回期一般是一周，流动性比存款和股票低。

(4) 外汇：收益中等，风险高，流动性高。

(5) 房地产：流动性差，安全性高于证券，收益中等。

(6) 金银等贵金属：安全性高，收益中等，流动性差。

(7) 期货期权：收益率最高，风险最高。

(8) 投资型保险产品、收藏品、艺术品、古董等。

2. 个人资产配置中的三大产品组合

1) 低风险、高流动性产品组合

(1) 特点：安全性高、流动性好、不追求收益。

(2) 内容：定活期存款、货币基金、国债。

(3) 目的：应对日常生活开支、短期债务支出、意外支出。

2) 中风险、中受益产品组合

(1) 特点：风险可控、收益较高，在可承受的风险范围内获得超过通货膨胀的投资回报。

(2) 内容：基金、蓝筹股票、指数投资。

(3) 目的：中长期生活需要(子女教育、退休养老、购房准备、赡养父母等)。

3) 高风险、高收益产品组合

(1) 特点：高风险、高收益。

(2) 内容：期权、期货、金融衍生品、彩票、对冲基金。

(3) 目的：投机获取高额回报，一般不应超过资产总额的10%。

二、请向客户讲解中国邮政储蓄银行财富系列之“日日升”人民币理财产品。

案例分析：

产品名称	中国邮政储蓄银行财富系列之“日日升”人民币理财产品 代码：0900099C93
适合客户	经中国邮政储蓄银行风险评估，评定为稳健型、平衡型、进取型、激进型的个人客户；机构客户
期限	本理财计划将持续运作，无固定期限(实际产品期限受制于银行提前终止条款)
投资及收益币种	人民币
产品类型	非保本浮动收益型理财产品
计划发行量	募集额最低为2亿元人民币
募集期	2009年9月1日(此后每个工作日开放申购赎回)
产品成立	银行有权结束募集并提前成立，产品提前成立时银行将发布公告并调整相关日期，产品最终规模以银行实际募集规模为准。如募集期内认购规模未达到计划发行量，则银行将就募集相关日期和募集金额等调整事宜进行公告。 如产品未达募集规模，银行有权宣布产品不成立，并于2个工作日内将产品本金退还至客户资金账户
起始日	2009年9月1日
申购/赎回	(1) 本产品无固定期限，成立后每个开放日开放申购和赎回；业务受理时间为每个开放日的8:30—16:30。 (2) 开放日投资者可申购本产品，申购资金将于当日投入本理财计划。 (3) 个人客户开放日可部分或全部赎回理财资金(部分赎回时，剩余理财资金不得低于5万元)，赎回资金将实时入账(详见“本金及收益返还”)。

续表

产品名称	中国邮政储蓄银行财富系列之“日日升”人民币理财产品
	代码：0900099C93
申购/赎回	(4) 机构客户开放日可部分或全部赎回理财资金(部分赎回时，剩余理财资金不得低于100万元)，当日赎回金额最高金额不得高于3000万元。赎回资金将实时入账(详见“本金及收益返还”)。 (5) 本理财产品免申购、赎回费。 (6) 理财计划存续期内任一交易日，若理财计划赎回额超过本理财计划上一开放日余额20%，银行有权不接受其余赎回申请，但投资人可于下一开放日重新进行赎回申请。 (7) 银行有权根据产品规模决定暂停接受申购，如果银行行使该权利，将提前2个工作日进行公告
认购起点金额	个人客户5万元，以1千元的整数倍递增；机构客户100万元，以1万元的整数倍递
预期年化收益率	2.2%
收益计算方法	(1) 理财计划存续期间，每日计息。每1份为一个计息单位，每单位收益精确到小数点后两位。 (2) 当日理财收益 = 客户当日持有理财产品本金 × 当日年化收益率 ÷ 365。 (3) 理财总收益为自理财计划申购日(或理财计划成立日)起至赎回日(不含该日)期间相应的每日理财收益之总和。 (4) 理财产品非工作日的理财收益率按照上一工作日的理财收益率计算
本金及收益返还	(1) 如投资者未赎回理财计划，则银行于每月1日计算上一个月的理财收益，并于3个工作日内将理财收益划转至投资者指定账户，逢节假日顺延。 (2) 投资者全额赎回本理财计划时，银行实时将本金与理财收益划转至投资者指定账户。 (3) 投资者部分赎回本理财计划时，银行实时将投资者当日要求赎回的理财本金划转至投资者指定账户；投资者当日部分赎回的理财资金对应的理财收益仅在下月1日起3个工作日内划转至投资者指定账户，逢节假日顺延。 (4) 赎回当日起不计利息，亦不自动续作投资
理财资产保管人	中国邮政储蓄银行
产品保管费(年)	0.05%
提前终止权	在理财计划持续期内，如果出现本理财计划余额低于2亿元或政策调整等严重影响产品运作的情形，银行有权选择终止该产品。若终止本产品，银行提前2个工作日进行公告，产品终止；客户的理财收益按客户理财资金的实际存续天数计算，并于3个工作日内将理财本金和收益划转至投资者指定账户，逢节假日顺延。客户无提前终止权
工作日/开放日	国家法定工作日
税款	理财收益的应纳税款由投资者自行申报及缴纳

(1) 理财产品非存款，有风险，投资须谨慎。

(2) 该产品适合于“稳健型、平衡型、进取型、激进型”投资者。

(3) 主要风险：

① 政策风险；

② 市场风险；

③ 流动性风险；

④ 信用风险；

⑤ 管理风险；

⑥ 不可抗力及意外风险。

注：该理财产品为非保本浮动收益型产品，银行对理财产品的本金和收益不提供保证承诺，投资者应基于自身的独立判断进行投资决策。

(4) 该理财计划是中低投资风险产品，本金可能会因市场变动而蒙受损失，应充分认识以上投资风险，谨慎投资。在购买理财产品前，投资者应确保自己完全明白该项投资的性质和所涉及的风险，详细了解和审慎评估该理财产品的资金投资方向、风险类型及预期收益率等基本情况，在慎重考虑后自行决定购买与自身风险承受能力和资产管理需求匹配的理财产品。

(5) 在购买理财产品后，投资者应随时关注该理财产品的信息披露情况，及时获取相关信息。

(6) 本产品募集资金主要投资方向为国债、地方政府债、央行票据、政策性金融债、普通金融债券、次级金融债券、企业债、公司债、资产支持证券、非金融企业债务融资工具(含短期融资券、超短期融资券、中期票据、非公开定向债务融资工具、中小非金融企业集合票据、资产支持票据)及监管机构允许投资的其他类型债券、同业存款、同业存单、同业拆借、债券回购、信托计划、证券公司资产管理计划、基金管理公司专户产品、保险资产管理公司资产管理计划等。

该产品拟投资的资产均比照邮储银行自营业务的管理标准，严格经过行内审批流程审批和筛选，达到可投资标准。为满足流动性要求，该产品投资于高流动性、本金安全程度高的债券和存款等投资品种的比例为 50% 至 95%；其他资产的比例不高于 70% (理财产品存续期内可能因市场的重大变化导致投资比例暂时超出上述区间，银行将以客户利益最大化的原则尽快使投资比例恢复至以上区间)。

(7) 理财产品费用、收益分析与计算。

① 理财资金所承担的相关费用。

a. 免认购费，免赎回费。

b. 银行保管费 0.05%/年；若扣除保管费用后理财产品实际年化收益率超过预期最高年化收益率，则超过部分将作为银行的管理费和销售费。

② 理财收益的测算依据和测算方法。

a. 产品预期最高年化收益率 = 理财产品资产组合收益率 − 保管费率 − 管理或销售费率。本产品预期最高年化收益率为 2.2% (费后)。

邮储银行将根据市场利率变动及资金运作情况不定期调整预期最高年化收益率，并于新预期最高年化收益率启用前 3 个工作日在邮储银行网站(www.psbc.com)或相关营业网点发布相关信息公告。

b. 理财计划存续期间，每日计息。每1份为一个计息单位，每单位收益精确到小数点后两位。

c. 当日理财收益 $=\dfrac{\text{客户当日持有理财产品本金}\times\text{当日年化收益率}}{365}$。

理财总收益为自理财计划申购日(或理财计划成立日)起至赎回日(不含该日)期间相应的每日理财收益之总和。

理财产品非工作日的理财收益率按照上1工作日的理财收益率计算。

d. 计算示例：

以某客户投资20万元为例，如果客户2009年9月11日申购20万元，2009年10月21日全部赎回，扣除托管费和其他相关费用后，理财产品的年化收益率达到2.2%，则客户最终年化收益率为2.2%，客户收益的具体金额为

$$\frac{200000\times 2.2\%\times 40}{365}=482.19\ (\text{元})$$

测算收益不等于实际收益，投资须谨慎。

注：以上理财产品示例分析中所有数据均为示例假设，仅供参考，不代表本理财产品实际收益。

③ 理财资金支付。

如投资者未赎回理财计划，则银行于每月1日计算上一个月的理财收益，并于3个工作日内将理财收益划转至投资者指定账户，逢节假日顺延。

投资者全额赎回本理财计划时，银行实时将本金与理财收益划转至投资者指定账户。

投资者部分赎回本理财计划时，银行实时将投资者当日要求赎回的理财本金划转至投资者指定账户；投资者当日部分赎回的理财资金对应的理财收益仅在下月1日起3个工作日内划转至投资者指定账户，逢节假日顺延。

④ 特别说明。

在理财计划持续期内，除周六、周日、中国法定假日以外的工作日为该理财计划的开放日，每个开放日开放申购赎回。

(8) 风险揭示。

投资本理财计划有风险，投资者应充分认识以下投资风险，谨慎投资。

① 政策风险。货币政策、财政政策、产业政策和监管政策等国家政策的变化对证券市场产生一定的影响，可能导致证券市场投资品种的价值和风险发生较大变化，由此可能导致本理财产品遭受损失。

② 市场风险。由于金融市场内在波动性，客户投资本产品将面临一定的市场风险。

③ 流动性风险。本产品可能面临资产不能迅速变现，或者选择变现会对资产价格造成重大不利影响的风险。

④ 信用风险。理财计划所投资的债券、信托计划或其他投资品种等，可能因基础资产发行人不能如期兑付本息，或交易对手发生违约，投资本金及收益可能遭受损失。

⑤ 管理风险。信托公司、证券公司、托管银行等相关机构受技能及管理水平等因素的限制，可能会影响本理财计划的投资收益，导致本计划项下的理财收益遭受损失。

⑥ 不可抗力及意外风险。由于自然灾害、战争、证券交易所系统性故障等不可抗力因素的出现，将严重影响金融市场的正常运行，从而导致本投资计划资产收益降低或损失，甚至影响本投资计划的受理、投资、偿还等的正常进行，进而影响投资计划的资产本金和收益安全。

⑦ 据邮储银行内部评级标准，评定本产品风险级别为 PR2 级。

中国邮政储蓄银行产品风险评级表

风险级别	风险收益特征	评级标准
PR1	谨慎型	本金保证型产品，资金投向低风险、低收益的投资品种，适合低收入、风险厌恶型投资者
PR2	稳健型	非保本收益型产品，资金投向低风险、低收益的投资品种或理财产品，适合较低收入、风险偏好较低的投资者
PR3	平衡型	非保本收益型产品，资金投向风险收益适中与高风险投资品种的组合，适合中等收入、风险偏好适中的投资者
PR4	进取型	非保本收益型产品，资金投向较高风险、较高收益的投资品种，适合较高收入、风险偏好较高的投资者
PR5	激进型	非保本收益型产品，资金投向高风险、高收益的投资品，适合高收入、风险偏好高的投资者

(9) 信息披露。

① 该理财产品存续期间，邮储银行有权提前 3 个工作日通过邮储银行网站或相关营业网点发布相关公告进行信息披露，如调整预期最高年化收益率，或对产品说明书条款进行补充、说明和修改，或因年终决算等需要暂停申购赎回，或因市场或政策环境等因素发生变化而需要变更投资方向和比例，或发生邮储银行认为可能影响理财产品正常运作的重大不利事项时等。客户不同意补充或修改后的说明书的，可在补充或修改生效前赎回全部理财产品，终止与邮储银行的委托理财关系。

② 如理财产品提前终止，邮储银行将于实际终止日的前 3 个工作日内，在邮储银行网站或相关营业网点发布相关信息公告。

③ 邮储银行将按照法律法规及监管规范的要求在邮储银行网站或相关营业网点及时进行信息披露。

任务二　基金业务介绍

任务导入

客户来网点咨询基金业务，请给客户介绍基金业务并办理相关手续。

任务分析

- 基金业务概述；

- 基金业务处理；
- 基金收益计算。

应知应会

7.2.1 业务概述

1. 代理开放式基金

代理开放式基金业务是指中国邮政储蓄银行接受基金管理公司委托，按照委托代理协议办理开放式基金的认购、申购和赎回等业务的经营行为。

2. 业务分类

(1) 按基金运作方式的不同，可分为开放式基金和封闭式基金。

(2) 按投资标的的划分，可分为股票型基金、债券型基金、混合型基金、货币市场基金等。

(3) 根据基金投资方式的不同，可分为单笔投资和定期定额。

3. 业务术语

(1) 开放式基金：是指基金份额总额不固定，基金份额可以在基金合同约定的时间和地点进行申购或赎回的一种基金运作方式。

(2) 认购：指在基金募集期内，客户申请购买基金份额的行为。

(3) 申购：指在基金成立后客户申请购买基金份额的行为。

(4) 分红方式：指客户获得一定的投资回报的方式，分为现金与红利再投资两种。

(5) 赎回：指基金份额持有人要求基金管理人购回一定数量的开放式基金份额的行为。

(6) 开放日：指客户可以进行开放式基金的申购、赎回等操作的工作日。

(7) 基金资产净值：指基金资产总值减去按照国家有关规定可以从基金资产中扣除的费用后的价值。

(8) 单位基金资产净值：指计算日基金资产净值除以计算日基金份额总数后的价值。

(9) 基金 TA 账户：指在登记中心或登记中心委托其他机构开立的，用于记录客户持有基金份额信息的账户。

(10) 申购限额：指客户申购基金份额时所允许的最高申购数量。

(11) 巨额赎回：指开放式基金单个开放日，基金净赎回申请超过基金总份额的 10% 时的情形。根据《证券投资基金运作管理办法》，超过 10% 以上的赎回可延迟办理；10% 限额内的赎回申请，应当按每个账户占申请总额的比例分配给申请人。

(12) 连续赎回：指发生巨额赎回时，客户对于延期办理的赎回申请，选择依次在下一个基金开放日进行赎回。

(13) 基金转换：指客户就同一代理机构销售的同一基金管理人的基金之间进行转换的行为。

(14) 基金终止：基金存续期满未被批准续期的，基金经批准提前终止或因重大违法、违规行为被中国证监会责令终止的行为。

(15) 认/申购费率：指客户认/申购开放式基金时，需依据认/申购基金净额的一定比例交纳认/申购手续费，该比例即认/申购费率。

(16) 赎回费率：指客户赎回开放式基金时，需依据赎回资金总额的一定比例交纳赎回手续费，该比例即赎回费率。

4. 业务规定

(1) 中国邮政储蓄银行代理开放式基金业务分为基本业务和特殊业务。基金基本业务包括基金业务加办、认购、申购、赎回、撤单、资料变更、基金转换、基金转托管、基金TA账户销户、基金业务撤办；基金特殊业务包括查询与查复等基金管理公司或证监会批准的其他业务。本系统内办理异地交易不收取储蓄账户异地手续费用。

(2) 客户办理基金预约交易、认购、申购、赎回、撤单、基金转换、分红方式变更交易可采用免填单方式。基金TA账户开户/销户、基金转托管交易必须采取填单方式。

(3) 客户在办理客户资料更改，理财交易账户销户，已签约的个人结算账户卡/折挂失、补发、密码重置、密码更改，基金TA账户开户/销户，资金账号变更、资金账号加办等业务时，须出具系统预留的有效证件，由客户本人亲自办理，不得代办。

(4) 代理开放式基金系统于周一至周五上午8点30分开市，下午3点闭市。系统闭市后，或遇周六、日以及其他证券业休息日，不受理基金TA账户开户/销户、基金认(申)购、赎回、转换、转托管等基金基本业务以及基金业务撤单。预约交易不受节假日限制，但受开闭市限制。理财交易账户类业务办理时间与二级支行营业时间相同。

5. 操作流程

(1) 在销售基金产品前，网点理财经理必须对客户进行风险提示，要求客户填写“客户风险承受能力评估报告”。

(2) 个人客户必须凭已签约的个人结算账户卡/折和理财交易账户密码在营业窗口办理代理开放式基金业务。

(3) 个人客户认/申购基金产品时，对客户资金账户相应金额进行扣款，日终后将认/申购信息采用指定方式发送至基金公司；T＋1日日终，系统收到基金公司确认信息，对不成功交易，基金系统对客户资金账户扣款资金执行退款指令；T＋2日，基金总中心发收费通知，资金划至基金公司。

7.2.2　基金收益计算

1. 认购

开放式基金的认购采取金额认购的方式。认购费率一般不超过认购金额的5%，我国股票基金的认购费率大多在1%～1.5%，债券基金的认购费率通常在1%以下，货币基金通常不收取认购费。

开放式基金认购份额的计算：根据规定，基金认购费率将统一以净认购金额为基础收取，计算公式为

$$净认购金额=\frac{认购金额}{1+认购费率}$$

$$认购费用=净认购金额\times认购费率$$

$$认购份额 = \frac{净认购金额+认购利息}{基金份额面值}$$

例 1 某投资人投资 1 万元认购基金，认购资金在募集期产生的利息为 3.00 元，其对应的认购费率为 1.2%，基金份额面值为 1.00 元，则其认购费用及认购份额为

$$净认购金额 = \frac{10000.00}{1+1.2\%} = 9881.42\ (元)$$

$$认购费用 = 9881.42 \times 1.2\% = 118.58\ (元)$$

$$认购份额 = \frac{9881.42+3}{1} = 9884.42\ (份)$$

投资人投资 10000.00 元认购基金，认购费用为 118.58 元，可得到基金份额 9884.42 份。

2. 申购、赎回

投资者在开放式基金合同生效后，申请购买基金份额的行为通常被称为基金申购。开放式基金的赎回是指基金份额持有人要求基金管理人购回所持有的开放式基金份额的行为。

一般情况下，认购期购买基金的费率要比申购期优惠。目前，开放式基金所遵循的申购、赎回主要原则为“未知价”交易原则和“金额申购、份额赎回”的原则。投资者在办理开放式基金申购时，一般需要缴纳申购费，但申购费不得超过申购金额的 5%。赎回费不得超过基金赎回金额的 5%，赎回费总额的 25% 归入基金资产。

申购份额、赎回金额的计算。

(1) 申购费用及申购份额的计算：

$$净申购金额 = \frac{申购金额}{1+申购费率}$$

$$申购费用 = 净申购金额 \times 申购费率$$

$$申购份额 = \frac{净申购金额}{申购单日基金份额净值}$$

当申购费用为固定金额时，申购金额的计算方法如下：

$$净申购金额 = 申购金额 - 固定费用$$

$$申购份额 = \frac{净申购金额}{申购单日基金份额净值}$$

例 2 某基金申购费率如下：

申购金额(含申购费)	前端申购费率
100 万元以下	1.2%
100 万元以上(含 100 万元)～500 万元以下	0.9%
500 万元以上(含 500 万元)～1000 万元以下	0.6%
1000 万元以上(含 1000 万元)	每笔 1000 元

假定 T 日的基金份额净值为 1.250 元，两笔申购金额分别为 100 万元和 1000 万元，则各笔申购负担的费用和获得的基金份额为

① 申购 1：申购金额为 100 万元，对应费率为 0.9%。

$$净申购金额 = \frac{1000000.00}{1+0.9\%} = 991080.28\ (元)$$

$$申购费用 = 991080.28 \times 0.9\% = 8919.72\ (元)$$

$$申购份额 = \frac{991080.28}{1.250} = 792864.22\ (份)$$

② 申购 2：申购金额 1000 万元，对应费用 1000.00 元。

$$净申购金额 = 10000000.00 - 1000.00 = 9999000.00\ (元)$$

$$申购份额 = \frac{9999000.00}{1.250} = 7999200.00\ (份)$$

(2) 赎回金额和投资收益率的计算。

$$赎回总金额 = 赎回份额 \times 赎回日基金份额净值$$

$$赎回费用 = 赎回总金额 \times 赎回费率$$

$$赎回金额 = 赎回总金额 - 赎回费用$$

$$投资收益率 = \frac{赎回金额}{投资本金} - 1$$

例 3　接例 2，假定该投资者仅投资了 100 万元该基金，持有期限半年后将基金赎回，对应赎回费率为 0.5%，该日基金份额净值为 1.50 元，则其投资收益率为

投资者持有该基金的份额为 991080.28 份，则其

$$赎回总金额 = 792864.22 \times 1.50 = 1189296.33\ (元)$$

$$赎回费用 = 1189296.33 \times 0.5\% = 5946.48\ (元)$$

$$赎回金额 = 1189296.33 - 5946.48 = 1183349.85\ (元)$$

$$投资收益率 = \frac{1183349.85}{1000000} - 1 = 18.33\%$$

即该投资者的投资收益率为 18.33%。

任务三　债券业务介绍

任务导入

客户来网点办理债券业务，请给客户介绍债券业务，并办理相关手续。

任务分析

- 债券业务介绍；
- 债券业务的业务术语；
- 债券业务的一般规定。

应知应会

1. 代理国债业务

代理国债业务是指中国邮政储蓄银行利用本行债券柜台系统，为客户提供的国债认购、付息、兑付等服务，包括储蓄国债(电子式)、凭证式国债两种。

(1) 储蓄国债(电子式)：财政部在中华人民共和国境内发行，通过代销机构面向个人客户销售的、以电子方式记录债权的不可流通的人民币债券。

(2) 凭证式国债：财政部在中华人民共和国境内发行，通过凭证式国债承销团，以凭证式国债收款凭证方式(或电子方式)记录债权的不可流通的人民币债券。

2. 业务术语

(1) 凭证式国债(老)：凭证式国债系统内新、老国债划分日为系统上线日(2008 年 1 月 29 日)，系统上线前发行的凭证式国债为老凭证式国债(下文简称老国债)，上线日后发行的凭证式国债为新凭证式国债(下文简称新国债)。新老国债的划分仅用于中国邮政储蓄银行各级机构区分内部管理原则及管理方法。

(2) 固定利率债：国债的计息利率(即票面利率)在发行时已经确定并且是唯一的，付息方式有利随本清和定期付息两种。

(3) 通胀指数债：国债每个付息周期的执行利率都在本次计息期前根据利率基数和相应的通货膨胀率来确定，付息方式有利随本清和定期付息两种。

(4) 定期付息：按发行时已规定的时间(半年或一年)支付相应利息。

(5) 预约：客户在国债的预约起止期内预定购买一定金额当期国债的交易。

(6) 认购：客户凭已签约的个人结算账户卡/折购买国债的行为。

(7) 到期兑付：储蓄国债(电子式)、凭证式国债(新)到期后，系统将本金和利息自动划入客户储蓄结算账户。

(8) 提前兑取：客户于规定时间内，兑取未到期国债，取得本金和相应利息的行为。

(9) 非交易过户：非正常交易引起的债券所有权转移，包括法院扣划、抵债、赠予、遗产继承等。

(10) 冻结：根据司法机关出具的账户冻结文件对账户进行冻结。冻结资产不得进行交易，冻结有效期一般为 6 个月(为参数设置)。其中凭证式国债只可进行整单全额冻结，储蓄国债(电子式)可进行全额或 100 元整数倍的部分金额冻结。

(11) 国债质押贷款：借款人以未到期国债作为质押，从贷款银行取得人民币贷款，按期归还贷款本息的一种贷款业务。

(12) 财产证明：应国债持有人申请，中国邮政储蓄银行为其持有国债资产所出具的证明。

3. 一般规定

(1) 理财交易账户开户时加办的实名资金账户为到期兑付、提前兑取的存款账户及提前兑取等业务手续费的扣收账户。

(2) 凭证式国债起息日是购买日，储蓄国债(电子式)起息日是发行日。

(3) 国债不得更名，不可流通转让，在规定时间内可以提前兑取。

(4) 国债认购、兑取交易采取免填单形式，即客户口头提出交易要求，并对银行打印记录签字认可。

(5) 客户办理储蓄国债(电子式)业务需在理财交易账户下开立储蓄国债(电子式)托管账户，用以记载其储蓄国债(电子式)债权及变动情况。客户只能开立一个实名理财交易账户和实名储蓄国债(电子式)托管账户。

实训案例

客户咨询基金定投，提出以下异议，请以理财经理的角色和客户交流。

案例分析：

异议1：基金有风险吗？

理财经理：基金是一种投资，投资就会有风险。但是不同种类的基金产品有不同的投资方向，适合不同风险承受能力的客户。如果您的风险承受能力比较高，可以多配置点股票型基金，来获取高额回报，而债券型基金的投资方向主要是国债和企业债，还有一定比例的新股，属于比较稳定的。投资就是为了盈利，亏损并不是基金这个产品的错，而是不同市场情况下不同基金种类的表现，我们完全可以用多方位的基金合理配置来解决这个问题。

虽然基金有风险，但收益和风险是成正比的，您可以根据自己的实际风险承受能力来选择适合的产品。例如股票型的基金收益高，相应的风险也较大，债券型基金风险较小，同样的收益也相对较低。这两者之间您可以权衡一下。

异议2：我基金知道，但是我看很多人买基金都亏损了，我不敢买。

理财经理：投资是具有风险的，但是只要分析好自己的风险承受能力，适当投资，可使资产增值。其实，通货膨胀，钱越来越不值钱了，不投资也是有风险的。凡是投资都是有风险的，购买基金可以作为一个长线投资，不急于眼前的亏损。只要您能选择适合您的产品来投资，相信您的收益还是会较高的。

异议3：别跟我提基金，听到基金俩字我就生气。(客户以前买过基金，跌惨了。)

理财经理：确实，基金能够跌成这样，谁都没有预料到。但是市场都下跌到这个份儿上了，市场点位已经进入到一个相对合理的区间，如果在这样的一个时候，适当配置一些偏股型基金，从中长期的角度来看，也是比较安全的，一旦股市转暖，您也不至于错过解套甚至获利的机会。

异议4：基金也跟股票一样天天涨涨跌跌的，没什么意思，我还不如存银行呢。

理财经理：基金根据投资标的不同可以分为偏股型基金、偏债型基金以及货币市场基金等，您提到的净值每天波动较大的基金属于偏股型基金，如果您比较讨厌风险，那么完全可以购买偏债型基金、保本型基金以及货币市场基金等。我们认为投资者除了一小部分日常的开销之外没有必要存太多的钱在银行，定期存款的流动性差，活期存款的收益低，而且还要承受因通货膨胀引起的货币贬值。另外，我们建议您可以通过定期定额投资偏股型基金的方式来熨平市场波动，从而取得长期的稳定的复利回报。

异议5：我关心的是现在买亏了怎么办？赚钱要到什么时候啊？多少人都亏着呢。

理财经理：股市的涨跌我们是预测不了的，您也说现在的股市跌的很低，在高点位的时候大家都敢买股票基金，为什么反而在低点位的时候不敢买了呢？股市是否还会震荡，我们无法预知。我们一直提倡，基金适合中长期投资。把时间拉长，经历了牛熊转换的基金，从历史净值而言，仍然有很好的收益。另外，现在是资本市场的历史低点，现在敢于投资的人一定是最明智的！中国邮政储蓄银行 2012 年 10 月份推荐的某支股票型基金，也就短短半年时间收益最高达到 15% 左右，那个时候的点位更低，而您要是害怕风险不敢投资是不可能赚钱的啊。

异议 6：投资基金是否真的省时、省力、省心？

理财经理：基金才是真正适合老百姓获得长期收益的投资工具。咱老百姓买股票，谁有时间、有精力、有能力去进行专业的投资分析呢，况且市场信息又不够透明。但基金公司作为机构投资就不一样了，他们有充分的信息来源、投研实力和严格的投资制度。

异议 7：我对基金产品还是不太了解，我想回去先自己看看，了解一下。

理财经理：我非常能理解您的感受，对于自己不了解的投资领域的慎重态度是非常理性的。但是，如果等您了解透彻了基金这个庞大而深奥的市场，合适的投资点位也许早已经溜掉了。基金的点位是越等越高的，到那时您再去投资，就会多承担很多风险啊！

任务四　代理保险业务介绍

任务导入

客户来网点咨询保险业务，请给客户介绍保险业务并办理相关手续。

任务分析

- 保险业务定义及分类；
- 保险业务的业务术语；
- 保险业务的规定。

应知应会

1. 定义

代理保险业务是邮储银行各级机构接受保险公司委托，向客户提供销售保险产品、代收保险费、代付保险金、代办保全等保险服务，并获取收益的一种经营行为。

2. 业务分类

(1) 按保险标的不同，分为财产保险和人身保险。

(2) 按保 险政策不同，分为社会保险和商业保险。

(3) 按保障主体不同，分为团体保险和个人保险。

3. 业务术语

(1) 保险人：指与投保人订立保险合同，并承担赔偿或者给付保险金责任的保险公司。

(2) 投保人：指与保险公司订立保险合同，并按照保险合同负有支付保险费义务的人。

(3) 被保险人：指其身体或生命受保险合同保障，享有保险金请求权的人。

(4) 受益人：指人身保险合同中由被保险人或者投保人指定的享有保险金请求权的人。

(5) 保险利益：又称可保利益，指投保人对保险标的具有法律上承认的利益。

(6) 保险费：简称保费，指投保人交付给保险公司的钱。

(7) 保险金：指保险事故发生后被保险人或受益人从保险公司领取的钱。

(8) 保险金额：简称保额，指保险公司承担赔偿或者给付保险金责任的最高限额。

(9) 主险与附加险：主险指可以单独投保的保险险种；附加险指不能单独投保，只能附加于主险投保的保险险种。主险因失效、解约或满期等原因效力终止或中止时，附加险效力也随之终止或中止。

(10) 趸缴：按保险合同的约定一次性交纳保费的方式。

(11) 期缴：按保险合同的约定分期支付保费的方式。

(12) 保险现金价值：指保户在退保时可取回的现金。

4. 业务规定

(1) 代理保险销售人员应取得“保险代理专业人员资格证书”。

(2) 中国邮政储蓄银行代理保险业务由总行报银监会和保监会批准后，在全国范围内逐级授权开办，授权包括业务种类、开办区域等主要内容，授权期限原则上不能超过一年。下级对所属机构的授权范围不能超出上级对其授权范围。

(3) 邮储总行与保险总公司签订的协议分为“战略合作协议”、“保险兼业代理协议”、“代理保险产品协议”、“批量代收付业务协议”和“银保通系统应用协议”5类。

(4) 代理保险销售人员在代理保险产品时要切实做到从客户利益出发进行风险告知，代理保险销售人员应提醒客户注意代理保险产品的经营主体是保险公司，主动向客户出示保险条款、产品说明书等资料，提醒客户阅读投保提示书，明确告知客户退保的条件以及由此可能带来的损失。

(5) 客户投保投资型保险产品时，需填写客户风险承受能力评估报告。代理保险销售人员需根据评估报告结果将合适的保险产品推荐给客户。

(6) 代理保险销售人员应详细讲解所代理险种的条款(包括保险责任、除外责任、被保险人权利和义务、退保的规定等内容)和投保规则，指导客户填写投保单。投保单的填写要规范，保证所填写的内容全面、字迹清晰，所要求填写的项目不可或缺。其中，凡涉及保费、保险金额、受益人等项目变动的，不得涂改，必须重新填写投保单。禁止代理保险销售人员代替客户签名。

(7) 个人客户办理新契约投保，必须持有邮储银行有效活期结算账户进行办理，投保人姓名需与活期结算账户姓名一致。

(8) 个人客户投保必须提供个人有效身份证件，有效身份证件包括身份证、护照、军官证、户口簿等保险公司认可的证件，如投保人和被保险人不是同一人，需提供双方有效身份证件。

(9) 个人客户投保必须由投保人本人亲自办理，不得代办。

(10) 邮政储蓄机构应遵守《反洗钱法》和有关监管规定对办理代理保险业务的要求，协助保险公司留存客户有效身份证件的复印件。

(11) 客户填写及打印的所有凭证，除客户联交客户外，其余统一交事后监督部门，由事后监督部门统一交回保险公司或存档保留。

实训案例

一、客户对保险营销的相关宣传产生异议，请以客户经理角色和客户交流。

案例分析：

(1) 营销管理包括宣传管理、产品销售管理及客户信息管理。

(2) 各级管理机构及营业机构应切实加强代理保险产品的宣传和信息披露管理，不得自行印制宣传材料，对保险公司送交的宣传材料应进行包括但不限于以下方面的审查并存档：

① 确保代理保险产品宣传材料由保险公司总公司或其授权的分公司统一印发。

② 确保代理保险产品宣传材料按照保险条款全面、准确描述保险产品，在醒目位置对经营主体、保险责任、退保费用、现金价值和费用扣除等情况进行提示，不得夸大或变相夸大保险合同利益，不得承诺不确定收益或进行误导性演示，不得有虚假、欺瞒或不正当竞争的表述。

③ 确保代理保险产品单证和宣传材料上不得印刷带有邮储银行名称的中英文字样或邮储银行的形象标识，不得出现“存款”、“储蓄”等字样。

(3) 营业机构不得在营业厅内摆放不合规宣传材料。

(4) 代理保险销售人员原则上应在以开展营销为主的理财服务区或其他类似职能的独立区域宣传保险知识，介绍保险产品。

(5) 代理保险销售人员在代理保险产品时要切实做到从客户利益出发进行风险告知，要恰当反映产品属性，明确告知客户退保的条件以及由此可能带来的损失。

(6) 严禁保险公司人员在营业机构向客户宣传和销售保险产品。代理保险销售人员不得有下列行为：

① 强迫或者诱导投保人订立保险合同；

② 向投保人作出不实承诺或者夸大保险合同利益；

③ 代替投保人签署投保单、保单回执、委托授权书和抄录人身保险新型产品声明等重要文件；

④ 隐瞒责任免除、退保损失和犹豫期撤单权利等信息；

⑤ 阻挠投保人履行如实告知义务；

⑥ 销售有关新型人身保险产品时，隐瞒投资风险、费用扣除情况；

⑦ 唆使投保人终止有效保险合同、转投新的保险产品；

⑧ 违规代销保险产品等不合规行为。

注意事项：

(1) 各级管理机构、营业机构和代理保险业务管理人员、销售人员不得向合作保险公司索取或接受手续费之外的非法利益。

(2) 未产生保险业务的各级管理机构、营业机构及代理保险销售人员不得索取或接受保险公司提前预支的代理手续费。

(3) 营业机构应建立代理保险业务台账，并由相关经办人签字盖章。

(4) 各级管理机构、营业机构和代理保险业务管理人员、销售人员对客户资料信息负有保密义务，未经客户授权，严禁将客户资料用于其他商业用途。

二、有客户来网点投诉保险业务相关事项，请接待该客户并作投诉的相关处理。

案例分析：

(1) 处理客户投诉应坚持预防与应急处置相结合的原则，提前做好各项预防工作，建立与客户的良好沟通机制，对于异常情况争取早预防、早发现、早报告、早控制、早解决。网点须公布客户投诉电话，及时处理客户投诉，维护客户合法权益。

(2) 各级机构应成立应急管理指挥中心工作小组，在发生客户投诉事件时，领导、指挥与协调代理保险业务应急工作。

(3) 如遇客户在营业机构有不满情绪，理财经理先安抚客户情绪，做好相关的咨询解释工作，对客户咨询解释无成效的情况下，营业机构工作人员应在第一时间将客户带离营业场所，过程中要尽量避免矛盾的升级和扩大，防止个体事件演变为群体事件。

(4) 各级负责人须妥善处理客户投诉案件，协助收回客户所持有的各类材料，协助投诉处理的调查取证，采取有效措施降低投诉产生的负面影响。

(5) 对于需要保险公司协助解决的客户投诉，银行工作人员要督促保险公司尽快解决，双方应积极沟通，制定统一话术，及时、妥善处理客户投诉。

注意事项：

营业机构工作人员在处理客户投诉过程中，要及时与上级部门沟通，不得擅自对客户做出任何承诺；不得擅自进行相关信息的披露，不得有任何行为导致客户投诉事态扩大。

项 目 案 例

一、柜员在办理保险业务网点营业前的准备和日终处理都有哪些工作内容？

案例分析：

1. 营业前准备

(1) 营业前，柜员应执行签到制度。如果是首次签到，交易成功后，柜员需先修改密码，然后才能进行其他交易。

(2) 营业主管首先签到并联动机构签到，营业主管领用主尾箱后，柜员可领取各自尾箱，办理日常业务。

(3) 同一柜员不能重复签到。柜员签到后如需离开，可做临时签退，如由于系统故障等原因柜员无法再次签到，柜员由营业主管做强制签退，签退后再次签到，营业主管由支行(局)长或一级支行业务管理员强制签退，签退后再次签到。支行(局)长由一级支行业务管理员强制签退。

(4) 营业主管查询代理重要凭证是否充足，不足时可向一级支行请领，原则上按一个月的实际使用量请领。营业主管收到一级支行下发的重要空白凭证，将实物与“代理重要凭证发放单”进行核对，若相符，在系统中做收到处理；若不符，及时与凭证管理人员进行核实后再处理。

(5) 柜员根据一天的实际使用量请领重要空白凭证。保单、批单按重要空白凭证管理，顺号使用。

2. 日终处理

柜员将当日办理的新契约投保及保全业务的留存资料核对无误后，日终上交营业主管，营业主管日终上交事后监督。上交资料如下：

① 新契约投保需上交的资料包括：投保人身份证复印件、投保单、一年期以上(不含一年期)人身保险投保提示书(根据保险公司要求提供)、投保人风险承受力评估报告(购买投资型保险产品提供)、保险合同送达回执(根据保险公司要求提供)。

② 续期缴费无需上交资料，续期缴费取消需上交的资料包括：加盖作废章戳的代理保险业务收费凭证及续期缴费取消交易使用的通用凭证一联。

③ 大额保单录入需上交的资料包括：投保人身份证复印件、投保单、通用凭证、一年期以上(不含一年期)人身保险投保提示书(根据保险公司要求提供)、投保人风险承受力评估报告(购买投资型保险产品提供)。

④ 企业客户投保需上交的资料包括：投保人身份证复印件、投保单、公司系统入账凭证、投保人入账单详细登记信息、投保完成确认单、保险合同送达回执(根据保险公司要求提供)、退回资金的付款凭证、一年期以上(不含一年期)人身保险投保提示书(根据保险公司要求提供)、投保人风险承受力评估报告(购买投资型保险产品提供)。

⑤ 手工记账录入上交的资料包括：投保人身份证复印件、投保单、通用凭证、一年期以上(不含一年期)人身保险投保提示书(根据保险公司要求提供)、投保人风险承受力评估报告(购买投资型保险产品提供)。手工记账录入取消需上交的资料包括加盖作废章戳的原交易通用凭证一联和手工记账取消交易使用的通用凭证一联。

⑥ 卡式保单录入上交的资料包括：通用凭证一联。卡式保单录入取消需上交的资料包括加盖作废章戳的原交易通用凭证一联和卡式保单录入取消交易使用的通用凭证一联。

⑦ 当日撤单上交的资料包括：投保人身份证复印件、加盖作废章戳的投保单、保单、代理保险收费凭证等收回投保人资料，及当日撤单交易使用的通用凭证一联。

⑧ 犹豫期撤单/退保上交的资料包括：投保人身份证复印件、投保人存折复印件、犹豫期撤单/退保申请表、投保单、保单、代理保险业务收费凭证、犹豫期撤单/退保授权委托书、犹豫期撤单/退保投保人确认单(根据保险公司要求提供)、批单。其中，后两项仅与保险公司的实现联机犹豫期撤单/退保申请交易才会存在，否则不存在。

⑨ 满期给付上交的资料包括：投保人与被保险人身份证复印件、投保人与被保险人存折复印件、满期给付申请表、投保单、保单、代理保险收费凭证、委托书、满期给付授权委托书、满期给付投保人确认单(根据保险公司要求提供)、批单。其中，后两项仅与保险公司的实现联机满期给付申请交易才会存在，否则不存在。

⑩ 信息变更类保全业务上交的资料包括投保人身份证复印件、投保人存折复印件、保

全申请表、投保单、保单、代理保险收费凭证、保全授权委托书、保全确认单(根据保险公司要求提供、批单。其中，后两项仅与保险公司的实现联机保全(信息变更类)交易才会存在，否则不存在。日终，柜员尾箱内原则上不应留存重要空白凭证，若当日尾箱中存在未使用的重要空白凭证，凭证日结时需由营业主管核对，确保账实相符。柜员日结凭证，上交尾箱，然后正式签退。

注意事项：

(1) 营业前准备，柜员应按规定期限修改密码，现用密码最长使用期限为 90 天，密码设置不能过于简单。

(2) 日终营业主管汇总柜员上交的所有有效单证和作废单证，日结凭证，打印代理凭证交接清单，进行实物单证与系统单证核对，核对无误后，加盖章戳，代理凭证交接清单一式三联，两联日终上交一级支行事后监督，一联营业机构留存。营业主管打印交易流水列表，一式两联，加盖章戳，一联日终上交一级支行事后监督，一联营业机构留存。营业主管上交尾箱，正式签退，并联动营业机构签退。

二、刘先生今年 32 岁，在一家国有企业工作，妻子今年 30 岁，是一家公司的会计，儿子今年已经 5 岁。家庭年收入 10 万元左右，每年的生活开销基本上是 3 万元～4 万元左右，其他支出是 5000.00 元。有活期存款 1.5 万元，定期存款 15 万元，开放式基金 4 万元以及 3 万元的股票。刘先生和妻子都有社保。计划在 3 年内购买一辆 10 万元左右的汽车、5 万元左右的停车库；每年预留 4000.00 元的旅游费用；明年小孩上小学预计每年读书费用 5000 元。请为刘先生制定一份完善的家庭理财方案。

案例分析：

现状分析：刘先生家庭目前年收入 10 万元左右，每年的生活开销基本上是 3 万元～4 万元左右，其他支出是 5000.00 元。这样家庭结余比率为 60%，说明刘先生家有一定的储蓄意识，家庭流动资产较为充足，但同时也影响了家庭资产可能取得的较好收益。从投资方面来看，刘先生有一定的投资意识和投资基础，但可投资资产每年只有 6 万元左右，尚不很充足。另外，家庭成员缺乏完善的人身风险保障。

消费支出规划：刘先生的目标是每年预留出旅游费用 4000.00 元与教育费用 5000.00 元，这笔资金可以直接从年结余中拿出，合并入家庭每年生活支出，这样年度支出总额中间值将增至 4.9 万元。

另外，3 年内购买一部 10 万元的汽车与 5 万元的车库，可以先从定期存款中拿出 5 万元作为启动资金，然后从现在起每年拿出 3 万元积累资金，由于期限较短，可以投资于债券基金，预期会有平均 5% 的年收益，这样 3 年后共可以积累 152456.00 元，可以用来购车与车库以及支付相关税费。

风险管理规划：建议刘先生与妻子每年拿出 6000.00 元左右作为保费进行投保，险种方面主要考虑意外险、健康险等品种，主要注重保障功能，为儿子也可以适当配置商业保险。

子女教育规划：建议先从定期存款中拿出 5 万元作为启动资金，然后每年投资 1.7 万元来积累。选择混合型基金进行投资，按照年复合平均收益率 8% 计算，在儿子 18 岁上大学时这笔资金可以积累到 501401.00 元左右。

投资规划：在投资策略选择上，根据刘先生与妻子的年龄以及家庭结构分析，我们建议采取偏进攻型的投资策略。构建一个合理的基金投资组合，具体品种上建议选择一部分优质混合型或偏股型基金，比例大约为 60% 左右，另一部分为偏债类基金，比例为 30% 左右。

思考与讨论题

1. 基金的特点有哪些？
2. 简述基金的分类。
3. 什么是基金定投？
4. 债券有什么特点？
5. 简述债券的分类。
6. 国债有什么特点？
7. 简述保险的业务分类。
8. 简述保险的分类。
9. 简述续期缴费处理规定及处理流程。

项目八　国际个金业务

项目导入

客户因为个人业务和境外资金往来频繁，涉及结售汇、国际汇兑和外币储蓄等多项业务，请给客户做国际个金业务的介绍和理财规划。

学习目标

知识目标

- 个人结售汇业务处理规定；
- 国际汇兑业务处理规定；
- 现金发汇业务和账户发汇业务的相关处理规定；
- 退汇、改汇、收发汇取消、注销的相关处理规定；
- 外币开户、支取、部提、清户、撤销折等业务的相关处理规定。

能力目标

- 能熟练进行个人结售汇业务操作处理；
- 能熟练进行个人国际业务操作处理；
- 能熟练进行现金发汇和账户发汇业务操作处理；
- 能熟练进行退汇、改汇、收发汇取消、注销业务操作处理；
- 能熟练进行外币开户、支取、部提、清户、撤销折等业务操作处理。

任务一　结售汇业务

任务导入

客户来网点营业厅办理个人结售汇业务，请给客户介绍个人结售汇业务的规定和办理流程。

任务分析

- 个人结汇业务的操作方法；
- 个人售汇业务的操作方法。

应知应会

8.1.1 结售汇业务

1. 基本规定

(1) 个人结售汇业务是指邮政储蓄银行为个人客户办理人民币与可自由兑换货币的兑换业务。邮政储蓄银行在开办个人结售汇业务初期只办理即期业务。

(2) 邮政储蓄银行在办理结售汇业务时须严格遵守国家有关外汇法律法规，不得变造、伪造及拆分交易。

(3) 对个人结汇和境内个人购汇实行年度总额管理。个人结汇和境内个人购汇年度总额均为每人每年等值 5 万美元。

(4) 年度总额内的结汇和购汇，凭本人有效身份证件在银行办理；超过年度总额的，凭本人有效身份证件和有交易额的相关证明等材料在银行办理。

(5) 个人年度总额内购汇、结汇，可以委托其直系亲属代为办理。个人委托其直系亲属代办，应分别提供委托人和受托人的有效身份证件、委托人的授权书、直系亲属关系证明。超过年度总额的购汇、结汇以及境外个人购汇，可以委托他人办理。个人委托他人代办，需提供双方有效身份证件、授权书和委托人的相关证明材料。

(6) 网点必须对客户提交的有效身份证件及相关证明材料的真实性进行审核，并将有效身份证件复印件及相关证明材料随结售汇登记簿等日终上缴县局事后监督，妥善保存。

(7) 网点通过国际金融业务系统办理结售汇业务时，须先登录外汇局个人结售汇管理信息系统(以下简称“外汇局结售汇系统”)进行个人结售汇年度总额审核。

(8) 外汇局结售汇系统将银行机构分为三个级别，包括总行、省分行和营业网点。其主要功能包括业务操作、业务查询、业务修改、业务统计、业务监控等。

(9) 柜台找零、转利息结汇及其他小于等值 100 美元(含 100 美元)的结汇，不纳入外汇局结售汇系统。

2. 结售汇业务办理流程

(1) 按规定审核个人提供的证明材料。

(2) 登录外汇局结售汇系统进行个人年度结售汇总额审核。通过审核的，在外汇局结售汇系统上录入结售汇业务数据。

(3) 在国际业务系统上录入业务信息。

(4) 打印中国邮政储蓄银行购汇(结汇)业务申请书和结售汇业务水单等相关单据。

(5) 网点营业主管将国际业务系统中打印的结售汇业务登记簿、特殊业务登记簿等与外汇局结售汇系统中的交易明细表进行核对，逐笔进行勾挑，并加盖名章。

(6) 每日营业终了，网点要将结售汇业务的原始凭单，包括申请书银行留存联、相关证明材料、代理人身份证复印件、结售汇业务水单(通用凭证)等，与营业轧账单、结售汇登记簿、特殊业务登记簿等报表一同上交县局事后监督员留存。

8.1.2 个人结汇业务

1. 基本规定

(1) 个人结汇是指邮政储蓄银行依照中国人民银行及国家外汇管理局有关法律法规向境内个人和境外个人购买外汇兑出人民币的一项业务。

(2) 外币现钞、活期现钞户、活期现汇户、定期账户、境外汇入款均可办理结汇。本人外汇储蓄账户向外汇结算账户的划款不得结汇。结汇交易金额在 1 万美元(含)至 2 万美元(不含)之间的，须经营业主管授权办理；1 万美元(含)到 5 万美元(不含)之间的，须经支行(局)长授权办理。

(3) 境内个人办理经常项目项下非经营性结汇，超过年度结汇总额的，应对以下证明材料进行审核：

① 捐赠款：经公证的捐赠协议或合同，捐赠须符合国家规定。

② 赡家款：直系亲属关系证明或经公证的赡养关系证明、境外给付人相关收入证明，如银行存款证明、个人收入纳税凭证等。

③ 遗产继承收入：遗产继承法律文书或公证书。

④ 保险外汇收入：保险合同及保险经营机构的付款证明。投保外汇保险须符合国家规定。

⑤ 专有权利使用和特许收入：付款证明、协议或合同。

⑥ 法律、会计、咨询和公共关系服务收入：付款证明、协议或合同。

⑦ 职工报酬：雇佣合同及收入证明。

⑧ 境外投资收益：境外投资外汇登记证明文件、利润分配决议或红利支付书或其他收益证明。

⑨ 其他：相关证明及支付凭证。

(4) 境内个人经常项目项下经营性外汇结汇按以下规定办理：

① 个人对外贸易经营者办理对外贸易结汇应通过本人在邮政储蓄银行开立的外汇结算账户进行。

② 个体工商户委托有对外贸易经营权的企业办理出口的，可通过本人的外汇结算账户结汇。结汇凭与代理企业签订的出口代理合同或协议、代理企业的出口货物报关单办理。

(5) 境外个人办理经常项目项下非经营性结汇，超过年度结汇总额的，应对以下证明材料进行审核：

① 房租类支出：房屋管理部门登记的房屋租赁合同、发票或支付通知。

② 生活消费类支出：合同或发票。

③ 就医、学习等支出：境内医院(学校)收费证明；

④ 其他：相关证明及支付凭证。

(6) 境外个人经常项目项下非经营性结汇等值 5 万美元以上的，应将结汇所得人民币资金存入至交易对方的境内人民币账户。境外个人经常项目项下经营性旅游购物贸易方式项下的结汇，凭本人有效身份证件及个人旅游购物报关单办理。

外币现钞、现钞户结汇时，外汇牌价使用现钞买入价；外币现汇户、境外汇入汇款结汇时，外汇牌价使用现汇买入价。

2. 外币兑回

(1) 境外个人将原兑换未使用完的人民币兑回外币现钞时，对于当日累计兑换不超过等值500美元(含)以及离境前在境内关外场所当日累计不超过等值1000美元(含)的兑换，可凭本人有效身份证件办理，超过规定金额的，可以凭原兑换水单在邮政储蓄银行办理。

(2) 境外个人凭本人有效身份证件和原兑换水单办理外币兑回。原兑换水单的兑回有效期为自兑换日起24个月。

(3) 客户办理外币兑回业务时，兑回的外币金额不得超过原兑换的外币金额，如发生因汇率波动造成兑回的外币金额大于原兑换的金额，应以原兑换的外币金额为限。

3. 特殊处理

(1) 修改是指当柜员办理结售汇业务录入业务参考号、折合美元、累计金额等信息出错时，将错误信息修改为正确信息的交易。修改是对非账务性业务信息进行的修正。

(2) 取消是指柜员办理结售汇或外币兑回业务出现内部差错，在客户尚未离开柜台的情况下，将差错金额全额取消的修正交易。

被取消交易、取消交易、被冲正交易、冲正交易不可再被取消。取消交易必须由原交易柜员经过营业主管授权后办理。每笔原交易只能办理一次成功的取消交易。取消交易必须当日操作，账户类取消的交易应为该子账户的最后一笔成功的账务性交易。网点在办理取消交易时，除在国际业务系统办理外，还需在外汇局结售汇系统中作相应处理。

(3) 冲正是指柜员办理结售汇或外币兑回业务出现内部差错，在客户离开柜台的情况下，把差错金额修改正确的修正交易。

冲正交易可以在差错交易发生的当日或隔日的原交易受理网点办理，办理时须经支行(局)长授权。办理冲正交易成功后，打印外汇通用凭证和修改分户账通知书，支行(局)长签章确认。冲正交易必须自差错交易处理成功之日起180天内提出。每笔原交易只能办理一次成功的冲正交易。被取消交易、取消交易、被冲正交易、冲正交易不可再被冲正。网点在办理冲正交易时，除在国际业务系统办理外，还需在外汇局结售汇系统中作相应处理。

实训案例

客户办理售汇业务，请给客户介绍售汇业务和相关注意事项。

案例分析：

(1) 个人售汇业务是指邮政储蓄银行依照中国人民银行及国家外汇管理局有关法律法规向需用外汇的境内个人和境外个人出售外汇的一项业务。

(2) 境内个人经常项目项下非经营性购汇，超过年度总额的，应对以下证明材料进行审核：

① 自费出境学习学费或生活费购汇：本人因私护照及有效签证(或签注)；境外学校录取通知书(购买第二学年或学期以后的学费或生活费无需提供)；境外学校相应年度或学期学费证明或生活费用证明。

② 自费出境学习保证金购汇：因私护照；境外学校录取通知书(购买第二学年或学期以后的学费或生活费无需提供)；境外学校学费证明或(和)生活费用证明。

③ 旅游：须提供个人因私护照及有效签证(持团体签证者，可持经旅行社盖章确认的团体签证复印件)、身份证或户口簿。

④ 境外就医：本人因私护照及有效签证(或签注)；境内医院出具的证明附医生意见以及境外医院出具的费用证明。

⑤ 境外培训：本人因私护照及有效签证(或签注)；境外培训费用证明。

⑥ 缴纳境外国际组织会费：本人真实身份证明；境外国际组织缴费通知。

⑦ 境外直系亲属救助：本人真实身份证明；有权部门或公证机构出具的亲属关系证明、有关救助的相关证明材料。

⑧ 境外邮购：本人真实身份证明；广告或订单等收费凭证。

⑨ 境外咨询：书面申请；本人真实身份证明；合同(协议)、发票(支付通知)、税务凭证。

⑩ 其他服务贸易费用：书面申请；本人真实身份证明；合同(协议)、发票(支付通知)、税务凭证。

⑪ 货物贸易及相关费用：书面申请；本人真实身份证明；进口货物报关单、合同(协议)、发票(支付通知)。

⑫ 其他非持信用卡在境外消费或支出的补购外汇：书面申请；本人身份证明；境外消费或支出的有关证明材料。

(3) 个人经常项目项下经营性外汇购汇：办理个体工商户委托有对外贸易经营权的企业办理进口的，本人凭其与代理企业签订的进口代理合同或协议购汇，所购外汇通过本人的外汇结算账户直接划转至代理企业经常项目外汇账户。

(4) 办理售汇业务的外汇牌价使用当日现汇卖出价。售汇交易金额在 1 万美元(含)至 2 万美元(不含)之间的，经营业主管授权办理；1 万美元(含)到 5 万美元(不含)之间的，须经支行(局)长授权后办理。

任务二　国际汇兑业务

任务导入

客户来网点营业厅办理国际汇兑业务，请给客户做国际汇兑业务的介绍。

任务分析

- 国际汇兑业务的定义及分类；
- 国际汇兑业务的管理。

应知应会

8.2.1　基础知识

1. 定义及形式

国际汇款业务是指中国邮政储蓄银行通过外汇业务系统向客户提供的跨境资金结算服

务。在境内发生的境内个人和境外个人外币账户间的资金划转按跨境汇款管理。

国际汇款业务按资金流向分为汇出汇款和汇入汇款。汇出汇款即发汇，是指中国邮政储蓄银行受汇款人委托，向境外合作机构发出付款指令，委托其向收款人解付指定汇款的业务。汇入汇款即收汇，是指中国邮政储蓄银行受境外合作机构委托，向境内收款人解付指定汇款的业务。

2. 业务分类

国际汇款业务按向客户提供服务的不同，可以分为基本业务、附加服务和特殊业务。

(1) 基本业务：包括代理西联汇款(以下简称“西联汇款”)、银邮汇款和邮政汇款。

(2) 附加服务：包括电话通知、投单通知、按址投送和附言。

(3) 特殊业务：包括查询、退汇、改汇、冻结和扣划。

西联汇款是指中国邮政储蓄银行代理西联公司办理的快速现金汇款业务。银邮汇款是指中国邮政储蓄银行与境外银行合作办理的现金到账户、账户到账户的电子汇款业务，即银行电汇(TT 汇款)。邮政汇款是指中国邮政储蓄银行与境外邮政机构合作办理的现金到现金、账户到现金的电子汇款业务。

3. 经营国际汇款业务应具备的条件

(1) 取得总行或上级行授权。

(2) 具备完善的国际汇款业务管理制度，操作规程和会计核算制度。

(3) 具备完善的内部控制和风险管理制度，外汇业务稳健经营，无重大违法、违规问题。

(4) 配备满足业务需要的合格的管理人员和业务人员。

(5) 具备适合经营业务的场所、设备和支持系统。

(6) 监管机构规定的其他条件。

8.2.2 业务管理

1. 汇款限额管理

客户汇款限额包括单笔最高限额和日累计最高限额。单笔超过最高限额的应分笔办理，但总计不能超过日累计最高限额。

(1) 日累计最高限额。

① 现金发汇、收汇的各类国际汇款，客户发汇和收汇的日累计最高限额均为等值 1 万美元(含)，超过日累计最高限额的不予办理。

② 账户发汇、收汇的各类国际汇款，客户发汇的日累计最高限额为等值 5 万美元(含)，收汇无日累计最高限额。发汇超出日累计最高限额时，境外个人和能够提供经常项目项下有交易额的真实性凭证的境内个人，不受日累计最高限额的限制。

(2) 单笔最高限额。

中国邮政储蓄银行西联汇款发汇、收汇的单笔最高限额均为等值 1 万美元(含)；银邮汇款现金发汇的单笔最高限额为等值 1 万美元(含)，账户发汇的单笔最高限额为等值 5 万美元(含)，账户收汇无单笔最高限额；邮政汇款发汇、收汇的单笔最高限额按照双边业务协定办理。

(3) 售汇发汇、收汇结汇的单笔最高限额和日累计最高限额均为等值 1 万美元(含)。

2. 资费管理

(1) 国际汇款资费由汇款人支付。

(2) 银邮汇款和邮政汇款的资费由总行统一制定并颁布实施；西联汇款的资费由西联公司制定，中国邮政储蓄银行执行西联公司的统一标准。

(3) 银邮汇款资费包括手续费、电讯费和钞买汇卖差价。邮政汇款资费包括手续费和钞买汇卖差价。手续费按汇款本金的一定比例，以交易日中间价折合人民币收取，并设置单笔最低、最高收费标准。

钞买汇卖差价 = 汇款本金 × (现汇卖出价 − 现钞买入价)/100，所用结售汇牌价以交易日中国邮政储蓄银行外汇业务系统公布的价格为准。

(4) 银邮汇款和邮政汇款的资费均以人民币支付，西联汇款的资费以外币支付。支付方式可以是现金或账户扣收。

(5) 中国邮政储蓄银行兑付汇款时不向客户扣收费用。除西联汇款外，中国邮政储蓄银行汇出的银邮汇款和邮政汇款在境外兑付时，均可能存在兑付机构扣费的情况，扣费标准具有不确定性。

3. 反洗钱管理

(1) 客户凭本人有效身份证件在中国邮政储蓄银行办理国际汇款的发汇、收汇业务。中国邮政储蓄银行应在外汇业务系统中完整、准确地登记客户身份证件信息，并留存客户有效身份证件复印件。

(2) 收汇以及单笔金额等值 1000 美元以上(含)的现金发汇及售汇发汇业务，柜员必须通过人民银行核查公民身份信息系统，对境内个人居民身份证信息的真伪进行核验，并留存有效身份证件的复印件。

(3) 单笔或者当日累计交易等值 1 万美元以上(含)的现金汇款，以及每天发生 3 次以上，或者营业日每天发生持续 3 天以上的汇款，中国邮政储蓄银行应向中国反洗钱监测中心提交大额和可疑报告。

(4) 中国邮政储蓄银行对被认定为涉嫌违法犯罪的个人和组织进行黑名单登记和管理，并按要求向监管部门报送可疑交易报告。

(5) 分支行办理国际汇款业务时，若发现可疑交易，应及时向当地人民银行、上一级管理机构报告，提出维护反洗钱黑名单建议。

(6) 接收境外入账汇款时，有关反洗钱信息缺失不能完整登记的，可先将汇款入账，再向境外金融机构要求补充信息。如汇款人没有在办理汇出业务的境外金融机构开立账户，无法登记汇款人账号的，可登记其他相关信息，确保该笔交易的可跟踪稽查。境外汇款人住所不明确的，可登记资金汇出地名称。

4. 业务受理范围

柜员应对客户汇款性质认真审核，对汇款用途不符合外汇管理政策规定的应拒绝受理。

(1) 炒汇类汇款特征：收款机构名称通常含有 investment、FX、ODLS、Market、DEALER、CAPITAL、FOREX、Financial、CMS 等金融类字样。

(2) 分拆类交易特征：5 个以上不同个人同日、隔日或连续多日分别购汇后，将外汇汇给境外同一个人或机构。

5. 取款通知方式

国际汇款的取款通知方式包括自行通知、电话通知和投单通知。

(1) 自行通知：发汇后，汇款人将西联汇款监控号码或邮联汇款号码等汇款信息及时告知收款人，通知收款人支取汇款。

(2) 投单通知：收汇机构接受汇款人委托，以投递取款通知单的方式，通知收款人支取汇款。

6. 有效身份证件

(1) 居住在中国境内16周岁以上(含)中国公民的居民身份证或临时身份证。

(2) 居住在中国境内16周岁以下中国公民应由监护人代办国际汇款业务，出具监护人的有效身份证件以及收款人或汇款人的居民身份证或户口簿。

(3) 中国人民解放军军人、武装警察的身份证件。

(4) 居住在境内或境外的中国籍华侨的中国护照。

(5) 香港、澳门特别行政区居民的港澳居民往来内地通行证；台湾居民的台湾居民往来大陆通行证或其他有效旅行证件。

(6) 外国公民的护照或外国人永久居留证；外国边民的护照或所在国制发的“边民出入境通行证”。

除以上法定有效证件外，为进一步确认身份，还可根据需要，要求客户出具户口簿、护照、工作证、机动车驾驶证、社会保障卡、公用事业账单、学生证、介绍信等其他能证明身份的本人有效证件或证明文件。有效证件一般应具有姓名、号码、发证机关、发证日期、有效期、照片等信息，并加盖有发证机构的公章。临时居民身份证应注意有效期。除上述规定以外的其他情况，依照有关法律、行政法规和国家有关规定执行。

实训案例

客户咨询国际汇兑的形式、可抵达国家及相关费用，请给客户介绍。

案例分析：

(1) 邮政国际汇款是中国邮政储蓄银行与境外邮政机构合作办理的国际汇款业务。按其汇款信息的传递方式，分为电子汇款和实物汇款两种。

(2) 国际邮政电子汇款业务指两国邮政间通过电子数据平台进行的汇款信息交换，主要采用电话通知和自行通知的方式通知收款人取款。目前已经开通与俄罗斯邮政和澳大利亚邮政的电子汇款业务。

(3) 国际邮政实物汇款业务指两国邮政间通过邮政汇票进行汇款信息交换，投递取款通知单通知收款人取款。目前与中国邮政储蓄银行合作办理此项业务的邮政机构有日本、芬兰、瑞士、意大利、韩国、比利时、巴西、泰国、新加坡、马来西亚、西班牙、法国、南斯拉夫、秘鲁、罗马尼亚、越南、哈萨克斯坦、香港、巴基斯坦19个国家和地区。

(4) 向境外汇款汇费按汇款本金的1.0%折合人民币收取汇款手续费。每笔最低50元，最高200元。如客户持外币现钞或从外币现钞账户汇款，还需交纳钞买汇卖差价费。钞买汇卖差价以交易日中国邮政储蓄银行公布的价格为准(目前钞汇差价优惠 50%)。接收境外汇款免费。特殊业务退汇、改汇、撤汇等每笔 8 元。查询免费。

注意事项：

(1) 国际汇款业务中的各种突发事件，应按照《中国邮政储蓄银行突发事件应急预案》要求，及时、有效地进行处理，最大程度减少可能带来的经济损失，以及可能带给客户的权益损害，确保中国邮政储蓄银行的形象、声誉和正常业务不受影响。

(2) 邮政储蓄银行外汇业务系统与境外机构交换国际汇款信息的电子平台主要包括西联、SWIFT、EUROGIRO、STEFI。网点接收的西联汇款信息，实时发送到境外；接收的银邮汇款信息、邮政汇款信息，每日按规定频次发往境外。

任务三　外 币 储 蓄

任务导入

客户来网点营业厅办理外汇币储蓄业务，请给客户做国际个金业务的介绍和理财规划，包括外币开户、支取、部提、清户等业务的操作处理。

任务分析

- 外币开户、支取、部提、清户等业务操作。

应知应会

1. 外币开户业务

需用美元开户；居民个人办理外币储蓄存款业务时，当日累计存款超过等值 10000 美元，需提供个人实名身份证件办理；非居民个人当日累计存款超过等值 5000 美元以上的，凭本人实名身份证，本人携带外币现钞入境申报单或原银行外币现钞提取单据的原件办理。

2. 外币支取业务

居民个人从外币账户中提取外币现钞，当日累计取款等值 1 万美元(含)以上的，需凭本人实名证件办理；非居民个人从境外汇入的外汇或境内外汇账户中提取外币现钞时，需凭本人实名身份证件办理，若每人每天提取外币现钞金额超过等值 1 万美元的，除提供本人实名身份证件外，还应如实填写“非居民个人外汇收支情况表”；子账户每日累计取款最高限额为 20 万美元(含)：每日每户累计取款最高限额为 20 万美元，每日每户累计跨省异地取款最高限额为 2 万美元。

3. 外币部提业务

整存整取子账户可以提前支取或部分提前支取，提前支取部分本金按活期计息，部分提前支取后账户剩余可用余额必须大于等于整存整取起存金额。

4. 外币清户业务

约定转存的整存整取子账户(境内个人)到期转存后，到期日客户支取，等值 1 万美元(不含)以下不需要提供有效实名证件，转存期未满客户支取，视同整存整取提前支取，客户须提供本人实名证件，代理时还需同时提供账户所有人实名证件和代理人实名证件。自动转存的整存整取子账户(境内个人)到期转存后，到期和逾期支取，等值1万美元(不含)以下不需提供有效实名证件，1万美元以上，客户须提供本人实名证件，代理时还需提供账户所有人实名证件和代理人实名证件。

实训案例

客户来本网点咨询外币储蓄业务，请介绍并促成业务。

案例分析：

1. 业务介绍

外币储蓄业务是中国邮政储蓄银行为客户提供的外币资金存取及保值增值服务。

活期储蓄：1美元起存，随时存取，方便灵活。

定活两便：10美元起存，不确定存期，可以随时支取，利率随存期长短而变动。

整存整取：10美元起存，约定存期，到期时一次支取本息，存期为1个月、3个月、6个月、1年和2年。

存款证明：可用于证明任一时点或时段上，存款人在邮政储蓄银行开立个人账户中的存款币种及金额。

外币携带证：居民或非居民个人携带一定金额外币出境时的证明文件。

2. 业务特色

利率优势显著；绿卡通外币账户办理汇款更方便；持外汇卡办理可享受积分；账户种类包括绿卡通、外币活期一本通、外币定期一本通。

注意事项：

外币储蓄业务实行个人存款账户实名制，开户时请提供实名证件。外币储蓄存款按中国人民银行规定的存款利率、计息方法计付利息，按国家规定的税率缴纳储蓄存款利息收入个人所得税。账户存款凭密码和存折/卡支取，对于大额等情况还需凭实名证件和相关资料办理。查询存款账户信息，请凭存折/卡及实名证件办理。请妥善保管存折/卡及密码。当存折、卡丢失或密码泄漏、遗忘时，请立刻到中国邮政储蓄银行网点办理挂失手续，以防发生资金损失。中国邮政储蓄银行只受理外币现钞货币单位的纸币，不受理铸币、辅币和残缺、污损的外币。当需要提取较大数额的外币现钞时，请提前向邮政储蓄银行预约。

项目案例

客户咨询并要求办理银邮汇款、西联汇款的发汇、收汇、查询、退汇、改汇事项，请介绍相关业务事项，并按客户要求予以办理。

案例分析：

1．西联汇款发汇

(1) 西联汇款发汇必须提供收款人姓名、所在国家、地址等信息；汇往非洲国家的汇款，必须预留测试问题和答案；汇往美国、墨西哥的汇款必须提供收款人所在州、城市名称。汇往西联公司签约合作机构的汇款，必须提供收汇公司名称、账号信息。

(2) 西联汇款发汇时，1000 美元以上(含)的汇款必须提供境外收款人身份证件信息；1000 美元以下的汇款，若境外收款人无身份证件，汇款人发汇时必须预留测试问题和答案。

(3) 西联汇款发汇可以提供按址投送、附言、电话通知等有偿附加服务。

2．银邮汇款发汇

(1) 银邮汇款发汇，必须提供收款人姓名、收款人开户银行账号、收款人开户银行的SWIFT BIC(8 位或 11 位)，以及收款银行所在国家、城市、银行名称等信息。

(2) 银邮汇款附加服务办理附言。

(3) 汇往台湾邮政的汇款按照银邮汇款的相关规定办理。

3．西联汇款收汇

(1) 收款人填写收汇单，提供西联监控号码(10 位)、发汇国家、汇款人姓名及汇款金额等信息办理收汇，有预留测试问题的还要回答测试问题。

(2) 有“延缓兑付”标志的西联汇款，汇款自发汇成功起 36 小时后方可兑付。未到兑付时间，无法办理查询和收汇。

4．银邮汇款收汇

(1) 汇款直接汇入指定的外币账户。

(2) 台湾邮政汇入的汇款按照银邮汇款的相关规定办理。

5．客户查询

指根据客户要求，中国邮政储蓄银行将其本人指定汇款的相关信息提供给客户查阅的行为。

(1) 客户自发汇之日起一年内，可凭发汇单或国际汇款号码或西联汇款监控号码，持本人有效身份证件到全国任一个国际汇款网点进行汇款查询。

(2) 客户查询内容包括汇款详细信息和汇款境外状态。汇款详细信息查询由受理机构查询后直接答复客户。查询中国邮政储蓄银行汇出的银邮汇款或邮政汇款在境外的处理状态，客户应填写特殊业务申请书，中国邮政储蓄银行受理机构编发查询处理单后，由总行统一发报文向境外机构查询。查询受理机构根据总行的查询答复意见将查询结果通知客户。

(3) 不受理客户提出的调阅原始单据的查询。对有争议的交易，可向客户提供相关汇款原始单据的复印件。

6．客户申请退汇

(1) 汇款人自发汇之日起，在汇款未兑付的前提下，一年内可到原办理网点或任一个全功能网点申请退汇。

(2) 客户应填写特殊业务申请书，提供原汇款单和本人有效身份证件办理退汇。经营业主管授权办理。

(3) 中国邮政储蓄银行受理银邮汇款和邮政汇款的退汇申请后，若汇款信息未出境，则确认退汇成功，并按退汇兑付流程办理兑付；若汇款信息已出境，则应根据境外机构对该笔退汇汇款状态答复情况，确定能否向客户退汇。

(4) 中国邮政储蓄银行受理西联汇款退汇后，如该笔汇款没有兑付，则通过西联汇款正常兑付流程办理退汇。

(5) 由于汇款已兑付等原因造成的退汇不成功，中国邮政储蓄银行不承担相关责任，不退还客户退汇手续费。

7. 客户申请改汇

银邮汇款不能修改发汇金额。邮政汇款不能修改发汇金额和收汇国家。西联汇款不能修改发汇金额和影响费用的信息。

(1) 汇款人自发汇之日起，在汇款未兑付的前提下，2 个月内可到发汇网点申请改汇。客户只能申请改汇一次。

(2) 客户填写特殊业务申请书，提供原发汇单和本人有效身份证件办理改汇。经营业主管授权办理。

(3) 由于汇款已兑付等原因造成的改汇不成功，中国邮政储蓄银行不承担相关责任，不退还客户改汇手续费。

(4) 客户申请更改西联汇款信息时，由受理机构联系西联公司客户服务中心办理。

注意事项：

(1) 差错处理是指因柜员操作错误或系统超时等原因，导致国际汇款信息出现错误时，对汇款信息进行的修正处理。

银邮汇款和邮政汇款的差错处理包括取消、注销、内部改汇和止兑。西联汇款的差错处理包括西联发汇取消、西联收汇补录、西联收汇结汇补录、西联收汇取消。

(2) 取消是指柜员办理银邮汇款和邮政汇款的发汇、收汇时，金额出现差错，在交易当天且汇款信息尚未发送出境的情况下，将汇款交易取消的一种修正方式。

① 涉及账户的取消，只能取消该账户的末笔汇款交易。

② 涉及售汇发汇、收汇结汇的取消，应先在外汇局结售汇系统撤销原结汇或售汇业务，恢复已使用的结售汇额度，再对国际汇款业务进行取消。

③ 取消由原交易柜员办理，营业主管授权。

(3) 注销是指柜员办理银邮汇款和邮政汇款的发汇、收汇时，金额出现差错，在非交易当日或汇款已发送出境的情况下，对差错金额全额冲销的一种修正方式。注销分为发汇汇款注销和已兑汇款注销。

① 已兑汇款注销成功后可以再次办理兑付。

② 涉及售汇发汇、收汇结汇的注销，应先在外汇局结售汇系统撤销原结汇或售汇业务，恢复已使用的结售汇额度，再对国际汇款业务进行注销。

③ 注销由原交易柜员办理，营业主管授权。办理注销前，应先对差错金额进行挂账处理。

(4) 内部改汇。

内部改汇是对柜员操作错误导致的银邮汇款和邮政汇款发汇或收汇信息差错进行的修改。内部改汇的信息修改范围与客户申请改汇的一致，只能修改汇款金额以外的信息。内部改汇由原交易柜员办理，营业主管授权。

(5) 止兑是指暂时锁定银邮汇款和邮政汇款信息的处理方式。解止兑是指对已止兑的汇款解除止兑的行为。

① 止兑可以在各级机构办理，解止兑应在原止兑受理机构办理。

② 汇款止兑后生成止兑号码，解止兑时应凭原止兑号码办理。解止兑分为人工解止兑和系统自动解止兑。

③ 支行及营业所办理止兑和解止兑应由支行长授权。分行及以上机构办理止兑和解止兑，应由业务主管授权。

(6) 西联发汇取消是指柜员办理西联汇款发汇业务时，因内部差错导致错误，或因系统超时等原因造成中国邮政储蓄银行外汇业务系统发汇成功，但西联公司系统发汇不成功，经办柜员与西联客户服务中心进行确认后，将中国邮政储蓄银行外汇业务系统发汇交易取消的处理。西联发汇取消应在交易当天客户临柜时办理，由原交易柜员操作，营业主管授权。

(7) 西联收汇取消是指柜员办理西联汇款收汇业务时，因内部差错造成汇款错误兑付，经办柜员与西联客户服务中心进行确认后，将已兑付的西联汇款全额取消的一种修正行为。

① 办理西联汇款收汇取消时，柜员应先与西联客户服务中心联系，确认该笔汇款兑付记录在西联主机中成功取消后，再通过中国邮政储蓄银行外汇业务系统办理西联汇款收汇取消。

② 西联汇款收汇取消成功后，可重新对该笔汇款进行收汇处理。

③ 西联汇款收汇取消应在交易当天且客户临柜时办理。由原交易柜员操作，营业主管授权。

讨论与思考题

1. 结售汇业务办理过程中有哪些风险点？
2. 国际汇兑业务办理过程中有哪些风险点？
3. 外币储蓄业务办理过程中有哪些风险点？

项目九　职业规范与操守

项目导入

客户质疑网点的劳务派遣人员、技术外包人员等是否属于银行业专业人员，请给客户说明关于银行业专业人员的范畴，并就银行业专业人员与客户、与同业人员、与机构等等相关职业操守做相关说明。

学习目标

知识目标

- 银行业专业人员基本准则；
- 银行业专业人员职业操守。

能力目标

- 熟悉银行业专业人员的基本准则；
- 熟悉银行业专业人员的职业操守。

任务一　银行业专业人员基本准则

任务导入

客户在银行营业大厅和保洁人员发生争吵，随后又和保安发生争执，请以大堂经理的角色和客户交流，并引导客户了解银行业专业人员的范畴及其职业操守。

任务分析

- 银行业专业人员的范畴；
- 银行业的基本准则。

应知应会

9.1.1　银行业专业人员范畴

1. 职业行为

职业行为是指专业人员在具体工作岗位上履行特定岗位职责的行为。广义上来说，职业行为不局限于在工作时间内或为完成工作任务的行为。一些较受公众关注的行业，如银行业其从业人员的日常行为常常也会与其职业身份联系起来。因此，专业人员保持良好的职业操守非常重要。

职业操守是职业行为规范的总称。在金融行业，中国证监会和中国保监会分别制定了专业人员行为准则和专业人员道德指引。在国外，银行业普遍重视员工的职业操守规范。新入行员工必须经过严格的以操守为核心的合规政策培训，考试合格并在劳动合同中签署严格遵守操守等相关内容后，才能够正式成为银行业专业人员。

近年来，中国银行业在推进股份制改造和公司治理改革方面取得了显著成效，银行业金融机构的财务状况和信贷资产质量有了明显的改善。但是，中国银行业健康发展的基础层面，即银行业专业人员素质，特别是职业操守，却没有跟上改革的步伐。时有发生的银行案件、屡禁不止的商业贿赂行为等就是明证。这在一定程度上反映了银行业金融机构内控制度存在缺陷，操作风险的管控存在问题，但更重要的是，银行业在专业人员职业操守方面的教育做得不够，以诚信、合规、尽职为核心的职业价值理念没有明确树立起来。银行业专业人员的职业行为，虽然受到法律法规的约束，但范围和内容都很有限，很多法律法规没有规定但在银行业专业人员职业行为上可能给所在机构带来不良影响的重大事项，如严格遵守业务流程、公平对待每个客户、对客户进行风险提示和避免不当销售等，都需要有一部系统、完整的从业操守来规范。鉴于此，中国银行业协会制定了《银行业专业人员职业操守》并于 2007 年 2 月 9 日在全体会员大会上正式通过。

银监会高度重视银行业金融机构企业文化的建立和职业操守的践行，2006 年 10 月制定的《商业银行合规风险管理指引》第三条规定：本指引所称法律、规则和准则是指适用于银行业经营活动的法律、行政法规、部门规章及其他规范性文件、经营规则、自律性组织的行业准则、行为守则和职业操守。这些规定将违反银行业职业操守的行为视为违规行为，从而在监管当局政策指引层面为遵守银行业专业人员职业操守提供了保障。

2. 专业人员

银行业专业人员是指在中国境内设立的银行业金融机构工作的人员。

银行业金融机构是指《银行业监督管理法》第二条所规定的银行业金融机构，是指在中华人民共和国境内设立的商业银行、城市信用合作社、农村信用合作社等吸收公众存款的金融机构以及政策性银行。此外，该法律规定非银行金融机构如金融资产管理公司、信托公司、企业集团、财务公司、金融租赁公司、汽车金融公司及货币经纪公司等，也适用对银行业金融机构的称谓。

近年来越来越多的银行业金融机构通过劳务派遣的方式雇用工作人员，即银行业金融机构直接与人力资源公司签订合同，由其派遣劳务人员到银行业金融机构工作。这种劳务派遣制度被《劳动合同法(草案)》所确认，并在第五章特别规定中单列一节予以规范。因此，与银行业金融机构没有直接的劳动合同关系，受有关机构派遣到银行业金融机构中工作的人员，也应属于银行业专业人员范畴。此外，有的银行业金融机构将一些业务外包给其他公司，如将IT业务外包给计算机或网络系统公司，将审计业务外包给会计师事务所，将法律及合规事务外包给律师事务所等。他们也会委派相关技术和专业人员定期或不定期地到银行业金融机构内部工作，从广义上讲，这些被委派的人员也属于银行业专业人员范畴。

3. 适用范围

银行业专业人员应当遵守职业操守，并接受所在机构、银行业自律组织、监管机构和社会公众的监督。

银行业专业人员应当遵守职业操守，在从业生涯中恪守诚信、合规、尽职的职业价值理念。

从一般意义上讲，遵守职业操守，应当成为银行业专业人员自觉的职业行为。但没有一定的监督、约束机制，严重违反职业操守规定的行为得不到应有的惩罚，银行业就不能健康发展。因此，职业操守的监督者有银行业专业人员所在机构、银行业自律组织、监督机构和社会公众。

银行业专业人员所在机构是指专业人员供职的银行业金融机构。

银行业自律组织包括全国性银行业自律组织和地方性银行业自律组织。根据银监会制定的《银行业协会工作指引》的规定，全国性银行业自律组织是指中国银行业协会；地方性银行业自律组织是指各省、自治区、直辖市及各计划单列市银行业协会。

监管机构既包括银监会，也包括中国人民银行、国家外汇管理局等行使监督管理职能的部门及其分支机构。

由于银行业务涉及社会经济活动的方方面面，银行业专业人员的职业行为应该而且较易受到社会公众的监督。

9.1.2 银行业专业人员基本准则

1. 诚实信用

银行业专业人员应当以高标准职业道德规范行事，品行正直，恪守诚实信用的原则。

诚实信用原则被视为民法中的“帝王原则”。诚实信用是任何行业规范所必须遵循的原则，银行业因其与一国的政治经济以及社会公众的生活密切相关，具有高度的外部性，因而对专业人员遵循诚实信用原则的要求应当更高。

银行业是一个高度依赖负债经营的行业，声誉是银行的生命线。声誉风险可能导致银行客户流失甚至银行挤兑，将银行置于濒临倒闭的边缘。银行业专业人员的诚信与否直接关系到其所服务的机构的声誉。因此，银行业专业人员对诚实信用的原则应该是实质意义上的恪守，不能够以任何理由违反和抗辩。品行正直是银行业专业人员的立身之本和基本要求，也是维护商业银行声誉的根本所在。专业人员品行不正虽然不违反法律法规，但也会给银行的声誉带来损失，还会为银行业欺诈种下祸根，外部人员也会利用专业人员的不端品行进行内外勾结，致使犯罪。因此，银行业专业人员无论何时何地，都必须恪守诚实信用原则，保持个人品行正直，以免自己的行为给所在机构带来不良影响。

2. 守法合规

银行业专业人员应当遵守法律法规、行业自律规范以及所在机构的规章制度。

银监会于 2006 年 10 月公布的《商业银行合规风险管理指引》第三条将合规定义为商业银行经营必须与适用于银行业经营活动的法律、行政法规、部门规章及其他规范性文件、经营规则、自律性组织的行业准则、行为守则和职业操守相一致。

法律法规是一种约定俗成的说法，具有较为宽泛的含义，包括由立法机关即全国人民代表大会及其常务委员会制定的法律，国务院制定的行政法规，国务院各部委制定的规章，同时还包括地方性法规、自治条例和单行条例等。

自律规范是指由银行业协会经过其章程规定的程序通过的对全体会员具有一定约束力的行业规范及公约，如中国银行业协会制定的《中国银行业自律公约》、《中国银行业反商业贿赂承诺》以及其职业操守等。

规章制度是指银行业金融机构内部制定的各项政策、操作程序和工作规范。各家银行业金融机构的内部规章制度不得与法律法规及自律规范所确定的原则相冲突。

树立合规经营意识，防范合规风险是银行开展正常经营活动的基本前提。合规风险定义为商业银行因没有遵循法律、规则和准则可能遭受法律制裁、监管处罚、重大财务损失和声誉损失的风险。商业银行的整体经营活动的合规是由其众多的专业人员合规构成的，任何一个银行业专业人员违反合规政策的行为都有可能给银行带来合规风险。《商业银行合规风险管理指引》第六条规定：商业银行应加强合规文化建设，并将合规文化建设融入企业文化建设全过程。董事会和高级管理层应确定合规的基调，确立全员主动合规、合规创造价值等合规理念，在全行推行诚信与正直的职业操守和价值观念，提高全体员工的合规意识，促进商业银行自身合规与外部监管的有效互动。

3. 专业胜任

银行业专业人员应当具备岗位所需的专业知识、资格与能力。

具备岗位所需专业知识和技能，是银行业专业人员从业的基本前提。由于社会发展、市场需求的变化，银行业务也在不断发展变化，专业人员只有不断学习，不断提高自己的专业知识和技能，才能适应岗位工作的需要。

资格是指通过考试或认可而取得的各种资格，如通过中国银行业协会银行专业人员资格考试所获得的银行业专业人员资格、通过司法部组织的国家司法考试所获得的法律职业资格以及通过财政部门考试获得的会计资格等。根据有关监管机构的规定，银行业金融机构的某些岗位只有具备相应的资格才能上岗。如《商业银行个人理财业务管理暂行办法》第五十四条规定，商业银行个人理财业务人员除应具备相应的学历水平和工作经验以外，还应具备相关部门要求的行业资格。在国外大多数发达国家，银行业专业人员资格认证制度已经有上百年的历史，没有取得银行业专业人员资格认证，就没有在银行业找到工作的可能。这种专业人员资格认证制度，从根本上保证了银行业专业人员在专业上胜任本职工作，从而为银行稳健经营打下了良好的基础。在我国，此项工作由中国银行业协会承担，正处于起步阶段。

能力是通过学习和实践所获得的技能，包括理论水平、实务操作能力和职业判断能力等。取得一定的从业资格认证，是专业人员具备从事岗位工作所需知识和技能的一种证明。

4. 勤勉尽职

银行业专业人员应当勤勉谨慎，对所在机构负有诚实信用义务，切实履行岗位职责，维护所在机构商业信誉。

银行业专业人员不仅要具备岗位所需的专业知识和技能，更要有一个勤勉谨慎的良好工作态度。银行业专业人员首先要对所在机构尽到诚实信用的义务，准确、诚实地填报个人信息和工作、学习经历。任何刻意隐瞒或不实披露所在机构人力资源管理需要的个人信息的行为，都会为将来埋下隐患。

在业务操作过程中，专业人员要认真履行岗位职责，勤勉谨慎，仔细认真，避免差错，做一名称职的银行业专业人员。

5. 保护商业秘密与客户隐私

银行业专业人员应当保守所在机构的商业秘密，保护客户信息和隐私。

根据《中华人民共和国反不正当竞争法》(以下简称《反不正当竞争法》)的规定，商业秘密是指不为公众所知悉、能为权利人带来经济利益，具有实用性并经权利人采取保密措施的技术信息和经营信息。保守所在机构的商业秘密，是银行业专业人员应尽的义务。

客户信息是指银行在为客户开户、提供授信服务或其他金融产品时所掌握的客户的地址、联系电话、财产及财务状况等信息。

客户隐私主要是指个人客户的婚姻及家庭状况及其他不愿被他人所知悉、掌握的情况。

银行业金融机构及其专业人员在为客户提供金融服务时，可以根据有关反洗钱的规定或其他规定让客户提供详尽的信息，这些信息的掌握有助于授信业务的审批或交易的完成，但这些信息不能提供给第三方或机构内部的其他部门。如果泄露或不当使用这些信息会给客户造成损失或侵害客户利益，属违法行为，给所在机构带来损失。因此，客户商业秘密、信息和隐私的妥善和严格保护既是法律法规的强制性规定，也是避免客户损失、维护银行声誉的必然要求。

6. 公平竞争

银行业专业人员应当尊重同业人员，公平竞争，禁止商业贿赂。

公平竞争是指银行业金融机构及其专业人员以金融服务的种类、质量和效率等手段，而不是靠低价销售、贬低对手、虚假宣传等不正当方式竞争。同时，应当尊重同业人员，共同建立合作共赢的良好行业风气。

《反不正当竞争法》规定，经营者不得采用财务或其他手段进行贿赂以达到销售或购买产品或服务的目的。经营者销售或购买商品或服务，可以以明示方式给对方折扣，可以给中间人佣金，但折扣和佣金必须如实入账。不如实入账将会被认为是商业行贿或受贿行为，一旦发生，就将面临法律或纪律的严惩。

任务二　银行业专业人员职业操守

项目导入

客户在银行柜台和柜员发生争执，请以网点负责人的角色和柜员交流，指导柜员明确银行业专业人员的职业操守及正确处理和客户关系的方法。

任务分析

- 银行业专业人员的职业操守；
- 银行业专业人员与客户的关系。

应知应会

9.2.1　银行业专业人员与客户

1. 熟知业务

银行业专业人员应当加强学习，不断提高业务知识水平，熟知向客户推荐的金融产品的特性、收益、风险、法律关系、业务处理流程及风险控制框架。

银行业务具有较强的专业性。专业人员所处的岗位或其承担的职责有所不同，但对银行业务应有全面了解，尤其要对本岗本职工作有较为专业、深入的理解。对一些重要的业务岗位或承担管理职能的人员来说，具有广博的知识、专业的技能以及相当的从业经验更是履行其职责的前提条件。

按照《商业银行法》的规定，设立商业银行的必备条件之一是必须有具备专业知识和工作经验的高级管理人员。此外，中国人民银行《金融机构高级管理人员任职资格管理办法》、银监会《中资商业银行行政许可事项实施办法》以及《外资金融机构行政许可事项实施办法》等对高级管理人员的专业知识以及任职资格提出了明确而具体的要求。

对银行业一般专业人员的专业知识及从业资格，我国的法律法规还没有作出明确的规定。作为一名银行业专业人员，以下三个方面的知识是不可或缺的：

一是对宏观经济和金融状况有较为全面的认识和了解，并对银行在现代经济中所起的作用有所了解。

二是熟知与自身岗位相关的银行业务及与管理有关的法规，并对金融监管体制和所从事业务涉及的监管规定有较为深入的了解。

三是具备胜任本职工作的相关专业知识和技能。

专业人员具备丰富的业务知识和熟练的从业技能，是银行健康发展的基本保证。在金融产品、制度、科技不断变化和创新的当代，专业人员还应坚持学习，确保知识得到更新，业务技能不断获得提高。因此，专业人员应当利用各种机会，积极主动地学习、钻研新业务，掌握新知识。

2. 监管规避

银行业专业人员在业务活动中，应当树立依法合规意识，不得向客户明示或暗示规避金融、外汇监管规定。

此处的规避是指为逃避法律、法规中禁止性、义务性以及程序性规定而采取的以合法的形式逃避法定义务、掩盖非法或违规事实的行为。

银行业务涉及的法律法规较为庞杂，总而言之，实际工作中涉及的法律及监管规则大体包括以下几个类别：

(1) 适用于所有营利性机构的法律法规，如会计、税收、工商管理方面的法律法规。这些法规对所有经营性企业具有广泛适用性，银行也不例外。

(2) 直接与银行和管理有关的法律法规，如《银行业监督管理法》、《中国人民银行法》、《商业银行法》、《外汇管理条例》等法律、行政法规；银监会、中国人民银行、国家外汇管理局等监管机构根据上述法律制定的有关监管规则和指引。此外，还包括其他金融监管机构对跨多个监管领域的产品发布的规则，如中国保监会关于保险兼业代理的有关规定，中国证监会关于基金托管等业务的规定。

这些监管规则和指引不仅明确规定了银行机构设立的条件，也对银行的业务范围、业务准入、经营管理、业务运营、风险控制、资产负债管理等提出了总体要求。

一般而言，法律法规的规定既包括授权性规定，也包括禁止性、义务性，或程序性规定。禁止性规定属于法律明确规定不可以从事的行为，如不得进行洗钱活动，一旦违反，违法行为人将面临刑事或行政上的处罚。义务性规定是法律要求行为人必须履行的行为，如法律法规要求所有经营性、生产性企业依法照章纳税。一旦法律或法规上规定这些要求，行为人必须按照法律法规规定履行相应的义务，否则也将产生不利后果。程序性规定是指法律法规中有关从事某种活动必须按照一定程序履行审批或备案的规定，如商业银行开办代客境外理财业务必须向银监会申请代客理财业务资格。

银行违反禁止性、授权性或程序性规定将会对其产生直接不利的后果，因此，银行业专业人员应该特别留意这些规定，必须做到：

(1) 树立依法合规经营意识，认识到合规经营是银行从事所有活动的前提。

(2) 熟知与本职工作密切相关的法律、法规和监管规则，尤其是禁止性、义务性以及程序性规定。

(3) 根据立法本意正确理解监管规则中禁止性、义务性及程序性规定。

3. 岗位职责

银行业专业人员应当遵守业务操作指引，遵循银行岗位职责划分和风险隔离的操作规程，确保客户交易安全。

(1) 不打听与自身工作无关的信息。

(2) 除非经内部职责调整或经过适当批准，不代其他岗位人员履行职责或将本人工作委托他人代为履行。

(3) 不得违反内部交易流程及岗位职责管理规定将自己保管的印章、重要凭证、交易密码和钥匙等与自身职责有关的物品或信息交与或告知其他人员。

道德风险和操作风险是银行日常运营中面临的两种主要风险。为防范这些风险，商业银行对各个岗位的职责有明确划分，并在业务流程和权限方面进行控制，使每笔业务都经过相应的复核和审批程序。作为一名专业人员，必须遵循所在机构业务操作规程。

4. 信息保密

银行业专业人员应当妥善保存客户资料及其交易信息档案。在受雇期间及离职后，均不得违反法律法规和所在机构关于客户隐私保护的规定，不得透露任何客户资料和交易信息。

银行业专业人员严格执行关于客户隐私和交易信息保密的有关法律法规规定，不得违法或违规对他人透露有关信息。

客户隐私保护是商业银行必须承担的一项重要义务。银行是否具有一套完善的保护客户隐私的制度和施行措施是评价银行经营管理水平的一个重要指标，也是客户评价银行是否稳健经营的重要标准，这种评价将直接影响客户是否与银行发生业务。

为保护客户隐私，许多国家进行了专门立法。国际上影响较为广泛的是经济合作与发展组织(OECD)于 1980 年制定的个人隐私保护的八项基本准则，即信息收集限制原则(Collection Limitation Principle)、信息质量原则(Data Quality Principle)、表明目的原则(Purpose Specification Principle)、使用限制原则(Use Limitation Principle)、安全保护原则(Security Safeguards Principle)、公开性原则(Openness Principle)、个人参与原则(Individual Participation Principle)以及负责任原则(Accountability)。这八条准则为绝大多数国际性银行采用，并制定了相应的内部规则和监督机制确保其实现。

我国虽然没有对客户隐私保护进行专门立法，但《商业银行法》存款自愿、取款自由、为客户保密的基本原则奠定了对客户隐私进行保护的法律基础。同时，《商业银行法》在相应章节中规定的查询客户账户信息和交易信息的法定机关的种类、权限及程序也可被视为我国对客户隐私进行保护的基本规范。此外，我国《反洗钱法》也明确规定了金融机构应该对反洗钱信息保密。根据该法全文来理解，这里所指的信息不仅包括反洗钱工作动态信息，也包括涉及的客户身份信息和账户交易信息。

另外，妥善保存客户信息和交易信息档案不仅是金融机构应该承担的法定义务，也是履行法定协助义务的前提条件。根据我国《反洗钱法》的规定，金融机构必须妥善保护客户开户资料及交易信息 5 年以上，并且在反洗钱主管机关依法进行反洗钱调查时必须提供必要的协助，这也包括提供相关的客户信息及交易信息。

5. 利益冲突

银行业专业人员应当坚持诚实守信、公平合理、客户利益至上的原则，正确处理业务开拓与客户利益保护之间的关系，并按照以下原则处理潜在利益冲突。

(1) 在存在潜在冲突的情形下，应当向所在机构管理层主动说明利益冲突的情况，以及处理利益冲突的建议。

(2) 银行业专业人员本人及其亲属购买其所在机构销售或代理的金融产品，或接受其所在机构提供的服务时，应当明确区分所在机构利益与个人利益，不得利用本职工作便利，以明显优于或低于普通金融消费者的条件或价格与其所在机构进行交易。

银行业专业人员要诚实信用地履行其职责，妥善处理各种利益冲突。

作为一个社会人，一方面，专业人员是银行人员；另一方面，在工作以外往往扮演着各种不同的角色。这些角色多数时候会为本职工作带来帮助，但往往也会带来一些利益冲突。如果不妥善处理，必然会给银行带来声誉方面或经济方面的不利影响。

妥善处理利益冲突对于银行业专业人员而言意味着专业人员有两个方面的义务：

(1) 主动避免利益冲突，如主动避免参与可能存在利益冲突的业务、项目；主动避免任职于可能产生利益冲突的岗位。

(2) 在利益冲突发生之时，应申请回避或根据“正常交易原则”，向管理层、利益相关人充分披露利益冲突的信息，以确保交易的正当性和合理性。

6. 内幕交易

内幕信息是指为内幕人员所知悉的，尚未公开并可能影响金融交易达成、金融交易价格的重大信息，如银行或公司的经营方针和经营范围的重大变化、重大投资行为、面临的重大诉讼以及重大的购置财产的决定等信息。银行业专业人员基于内幕信息进行内幕交易，或为他人提供投资理财方面的建议，都有可能损害所在机构或金融消费者的利益，情节严重者，甚至会触犯法律。

银行业专业人员在业务活动中应当遵守有关禁止内幕交易的规定，不得将内幕信息以明示或暗示形式告知法律和所在机构允许范围以外的人员，不得利用内幕信息获取个人利益，也不得基于内幕信息为他人提供理财或投资方面的建议。

任何可能接触到金融交易的专业人员，不得未经法定程序对外透露内幕信息，也不得利用内幕信息进行内幕交易。

根据《证券法》的规定，内幕交易主要包括下列行为：

(1) 内幕信息知情人利用内幕信息买卖证券，或者根据内幕信息建议他人买卖证券的行为。

(2) 内幕信息知情人向他人泄露内幕信息，使他人利用该信息获利的行为。

(3) 非内幕信息知情人通过不正当的手段或者其他途径获得内幕信息，并根据该内幕信息买卖证券，或者建议他人买卖证券的行为。

以证券市场为例，内幕交易危害很大，具体体现在：

(1) 违反了证券市场的“公开、公平、公正”原则，侵犯了不特定广大投资者的合法权益。

(2) 内幕交易损害了上市公司的利益。《证券法》要求上市公司必须定期向投资者及时公布财务状况和经营情况。建立一种全面、公开、可信的信息披露制度，才能取得公众的信任。利用内幕信息进行证券交易的行为，危害上市公司信息披露的公正性，损害了投资者对上市公司的信心，从而影响上市公司的正常发展。

(3) 内幕交易扰乱了证券市场秩序。内幕人员利用内幕信息，人为造成股价波动，损害证券市场的正常秩序。

中国金融业采取分业经营、分业监管的原则，因此，银行业专业人员在工作中接触到的内幕信息主要包括以下两种：

(1) 当其所在机构为上市银行之时，获知有关本机构的内幕信息。

截至2013年底，中国境内共有16家银行分别在内地及境外上市，分别是中国工商银行、中国建设银行、中国银行、中国农业银行、招商银行、交通银行、上海浦东发展银行、中国民生银行、兴业银行、深圳发展银行、南京银行、宁波银行、中信银行、光大银行、北京银行、华夏银行。可以预见的是，随着我国银行业股份制改造进程的加快，将会有更多的银行被改造为上市银行，这将使更多专业人员接触到涉及本机构的重大有利或不利的信息，这些信息通常都会对证券价格乃至证券市场产生影响。

(2) 在履行基金托管、账户托管或其他义务的过程中获知内幕信息。

根据我国《证券投资基金法》及其相关法律、法规的规定，证券投资基金、企业年金、社保基金等都必须指定一家商业银行作为托管人。基金托管人往往有更多的机会了解基金这样的机构投资者的投资组合和款项流向。如果不当利用所掌握的信息，或违法将相关信息对外进行透露，将违反《证券法》有关禁止内幕交易的规定。

7. 了解客户

银行业专业人员应当履行对客户尽职调查的义务，了解客户账户开立、资金调拨的用途以及账户是否会被第三方控制使用等情况。同时，应当根据风险控制要求，了解客户的财务状况、业务状况、业务单据及客户的风险承受能力。

银行业从业人员要履行法定审查客户身份的义务，不得为客户开立匿名或假名账户，也不得在未完成法定审核身份义务的情况下接受客户指令，办理业务。

了解客户是银行依法承担的一项法定义务，我国账户管理规定以及《反洗钱法》等法律、法规都明确要求金融机构应当建立客户身份识别制度。因此，专业人员在办理业务时须遵循以下规则：

(1) 银行在与客户建立业务关系或者为客户提供规定金额以上的现金汇款、现钞兑换、票据兑付等一次性金融服务时，应当要求客户出示真实有效的身份证件或者其他身份证明文件，进行核对并登记。

(2) 客户由他人代为办理业务的，银行应当同时对代理人和被代理人的身份证或者其他身份证明文件进行核对并登记。

(3) 银行不得为身份不明的客户提供服务或者与其进行交易，不得为客户开立匿名账户或者假名账户。

因此，作为一名银行业专业人员，应该做到：

(1) “了解客户”不仅是其所在机构的法定义务，也是自己工作中必须严格履行的一项要求。

(2) 熟知所在机构对客户身份进行识别和登记的有关规定，了解所在机构对不同客户进行身份识别的具体要求。

(3) 严格遵循操作流程，不得徇私情而违反规定为客户开立匿名或假名账户。为客户开立匿名或假名账户不仅将给所在机构带来不利的法律后果，也将对自己的职业发展产生不利的影响。

8. 反洗钱

银行业专业人员应当遵守反洗钱的有关规定，熟知银行承担的反洗钱义务，在严守客户隐私的同时，及时按照所在机构的要求，报告大额和可疑交易。

银行业专业人员在工作中，要了解大额、可疑交易的判断标准以及协助反洗钱调查的义务，履行大额可疑交易报告、账户资料保存等义务。

根据我国《反洗钱法》及中国人民银行的规定，银行等金融机构在反洗钱方面承担以下义务：

(1) 建立内部反洗钱工作机制和规程。

(2) 建立对客户身份进行识别的工作流程和内部控制制度。

(3) 妥善保管和保存客户的身份资料以及交易记录。

(4) 及时报告大额和可疑交易。

(5) 协助反洗钱调查。

(6) 对反洗钱工作的信息进行保密。

(7) 参与与反洗钱有关的政策、法规宣传和培训的工作。

9. 礼貌服务

银行业专业人员在接洽业务过程中，应当衣着得体、态度稳重、礼貌周到。对客户提出的合理要求尽量满足，对暂时无法满足或明显不合理的要求，应当耐心说明情况，取得理解和谅解。

银行业专业人员的业务活动以客户为中心，专业的态度、得体的行为举止、为客户提供礼貌周到的服务是专业人员履行职责的基本要求。

一般银行业专业人员所在机构对员工的着装、言行都有较为明确的要求，银行业专业人员应该熟知这些要求，自觉践行。

银行业专业人员应当以大方得体的行为举止为客户提供优质服务，并在业务处理过程中，满足客户的合理要求。对于明显不合理的要求，也应耐心说明情况，获得客户的理解。

10. 公平对待

银行业专业人员应当公平对待所有客户，不得因客户的国籍、肤色、民族、性别、年龄、宗教信仰、残障及业务的繁简程度和金额大小等方面的差异而歧视客户。

对残障者或语言存在障碍的客户，银行业专业人员应当尽可能为其提供便利。

但根据所在机构与客户之间的契约而产生的服务方式、费率等方面的差异，不应视为歧视。

公平对待所有客户是银行业专业人员应有的工作态度，是其为客户提供优质服务的前提条件，也是银行保持良好社会形象的要求。

专业人员每日面对的客户在年龄、性别、民族、家庭背景、受教育程度、语言、信仰和风俗习惯等方面都有不同。专业人员无论面对什么客户都应以一种公平的、礼貌亲切的态度对待，不应因为客户在某些方面的特殊性而持歧视态度。

对有残障的客户，应该尽量为其提供便利，且不应让人感到对其怜悯或过于明显的同情。

在业务处理中，不同客户要求的业务可能会存在较大的差异，经济效益也会有所区别，专业人员不应因为业务繁简程度或经济效益上的差异对部分客户明显怠慢或过于热情，以至于让客户感觉到明显的差别待遇。

与此同时，考虑到银行产品本质上存在差别，产品的目标客户群是有所不同的，因此，因银行在产品设计上的差异而导致的费率和服务便捷程度等方面的差别与公平对待客户的职业操守要求并不矛盾。为重要的客户(如 VIP 客户)提供的营业场所，银行应该设置明显的标志，并将其与一般营业地点区分开来，以免引起不必要的误解。

11. 风险提示

向客户推荐产品或提供服务时，银行业专业人员应当根据监管规定的要求，对所推荐的产品及服务涉及的法律风险、政策风险以及市场风险等进行充分的提示，对客户提出的问题应当本着诚实信用的原则答复，不得为达成交易而隐瞒风险或进行虚假或误导性陈述，并不得向客户作出不符合有关法律法规及所在机构有关规章制度的承诺或保证。

银行业务具有较强的专业性。就具体产品而言，银行与客户之间的权利和义务安排、产品的收益性、费率高低、风险防范措施等因素对客户决定是否购买某种产品或服务有重要的影响。在银行产品和服务日新月异的今天，客户往往难以充分、及时地了解银行产品。此外，在格式合同被普遍采用的背景下，银行往往以免责条款的形式将风险进行转移，不够细心的客户很难发现合同中对其权利进行限制的条款，也难以了解产品的特性。因此，客户获得充分的信息，对银行产品和服务作出理性判断，这是决定是否与银行建立业务联络或购买银行产品或服务的前提条件，也是一个稳健而负责任的银行应该采取的一种营销态度。对专业人员而言，则应本着诚实信用的原则对客户进行必要的风险提示，确保客户在获得充分信息之后作出理性选择。

根据这一规定，专业人员在向客户进行营销活动之时，应该坚持以下做法：

(1) 应从有利和不利两个方面向客户作出全面的产品介绍。

(2) 对产品涉及的主要风险尤其是该产品特有的风险进行特别提示。

(3) 提醒客户留意合约中的免责条款。

(4) 在客户提出问题之时，应本着诚实信用的原则解答，不应为完成销售任务，对产品存在的风险视而不见，或者刻意隐瞒。

12. 信息披露

银行业专业人员应当明确区分其所在机构代理销售的产品和由其所在机构自担风险的产品，对所在机构代理销售的产品必须以明确的、足以让客户注意的方式向其提示被代理人的名称、产品性质、产品风险和产品的最终责任承担者、本银行在本产品销售过程中的责任和义务等必要的信息。

银行业专业人员应当充分提示代理销售产品的信息，为客户在作出是否购买银行产品或服务的判断时提供依据。

银行拥有庞大的营销网络、便捷的信息技术和良好的声誉，越来越多的机构借助银行的这些优势销售自己的产品，而对于银行而言，大力发展代理业务不仅有效整合了银行的营销网络优势，也为银行带来了接近零风险的手续费收入，成为很多银行及其分支机构重点推荐的产品之一。在越来越多的银行将中间业务和资产管理作为发展重点，实现盈利模式的转变的背景下，附带的一些问题也因此产生。产生这些问题的重要原因之一是银行未能对客户进行足够的信息披露，让客户误以为在银行代理销售的产品是银行自担风险的产品。这种情况的发生与部分银行自身管理不够到位、风险控制手段缺乏有关，也与一些银行及其专业人员盲目追求短期利益的行为有关。

13. 授信尽职

银行业专业人员应当根据监管规定和所在机构风险控制的要求，对客户所在区域的信用环境、所处行业情况以及财务状况、经营状况、担保物的情况、信用记录等进行尽职调查、审查和授信后管理。

从事信贷业务的银行业专业人员要忠于职责，专业、客观、全面、中立地对信贷客户进行尽职调查，监控风险，为实现银行信贷风险控制做好基础工作。

信贷业务是银行的传统业务，也是不良资产沉淀较多的领域。商业银行授信管理及内控机制是否健全、有效是控制信贷风险、降低不良贷款的重要手段之一。为此，银监会下发了《商业银行授信工作尽职指引》，并针对集团客户、中小企业等不同客户群下发了专门的授信指引，对授信工作前期尽职调查、数据分析与评价、授信决策机制、授信后管理等都提出了明确的要求。银行业专业人员，尤其是在信贷管理及相关支持部门工作的人员，不仅应该透彻领会监管机关对商业银行授信工作的要求，还应该认真学习、贯彻所在机构对授信工作的具体要求、实施方案和工作流程，确保授信前调查充分、全面、真实，授信审查严格遵循程序和权限，客观、独立、公正，确保授信监测及时、到位，并确保对问题授信有得力的应对措施。

14. 协助执行

银行业专业人员应当熟知银行承担的依法协助执行的义务。在严格保守客户隐私的同时，了解有权对客户信息进行查询、对客户资产进行冻结和扣划的国家机关，按法定程序积极协助执法机关的执法活动，不泄露执法活动信息，不协助客户隐匿、转移资产。

专业人员在其职业行为中不仅要保护客户隐私，也应该根据法律、行政法规规定依法履行协助执行的义务。

依法协助执行与保护客户隐私是两项看似矛盾的商业银行的法定义务。实践中，往往存在以下四个方面的问题：

一是为维持与客户的业务关系或出于私情，不协助有权对客户信息进行查询、对客户资产进行冻结和扣划的国家机关依法对客户账户进行查询、冻结、扣划，甚至为客户通风报信或协助转移客户的资产，使执法行为无法进行。

二是忽视客户隐私保护的法律和内部管理规定，未经任何法定程序将客户的存款信息或交易信息向其他不应该知道的人透露，造成客户与专业人员所在机构之间的矛盾和纷争。

三是不了解各个有权对客户信息进行查询、对客户资产进行冻结和扣划的国家机关执法的权限，协助一些未经法律或行政法规授权的机构的查询、冻结、扣划行为，造成客户信息泄露或资产损失，并最终使专业人员所在机构产生声誉上的风险。

四是不了解协助执行工作的法定程序以及内部工作流程，不严格审核协助执行的法定手续，或不按照内部工作流程及时向内部相关部门寻求支持。

一般而言，上述行为的后果将有如下三种：

(1) 影响其所在机构的声誉。

(2) 其所在机构将可能面临执法机关的行政、司法处罚。

(3) 专业人员个人将会面临行政、司法处罚以及其所在机构的内部惩戒。

因此，专业人员应学习基本法律知识，了解我国《商业银行法》对客户存款等信息的保护及对查询、冻结、扣划客户存款信息的规定，掌握中国人民银行、银监会、最高人民法院等机构关于查询、冻结、扣划客户存款及交易信息的规定，熟知有权查询、冻结、扣划客户存款的国家机关的权限、执法的程序，做到依法协助执行与保护客户隐私并重，维护客户利益以及所在机构的声誉。

具体而言，在实践工作中，专业人员应该做到以下几点：

(1) 不向不应该知道的人透露协助执行方面的信息。

(2) 面临有关机关协助执行的要求之时，及时向内部支持部门寻求支持，确保获得专业指导。

(3) 按照法律规定及内部工作流程确认来人的身份，审核来函的法定要件，并按照规定进行保存和归档。

(4) 确保要求协助执行的事项属于该请求机关法定权限以内。

(5) 审核协助执行的具体事项，协助执行的范围严格限定在法律文书载明的事项，不应根据执法人员口头请求而超范围协助执行。

(6) 以专业、中立的态度对待任何协助执行请求，不搪塞、不推诿，更不应该采取向客户通风报信、协助转移资产等方式对抗协助执行活动，使其所在机构或个人承担责任。

15. 礼物收、送

在政策法律及商业习惯允许范围内的礼物收、送，应当确保其价值不超过法规和所在机构规定允许的范围，且遵循以下原则：

(1) 不得是现金、贵金属、消费卡、有价证券等违反商业习惯的礼物。

(2) 礼物收、送将不会影响是否与礼物提供方建立业务联系的决定，或使礼物接受方产生交易的义务感。

(3) 礼物收、送将不会使客户获得不适当的价格或服务上的优惠。

银行业专业人员在工作中应该公平竞争，不得假借促销费、宣传费、赞助费、科研费、劳务费、咨询费、佣金等名义，或者以报销各种费用等方式，接受或给予客户财物及其他不当便利。

商业贿赂包括两方面含义：一方面是提供贿赂的行为，另一方面是接受或索取贿赂的行为。这两种行为均为我国法律所禁止。我国1993年颁布的《反不正当竞争法》第八条明确禁止采用财物或者其他手段进行贿赂以销售或者购买商品，并规定，“在账外暗中给予对方单位或者个人回扣的，以行贿论处；对方单位或者个人在账外暗中收受回扣的。以受贿论处”。另外，该法还规定，“经营者销售或者购买商品，可以以明示方式给对方折扣，可以给中间人佣金。经营者给对方折扣、给中间人佣金的，必须如实入账。接受折扣、佣金的经营者必须如实入账”。

为贯彻《反不正当竞争法》的有关规定，国家工商总局于1996年出台了《关于禁止商业贿赂行为的暂行规定》，对商业贿赂行为的行为表现、惩罚措施等作出了具体规定。

近几年，反商业贿赂是各行业监管(主管)机构重点防范和整治的领域。2006年2月，中共中央办公厅、国务院办公厅下发了《关于开展治理商业贿赂专项工作的意见》。根据这一意见，各行业监管机构也下发了配套措施，给予了高度的重视。

作为一名银行业专业人员，应该树立依法合规、公平竞争的意识，避免因短期利益驱动而违反法律法规，为自己的职业生涯带来不利的影响。在实践中，下述行为明显属于商业贿赂行为：

(1) 为获得客户的存款、贷款等业务，以促销费、宣传费、赞助费、科研费、劳务费、咨询费、佣金等名义，或者以报销各种费用，或提供国内外各种名义的旅游、考察等给付财物以外其他利益的方式，向客户提供财物。

(2) 在贷款或其他业务中，接受客户提供的各种便利和好处，甚至主动向客户提出违反商业惯例的要求，以便其所在机构或个人获得额外的、不正当的利益。

为有效遏制和防范商业贿赂行为的发生，中国银行业协会专门组织起草了《中国银行业反商业贿赂承诺》和《中国银行业反不正当竞争公约》，并在专业人员职业操守中要求专业人员严格遵守反商业贿赂的有关规则。

考虑到商业活动中，收送一些价值不高、目的明确且符合商业惯例的礼物是难以避免的，《银行业专业人员职业操守》力图通过一些原则性的规定，界定正当礼物收送行为与不当礼物收送行为，为正当的礼物收送行为提供行为指引。

16. 娱乐及便利

银行业专业人员邀请客户或应客户邀请进行娱乐活动或提供交通工具、旅行等其他方面的便利时应当遵循以下原则：

(1) 属于政策法规允许的范围以内，并且在第三方看来，这些活动属于行业惯例。

(2) 不会让接受人因此产生对交易的义务感。

(3) 根据行业惯例，这些娱乐活动不显得频繁，且价值在政策法规和所在机构允许的范围以内。

(4) 这些活动一旦被公开将不至于影响所在机构的声誉。

这里所述虽与反对商业贿赂的规定有较为密切的联系，但对银行业专业人员的行为举止等方面也提出了要求，要求专业人员妥善处理娱乐活动及所提供的其他利益，避免参与一些不健康、不利于其所在机构声誉的娱乐活动，避免一些有损于其职业形象的行为举止。同时，也要求专业人员避免通过娱乐活动进行不正当竞争的行为。

商业活动中正当的娱乐活动是必要的。

17. 客户投诉

银行业专业人员应当耐心、礼貌、认真处理客户的投诉，并遵循以下原则：

(1) 坚持客户至上、客观公正原则，不轻慢任何投诉和建议。

(2) 所在机构有明确的客户投诉反馈时限，应当在反馈时限内答复客户。

(3) 所在机构没有明确的投诉反馈时限，应当遵循行业惯例或口头承诺的时限向客户反馈情况。

(4) 在投诉反馈时限内无法拿出意见，应当在反馈时限内告知客户现在投诉处理的情况，并提前告知下一个反馈时限。

银行业专业人员应坚持服务客户的理念，妥善处理客户投诉。妥善处理客户投诉不仅有利于提升银行的形象，也促使银行提升服务质量，发现管理漏洞。

9.2.2 银行业专业人员与所在机构

1. 忠于职守

银行业专业人员应当自觉遵守法律法规、行业自律规范和所在机构的各种规章制度。保护所在机构的商业秘密、知识产权和专有技术，自觉维护所在机构的形象和声誉。

员工应当忠诚于自己的职守，这是职业操守最核心的内容之一。银行业专业人员对自己所在机构，应当做到恪尽职守、勤勉尽责。

首先，银行业专业人员应自觉遵守法律法规。其次，银行业专业人员应遵守银行业协会制定的行业自律性规范。近年来，中国银行业协会陆续出台了《中国银行业自律公约》、《中国银行业维权公约》、《中国银行业文明服务公约》、《中国银行业反不正当竞争公约》、《中国银行业专业人员流动公约》、《中国银行业专业人员道德行为公约》六大公约以及《中国银行业反商业贿赂承诺》。今后，在行业自律管理过程中，银行业协会将起到越来越重要的作用。最后，银行业专业人员应当遵守所在机构的各种规章制度。银行业专业人员忠于职守的最直接的体现就是服从所在机构的管理，遵守所在机构的各种规章制度，符合岗位要求。

所在机构的商业秘密、知识产权和专有技术是其长年经营管理经验的积累，尤其投入巨大的财力、智力研究开发出来的产品和方法等，是其在市场竞争中的制胜法宝。从某种意义上讲，所在机构的这些无形资产与其生存和发展息息相关，若稍有不慎，致使这些无形资产被泄露和窃取，都会给所在机构造成无法挽回的损失。银行业专业人员应当遵守所在机构的相关管理规定，自觉地保守所在机构的商业秘密、知识产权和专有技术秘密，维护所在机构利益。

所在机构的形象和声誉也是其至关重要的无形资产。银行业专业人员应当维护所在机构的形象和声誉，不在公共场所发表与身份不符的有损本机构的言论。同时，在他人损害自己所在机构形象和声誉时，也应坚决制止，重大情况应当及时报告所在机构，以对相关事实予以澄清。

2. 争议处理

银行业专业人员对所在机构的纪律处分有异议时，应当按照正常渠道反映和申诉。

银行业专业人员受到纪律处分时寻求法律救济手段有专门规定。当银行业专业人员对受到所在机构给予的警告、降薪、扣发奖金、降职、撤职、开除、辞退等内部纪律处分有异议时，应当按照正常渠道反映、解决，不造谣滋事，不诋毁诽谤，不进行人身攻击，同时，尽量避免滥用诉权。

目前，专门针对单位内部纪律处分的法律救济手段尚无明确规定，通常的做法是参照行政处分的相关救济性规定。受到行政处分的国家工作人员不能提起行政复议或行政诉讼，只能通过申诉的途径解决。

银行业专业人员不服所在机构的纪律处分时，应首先通过内部调解，向上一级主管部门反映问题，经口头或书面申诉等正常渠道妥善处理，不能捏造事实、造谣生事、对有关领导进行打击报复，更不能采取侮辱诽谤、人身攻击等极端手段激化矛盾。否则，不但不利于维护正当的法律救济权利，反而可能因为行为过激而触犯法律，承担相应的法律责任。

因被所在机构开除、除名、辞退或因工资、福利发生的争议，在内部调解不成的情况下，专业人员也可以向专门的劳动争议仲裁委员会申请仲裁。当事人对仲裁裁决不服的，自收到裁决书之日起十五日内，可以向人民法院起诉；期满不起诉的，裁决书即发生法律效力。

3. 兼职

银行业专业人员应当遵守法律法规以及所在机构有关兼职的规定。在允许的兼职范围内，应当妥善处理兼职岗位与本职工作之间的关系，不得利用兼职岗位为本人、本职机构或利用本职工作为本人、兼职机构谋取不当利益。

一般而言，银行业专业人员在本机构内部兼任职务，或在非营利性组织，如银行业协会、慈善基金会，或学术团体，如金融学会、法学会中兼任职务并不取得报酬的情况下的兼职是允许的。但应向所在机构披露兼职情况。如兼任职位过多，甚至影响本职工作就不甚妥当。因此，银行业专业人员要妥善处理好本职和兼职的关系，尽量不在工作时间处理兼职事宜，如确有必要在工作时间参加一些社会活动，应向所在机构请假。即便在进行充分披露且不影响工作的情况下进行兼职活动，也应避免利益冲突和利益输送。

利益冲突是指本职岗位和兼职岗位存在竞争关系，顾及一方利益便会损害另一方利益。利益输送是指利用本职岗位为本人或兼职单位谋利，或者利用兼职岗位为本人或本职单位谋利。

4. 爱护机构财产

银行业专业人员应当妥善保护和使用所在机构财产，遵守工作场所安全保障制度，保护所在机构财产，合理、有效运用所在机构财产，不得将公共财产用于个人用途，禁止以任何方式损害、浪费、侵占、挪用、滥用所在机构的财产。

损坏所在机构财产将导致民事赔偿，侵占或挪用所在机构财产可能会导致违法和犯罪，受到刑事追究。因此，要合理、有效运用所在机构财产，节约成本，避免假公济私。

5. 费用报销

银行业专业人员在外出工作时应当节俭支出并诚实记录，不得向所在机构申报不实费用。

每个机构都有关于费用报销的财务制度。一般而言，员工应按照所在机构规定的标准进行业务活动支出，如某项支出没有规定标准，也应本着节俭的精神谨慎支出，节约开销。此外，要将个人额外支出与公务支出进行区分，不能混淆，更不能做不实申报，骗取不当收益。如发生申报不实费用的情形，必然会影响该员工的诚信形象，可能会导致所在机构的索赔或提起不当得利之诉。

目前，一些银行业金融机构公务卡的推广和使用，起到了节约公差成本、防止员工舞弊的积极作用。但是，很多单位不愿在审核员工差旅等费用支出的环节上多费工夫。据实报销业务活动费用，更多的还要靠专业人员的自觉行为和良好的职业操守。

6. 电子设备使用

银行业专业人员应当遵守法律法规及所在机构关于电子信息技术设备使用的规定以及有关安全规定，并做到：

(1) 按照有关规定安装使用各类安全防护系统，不在电子设备上安装盗版软件和其他未经安全检测的软件；

(2) 不利用本机构的电子信息技术设备浏览不健康网页，下载不安全的、有害于本机构信息设备的软件；

(3) 不实施其他有害于本机构电子信息技术设备的行为。

随着电子信息技术的发展，银行业务处理越来越依赖于电子信息技术手段，电子设备安全使用问题也越来越重要。所在机构电子设备的使用，不仅事关工作效率，还极有可能涉及所在机构声誉、电子信息安全等严重问题。如在办公设备上安装盗版软件，可能引起知识产权保护纠纷；下载、安装未经安全检测的软件，极有可能为黑客攻击本机构系统提供方便或染上病毒，造成办公系统瘫痪或电子信息失密，为所在机构带来损失。因此，几乎所有的银行业金融机构都对电子设备安全使用作出了明确、严格的规定。

按照法律法规和所在机构规定安全使用电子信息技术设备，是银行业专业人员应当具备的职业操守。

7. 媒体采访

银行业专业人员应当遵守所在机构关于接受媒体采访的规定，不擅自代表所在机构接受新闻媒体采访，或擅自代表所在机构对外发布信息。

良好的社会声誉是银行最重要的无形资产，一旦银行声誉受到质疑，或丧失了社会公众的信任，就可能产生声誉风险，进而带来严重损失。在日常社会经济生活中，银行时刻被报纸、电视、网站等媒体关注和报道，正式或非正式的媒体报道和社会传闻，都会给银行的社会形象和声誉带来较大的影响。因此，银行为了维持其良好的社会声誉或形象，除坚持稳健经营原则外，还应当积极关注、合理引导社会舆论，尽量避免由于新闻媒体的不实报道给银行声誉带来损失。

随着银行业改革的不断深化，越来越多的银行开始重视建立新闻发言人制度。通过新闻发言人发布信息，可以引导社会舆论，维护和提升银行的市场形象和社会形象。

一般而言，银行业金融机构都设有新闻宣传工作归口管理部门，都有媒体采访、信息发布等方面的规定。在此情况下，银行业专业人员应当遵守所在机构相关规定，未经允许和授权，不得接受媒体采访或对媒体发布任何有关所在机构的信息，以免自己的言论给所在机构带来危害。

8. 举报违法行为

银行业专业人员对所在机构违反法律法规、行业公约的行为，有责任予以揭露，同时有权利、义务向上级机构或所在机构的监督管理部门直至国家司法机关举报。

银行业专业人员，举报所在机构的违法行为，是良好的职业操守所要求的，也是成熟、开放的合规文化所应当包含的重要内容。如所在机构发生了违反法律法规的行为，专业人员应予以揭露并及时向其上级机构、行业自律组织、监管机构或司法机关进行举报。对于举报者，相关机构应予以保密和奖励。

9. 离职

银行业专业人员离职时，应当按照规定妥善交接工作，不得擅自带走所在机构的财物、工作资料和客户资源。在离职后，仍应恪守诚信，保守原所在机构的商业秘密和客户隐私。

银行业专业人员在离职交接时应注意的事项有详细规定。银行业专业人员在离职时，应按所在机构有关规定办理离职交接。一般而言，离职交接程序与入职、在岗相关程序规定是同等严格的。离职一般要填写专门的员工离职交接表，并需经过有关部门的审核。

(1) 离职员工到人事部领取表格后去相关部门交接签字。

(2) 交接完毕后核对无误由员工本人签字确认。

(3) 最后将表格返回人事部，由人事部归档保存，手续未办理完结不予结算工资。

拟离职的银行业专业人员首先应在所在部门交接完工作，归还相关办公物品；然后在人事部门废止劳动合同；最后在财务部门办理欠费归还以及工资结算后方可离开所在机构。目前，许多国内外机构均规定，如员工不办理离职手续，则不予结算薪资或不办理“四金”归还手续。在国外，一些机构对不按规定办理离职手续的员工，有时甚至不为其出具离职证明，使其无法重新就业。

银行业专业人员离职后的行为，在很大程度上反映着个人的职业素质和诚信度，对塑造个人良好职业形象和维护良好的人际关系影响非常大。目前，国内银行业竞争日益加剧，营销渠道、客户资源、技术成果等无疑是最为重要的“相对竞争力”。个别银行业专业人员出于自身的考虑，可能在离职时从原所在机构带走一些工作资料和客户资源，以期在新的工作岗位中能为己所用，达到事半功倍的效果。然而，从职业操守的要求来看，携带工作资料和客户资源到其他机构就职，无疑会侵害原所在机构的商业秘密，危及原所在机构的利益，并不是一个具备良好职业操守的专业人员应有的行为。

目前，虽然依照国内法律法规的规定，专业人员离职后保守原所在机构的商业秘密、客户隐私不是法律上或合同方面的义务。但是，银行业专业人员应当坚守职业操守底线，保守原所在机构的商业秘密和客户隐私，不得随便向现所在机构或第三方泄露。

项目案例

某银行柜员对客户的投诉表现出不耐烦甚至反感，明显采取压制、拖延、推诿的做法，且不及时向有关部门反馈投诉，不主动向客户说明情况，利用金融机构的优势地位压制客户投诉。请结合本案例说明柜员和客户往来中都要注意哪些事项。

案例分析：

(1) 本案例中，柜员行为存在明显不妥，对其所在机构将产生不利影响，有损于银行的形象，且容易使投诉最终转化为纠纷，甚至诉讼。柜员在和客户往来中还应该注意以下行为：

① 以明示或暗示方式向客户提供规避法律、法规规定的建议。

② 明知所经办的业务是为了逃避监管规定或规避法律、法规禁止性规定，但仍不按照内部流程进行必要的报告，默许甚至提供协助。

③ 出于私情，向亲朋好友提供规避监管规定的意见和建议，并利用其所在机构的资源，为这些行为提供方便。

(2) 专业人员还应注意以下明显违反了规定的行为：

① 向与业务无关人或其他组织，包括向其所在机构同事透露客户的个人信息，如婚姻状况、家庭住址、电话号码、身份证号码、财产、住房以及其他客户不愿让他人知晓的信息。

② 出于好奇或其他目的向其他同事打听客户的个人信息和交易信息。

③ 不妥善保管或销毁填有客户信息的单据、凭证、开户申请书或交易指令等，如将这些书面材料随意扔在废纸篓里，或将这些资料再度用作打印纸，使得无关人员有机会接触到客户的个人信息。

④ 将客户信息用于未经客户许可的其他目的，如客户提供其个人信息的初衷是为了在银行开立存款账户，但一些专业人员在未经客户允许的情况下，将客户有关信息提供给保险公司或其他公司用于营销其他产品。

(3) 专业人员还要注意以下存在明显不当的行为，这些行为有时还会给个人带来行政或刑事上的责任：

① 不执行向关系人发放贷款的有关限制性规定，违规向关系人发放优于一般交易的贷款，或以优于一般交易的条件与关系人达成交易。

② 不按照法律法规和监管规则的要求，执行回避制度，在存在利益冲突时不作任何披露而参与业务经营决策或交易处理。

③ 不当利用朋友关系、亲属关系或同事关系，向客户推销不适合的产品和服务。

④ 利用在银行工作的优势，在没有明确的内部优惠政策的情况下，以明显优于其他普通金融消费者的条件购买本机构销售的产品或提供的服务。

⑤ 利用在银行工作的优势，以明显优于其他普通金融消费者的条件为亲属或朋友等提供金融产品，损害所在机构的利益。

⑥ 同时承担着其他社会职务或在其他机构兼职工作的银行业专业人员，利用其在银行工作的便利为其他机构获取优于一般消费者的利益，或有利用其在其他机构兼职的便利，为所在机构获得明显不适当的利益。

前述6种行为明显违反了诚实信用、守法合规的职业操守准则。

由于各银行机构对于利益冲突的处理有较为复杂的规则，专业人员在无法确知自己的行为是否属于利益冲突或对如何处理利益冲突存有疑问时，应该按照内部规定向上级主管报告，寻求内部专业支持。

(4) 在日常工作和生活中，银行业专业人员更应恪守以下有关内幕信息和内幕交易的禁止性规定：

① 不在不当时间和地点谈论工作话题。

② 不以明示或暗示的方式向不应该知道该项信息的内部人员提及内幕信息。

③ 不违反有关规定，将内部信息以明示或暗示的方式告知自己的亲友。

④ 按照内部秘密信息保管规定妥善保管涉及内幕信息的文件和电子文档。

⑤ 不得采取匿名、假名或委托他人利用内幕信息进行内幕交易，为自己谋取不当利益。

(5) 银行业专业人员必须警惕，下列行为不仅会给其所在机构带来合规风险，也会给个人的职业生涯带来不利的影响：

① 不按照法律、法规规定审核客户身份证件，或为客户开立假名、匿名账户。

② 不按照内部规章管理规定妥善整理、保管客户身份资料和交易资料。

③ 将所报告的大额交易或可疑交易信息透露给无关人员。

④ 拒绝协助反洗钱调查机构的依法调查行为，拒绝提供、隐匿、伪造、变造客户信息或拒绝执行有权对客户信息进行查询、对客户资产进行冻结和扣划的国家机关发出的账户冻结通知或裁定。

⑤ 在发现可疑交易或大额交易时，不及时按照内部规定进行汇报。

(6) 银行业专业人员的下述做法明显不妥：

① 因个人利益驱动，着力推荐对自己业绩或奖金有利的产品，却忽视客户的需要。

② 仅介绍产品或服务的有利之处，对不利于客户的地方刻意隐瞒。

③ 不以足以引起客户注意的方式提示免责条款。

④ 对客户提出的问题闪烁其词，刻意回避或提供虚假信息。

注意事项：

(1) 在代理销售产品的过程中，以下行为严重损害了消费者的知情权，也损害了专业人员所在机构的声誉，属于严重违反银行业专业人员职业道德的行为。

① 利用消费者的误解，追求被代理销售的产品的销量。很多金融消费者往往认为在银行网点销售的产品就是银行自担风险的产品，而一些金融专业人员则利用这种误解，实现产品的销售。

② 对产品的性质、法律关系、被代理人的名称及其责任、所在机构的责任等含糊其辞，或用不易被人注意的方式体现在销售合约或广告中，使消费者无法获得足够信息。

③ 在合约中，或在向客户介绍产品时，用晦涩或专业性很强的语言描述产品。使客户无法准确判断产品的特性。

④ 利用消费者对银行的信任，夸大产品的收益性或对产品的收益性进行合约以外的承诺。

(2) 银行业专业人员以下行为有损于银行的形象，且容易使投诉最终转化为纠纷，甚至诉讼：

① 对客户的投诉表现出反感或不耐烦。

② 采取压制、拖延、推诿的做法，不及时向有关部门反馈投诉。

③ 不及时将所在机构的处理意见告知客户。

④ 不告知客户所在机构处理客户投诉部门的联络方式，人为设置客户投诉的障碍。

⑤ 对所在机构明显有失妥当的做法不积极补救或不主动向客户说明情况。

⑥ 利用金融机构的优势地位压制客户投诉。

讨论与思考题

1. 简述银行业专业人员的职业规范？
2. 银行业专业人员和客户往来有哪些要求？
3. 银行业专业人员和机构关系有哪些要求？

附　录

附录 1　储汇业务员职业高级技师考评方案

1. 考评内容

储汇业务员职业高级技师考评内容包括理论知识考试、职业能力考核、工作业绩评定和职业道德评价四项。

2. 理论知识考试

(1) 考核内容：邮政通信特有职业技能鉴定指定教材的全部内容。其中各章修改、补充的具体内容，将在中国邮政网络培训学院技能鉴定分院的“职鉴资源与服务”板块“职鉴培训教材”里的“教材更新”中适时公布。

(2) 试题类型：单选题和多选题各 40 题，判断题 20 题，每题 0.5 分；填空题 22 题，每题 1 分；简答题 4 题，每题 4 分；论述题 2 题，每题 6 分；共计 100 分。考试试题从邮政企业职业技能鉴定和考评题库中按高级技师标准抽取(请于 7 月 15 日后登录中国邮政网络培训学院技能鉴定分院，在邮政储汇业务员职业高级技师考评专栏，查看提供的两套模拟试题)。

(3) 考核方式：采用闭卷笔试的方式。

(4) 考核时间：120 分钟。

3. 职业能力考核

职业能力考核包括操作技能考核和论文答辩两部分。

1) 操作技能考核

重点考核报考人员执行操作规程、解决生产问题和完成工作任务等方面的实际工作能力，包括六个考核项目，即处理储汇业务、息费计算、疑难问题解答、模拟授课、计算机操作、业务英语，共计 100 分。

(1) 处理储汇业务。

① 考核内容：根据试卷试题内容，逐笔办理储汇业务 15 笔。其中：储蓄业务 12 笔，包括基本业务(开户、存款、取款、定活互转、约定转账定制、子账户移出/移入、存款证明)、特殊业务(取消、冲正、挂失、止付/解止付、冻结/解冻结、轮候冻结、账户信息修改、扣划、查询、证件修改)；国内汇兑业务 3 笔，包括收汇(按址汇款、密码汇款、网汇 e、商务汇款、入账汇款、预约账户汇款)，特殊、附加业务(挂失/撤销挂失、收汇信息更正、冲正、

改汇、退汇、止付/解止付、冻结/解冻结、扣划、短信业务)。

② 考核方式：使用邮政储蓄逻辑大集中系统、邮政汇兑大集中系统，按给定的顺序和要求进行操作处理。

③ 考核时间：20 分钟。

(2) 息费计算。

① 考核内容：根据试卷试题内容要求，计算 6 道计算题，包括定期存款、活期存款、定活两便存款、个人通知存款的利息计算，理财类业务(含个人人民币理财、基金、保险、国债)的费用、收益计算，信用卡相关利息、费用的计算等。

② 考核方式：采用笔试方式。

③ 考核时间：15 分钟。

(3) 疑难问题解答。

① 考核内容：根据抽取的试卷，逐题解答 3 道疑难问题，内容包括风险合规、柜面业务(电子银行、理财类、信用卡等)及储汇业务制度变化内容、业务的特殊处理、储汇业务服务礼仪、投诉处理、安全防范，以及计算机设备、辅助设备的使用、维护、保养和一般故障的处理等知识。

② 考核方式：采用口试方式。

③ 考核时间：15 分钟。

(4) 模拟授课。

① 考核内容：根据抽取的题目内容进行模拟授课。题目内容从指定教材(含修改、补充内容)专业知识中拟定。

② 考核方式：采用口授和板书相结合的方式。

③ 考核时间：15 分钟。

(5) 计算机操作。

① 考核内容：根据试卷题目内容，进行 Windows、WPS 文字、WPS 表格和 WPS 演示文稿的操作。

② 考核方式：使用邮政专用计算机操作考试系统，采用上机操作的方式。

③ 考核时间：50 分钟。

(6) 业务英语。

① 考核内容：根据播放录音中的问句内容，当场用英语逐题回答，问题内容为指定教材相关知识。

② 考核方式：采用口试的方式。

③ 考核时间：6 分钟。

2) 论文答辩

(1) 撰写要求：主要围绕邮政储汇业务管理、业务发展、流程优化、关键技术革新等内容，撰写能够反映本人业务水平的论文，包括封面、摘要、正文(不少于 3000 字)、参考文献等。

(2) 答辩要求：考评组根据论文内容提出 3～5 个问题，报考人员现场回答。要求问题回答有理有据，知识运用自如，举例恰当。

(3) 所占分值：论文答辩共100分，其中撰写环节40分，答辩环节60分。

(4) 答辩时间：10分钟。

4. 工作业绩评定

重点评定报考人员在工作中取得的业绩和成果，工作效率和完成的工作质量，现场解决技术问题以及技术改造和革新等方面的情况，传授技艺、培养指导徒弟等方面的成绩。

工作业绩评定共计100分，采取基层单位评议和上级单位评价相结合的方式进行。

5. 职业道德评价

重点评价报考人员遵守国家法律法规和企业规章制度、工作责任心和积极性、岗位之间团结协作的能力。

职业道德评价共计100分，采取基层单位评议和上级单位评价相结合的方式进行。

6. 成绩评定

1) 各项成绩

理论知识考试和职业能力考核由专业考评组负责；工作业绩评定和职业道德评价由考评工作委员会统一组织，参照各地市分公司、地市分行的初评结果和本人申报材料进行考评。四个项目成绩均实行百分制，全部达到60分及以上者为合格。

(1) 理论知识考试。

理论知识考试根据标准答案对试卷进行评判。

(2) 职业能力考核。

职业能力考核成绩 = 操作技能考核成绩 × 80% + 论文答辩成绩 × 20%。操作技能考核成绩和论文答辩成绩必须都达到60分及以上，否则视为职业能力考核不合格。

操作技能考核：各操作项目根据评分标准，以报考人员考核内容完成情况、“现场记录及评分表”为依据进行评判，最多扣分为所占的鉴定分值。操作技能考核成绩为各操作项目得分之和，但若某一操作考核项目的单项得分为零则为不合格。

论文答辩：依据论文质量和回答问题情况进行评判。

(3) 工作业绩评定和职业道德评价。

工作业绩评定和职业道德评价最终成绩由考评工作委员会根据初评结果和本人申报材料确定。

2) 评定成绩

理论知识考试和职业能力考核两项成绩综合平衡后确定，即按两项成绩中较低的成绩确定档次，60分以下为不合格，60～79分为合格，80～89分为良好，90～100分为优秀。

3) 综合评审成绩

工作业绩评定和职业道德评价两项成绩综合平衡后确定综合评审成绩，即综合评审成绩 = 工作业绩评定成绩 × 70% + 职业道德评价成绩 × 30%。评定成绩不合格者，不能参加综合评审。

附录 2　储汇业务员职业高级技师技能鉴定规范

一、处理储汇业务

考核内容：

根据给出的试题内容，在储蓄逻辑大集中系统、汇兑大集中系统中逐笔办理储汇业务15笔：

1．录入交易代码。

2．录入交易信息。

3．打印单据。

4．加盖章戳。

时限：20分钟。

质量要求：

1．按试题顺序办理业务，不得集中加盖章戳(即所完成的全部业务一次性加盖章戳)。

2．准确录入交易代码、交易信息。

3．系统无需打印单据的，用A4纸打印屏幕显示的内容或按规定方式打印，其他交易根据系统提示打印相应单据；可允许补打(原单式应加盖“作废”戳记，与补打后单式合放)。

(1) 储蓄业务。

① 开户：打印存单/存折，个人账户申请书；

② 存款/取款：打印存款/取款凭单、利息清单、存单/存折；

③ 挂失：打印挂失申请书、手续费收据；

④ 取消、冲正、账户信息修改、证件修改：打印修改分户账通知单；

⑤ 定活互转：打印通用凭证，利息清单；

⑥ 查询：使用A4纸打印查询结果；

⑦ 子账户移出/移入、止付/解止付、冻结/解冻结、轮候冻结、扣划、约定转账定制：打印通用凭证；

⑧ 存款证明：打印个人存款证明书、手续费收据。

(2) 汇兑业务。

① 收汇业务：按址汇款、密码汇款打印汇款单，网汇e打印网上支付汇款单，入账汇款打印入账汇款凭单，预约账户汇款打印预约转账申请书；

② 特殊业务：打印特殊事项申请书或通用凭证；

③ 附加业务：打印短信业务申请书或通用凭证；

4．在各类单据规定位置加盖章戳，章戳应端正、清晰(戳记边缘完整，文字可辨认)，不得错盖(允许补盖一次，且用笔划“×”注销原章戳)、漏盖。

5．在规定时限内完成，不允许超时。

评分标准：

在规定时限内按质量要求完成，该项目得满分，具体扣分要求如下：

1．未按题顺序办理业务，扣 10 分；集中加盖章戳，扣 10 分。

2．漏处理或未完成处理的业务，每笔扣 1 分；需打印屏幕显示的交易，若未提交即打印，按未完成处理。

3．录入信息。

(1) 储蓄业务：错误录入户名、金额、存期、业务种类、业务类别、证件类别、证件号码、账户性质中任一项，每笔扣 1 分；错、漏录入其他信息任一项，每笔扣 0.5 分。

(2) 汇兑业务：错误录入收款人姓名、邮政编码、地址、汇款金额中任一项，每笔扣 1 分；错、漏录入其他信息任一项，每笔扣 0.5 分。

4．打印单式。

(1) 错用或未打印存单、存折，每笔扣 1 分；错用或未打印业务单式，每笔扣 0.5 分；补打正确不扣分。

(2) 打印项目不全的，每笔扣 0.25 分。

5．对同一账户/汇款的连续操作，前次操作的错误项，后续不再重复扣分。

6．错、漏加盖章戳，每笔扣 0.5 分；章戳倾斜超过 45°、章戳不清晰，每笔扣 0.25 分；每笔业务章戳最多扣 0.5 分；补盖正确不扣分。

7. 最后一笔业务完成业务项输入但未开始单式打印，视同该笔业务未办理；最后一笔业务完成业务项输入但未全部完成单式打印且输入项正确的，该笔业务最多扣 0.5 分(含章戳扣分)。

8．每笔业务最多扣 1 分。

考件制作要求：

1．设备和环境：

(1) 使用中国邮政储蓄逻辑大集中系统定版环境、汇兑大集中系统环境(包括终端、刷卡器、密码键盘、打印机)。

(2) 桌式操作台席(含椅子)1 套，在操作台席上明示网点机构号、柜员号(含柜员 1 个，营业主管 1 个，支行(局)长 1 个)及相应密码、所使用的对应尾箱。

2．模拟考件：

(1) 制作含有 15 笔业务的纸质试卷 1 份，具体要求如下：

① 储蓄业务 12 笔：基本业务 5 笔(业务范围为开户、存款、取款、定活互转、约定转账定制、子账户移出/移入、存款证明)；特殊业务 7 笔(业务范围为取消、冲正、挂失、止付/解止付、冻结/解冻结、轮候冻结、账户信息修改、扣划、查询、证件修改)。

② 汇兑业务 3 笔：收汇(业务范围为按址汇款、密码汇款、网汇 e、商务汇款、入账汇款、预约账户汇款)；特殊、附加业务(业务范围为挂失/撤销挂失、收汇信息更正、冲正、改汇、退汇、止付/解止付、冻结/解冻结、扣划、短信业务)。

(2) 制作评分表 1 份，包括考生信息和考核栏目(如录入交易代码、录入交易信息、打印单据、盖章等)及扣分情况。

3．业务单式：

储蓄业务单式：

(1) 中国邮政储蓄银行个人账户申请书(储 1105A)；

(2) 中国邮政储蓄银行存款凭单(储 1102)；

(3) 中国邮政储蓄银行取款凭单(储 1103)；

(4) 中国邮政储蓄银行挂失申请书(储 1112)；

(5) 中国邮政储蓄银行手续费收据(储 1108)；

(6) 中国邮政储蓄银行通用凭证(储 1115)；

(7) 中国邮政储蓄银行修改分户账通知单(储 1116)；

(8) 中国邮政储蓄银行利息清单(储 1107)。

汇兑业务单式：

(1) 中国邮政储蓄银行汇款单(PB 汇 01)；

(2) 中国邮政储蓄银行网上支付汇款单(PB 汇 02)；

(3) 中国邮政储蓄银行入账汇款凭单(汇 02)；

(4) 中国邮政储蓄银行预约转账申请书(储 1123)；

(5) 中国邮政储蓄银行通用凭证(储 1115)；

(6) 中国邮政汇款短信业务申请书(汇业 021)；

(7) 中国邮政储蓄银行汇款特殊事项申请书(PB 汇 05)；

(8) 中国邮政储蓄银行取款通知单。

4．用品用具：

(1) 卡、存单、存折、个人存款证明书若干，红色印台、信封、胶垫各 1 个，章戳(业务章、作废戳等)、A4 纸若干。

(2) 记时器 1 块。

(3) 考生自备名章、蓝色或黑色签字笔(圆珠笔、钢笔)。

鉴定分值：15 分。

备注：

1．考生进入考场，在考核前准备的内容包含：

(1) 登录储蓄、汇兑系统，完成柜员签到；

(2) 在储蓄系统中查询存单、存折最小凭证印刷号。

2．考生办理储汇业务时：

(1) 无需审单、点收点付现金，不做联网核查；

(2) 实际工作中多联打印的单据，只需打印 1 联；

(3) 存单、存折类取消业务以“修改分户账通知单”和存单、存折上打印内容进行评分；

(4) 停止操作指令发出后，打印机正在打印的可继续，但不可加盖章戳。

二、息费计算

考核内容：

计算存款利息、理财类业务费用收益及信用卡息费，共 6 题。

时限：15 分钟。

质量要求：

1．根据试题，列出计算公式，计算结果正确。

2．书写清楚规范。

3．在规定时限内完成，不允许超时。

评分标准：

在规定时限内按质量要求完成，该项目得满分，具体扣分要求如下：

1．有计算公式：

(1) 公式为分步列式的：错、漏其中某一分步列式或该步计算结果，按每题分配的分步列式分值扣分。

(2) 公式为综合列式的：综合列式正确但答案错误，此题扣除一半分值；综合列式错误，此题不得分。

2．无计算公式，只有正确计算结果，此题不得分。

3．字迹书写不清，无法判断其含义，按错误评判。

考件制作要求：

1．模拟考件：

(1) 制作纸质试卷 1 份，范围为：存款(含定期存款、活期存款、定活两便存款、个人通知存款)的利息计算，理财类业务(含个人人民币理财、基金、保险、国债)的费用、收益计算，信用卡相关利息、费用的计算等；每道计算题应标明总分。

(2) 列出每道计算题的分值。

2．用品用具：

(1) 计时器 1 块。

(2) A4 纸。

(3) 考生自备计算器(含理财专用计算器)、蓝色或黑色签字笔(圆珠笔、钢笔)。

鉴定分值：15 分。

备注：

采用笔试方式。

三、疑难问题解答

考核内容：

根据抽取的试题逐题解答。

时限：15 分钟。

质量要求：

1．仪表(包括着装、肢体语言等)得体大方。

2．回答使用普通话，语言表达流畅、口齿清晰、语速适中。

3．问题解答要点准确，思路清晰，逻辑严谨。

4．在规定时限内完成，不允许超时。

评分标准：

在规定时限内按质量要求完成，该项目得满分，具体扣分要求如下：

1. 着装不洁，过于拘谨，每一情况扣 0.5 分；此项最多扣 1 分。

2. 未使用普通话、语言不流畅、语速过快、口齿不清，每处扣 0.5 分；此项最多扣 2 分。

3. 思路不清、逻辑不严谨，每题扣 2 分；问题解答要点不完整、不准确，根据设计要点分值扣分；每题分数扣完为止。此项最多扣 25 分。

考件制作要求：

1. 设备和环境：录音笔 1 个。

2. 模拟考件：

(1) 制作纸质试卷 5 份，具体要求如下：

① 每份试卷包括难度较大的试题 1 道，难度中等的试题 1 道，难度一般的试题 1 道；

② 试题范围为受理各类邮政储汇业务时遇到的疑难问题，包括风险合规、柜面业务(电子银行、理财类、信用卡等)及储汇业务制度变化内容、业务的特殊处理、储汇业务服务礼仪、投诉处理、安全防范及计算机设备、辅助设备的使用、维护、保养和一般故障的处理等知识。

(2) 根据每个疑难问题内容，设计要点分值。

(3) 制作评分表 1 份，包括考生信息、试卷号码和考核栏目(如仪表、语言表达、问题解答等)及扣分情况。

3. 用品用具：

(1) A4 纸若干。

(2) 计时器 1 块。

(3) 考生自备蓝色或黑色签字笔(圆珠笔、钢笔)。

鉴定分值：25 分。

备注：

1. 考生进入考场随机抽取 1 份试卷后准备 2 分钟。

2. 考生可以自由选择答题顺序，每题回答完毕后需说“完毕”，不得补充。

3. 考评组成员不得少于 3 人，考生得分取考评人员平均分。

4. 可对考生现场回答问题的情况进行录音，保留资料。

四、模拟授课

考核内容：

按照抽取的题目内容授课。

时限：15 分钟。

质量要求：

1. 仪表(包括着装、肢体语言等)得体大方。

2. 授课时使用普通话，语言流畅，语速适中，语调抑扬顿挫，与听众有表情交流。

3. 授课时应注重讲解，避免背、念授课内容。

4. 板书规范：授课标题、内容层次清晰，字迹工整、无错别字。

5. 授课环节(包括课程导入、授课内容、课程总结)完整、恰当。

6. 授课内容：围绕授课题目，符合业务规定，条理清晰，重点突出，全面无遗漏。

7. 结合实例说明业务规定的应用及相关注意事项。

评分标准：

在规定时限 2 分钟前后按照质量要求完成，该项目得满分，具体扣分要求如下：

1．着装不整洁，过于拘谨，每一情况扣 0.5 分；此项最多扣 1 分。

2．未使用普通话，语言不流畅、不连贯，语速过快，声音过小，语调平淡等，每一情况扣 0.5 分；此项最多扣 2 分。

3．授课时不注重讲解，背、念授课内容，酌情扣 1～2 分。

4．板书没有授课标题、段落标题，字迹不工整、有错别字，每处扣 0.5 分；此项最多扣 3 分。

5．授课环节不完整，每个环节扣 1 分；课程导入、课程总结不恰当，每一情况扣 0.5 分。此项最多扣 3 分。

6．授课内容与题目无关，扣 25 分。

7．授课时，内容表述不完整，每点扣 1 分，最多扣 3 分；内容讲解有差错，每处扣 1 分，最多扣 3 分；条理不清晰、重点不突出，酌情扣 1～3 分。

8．未结合实际，扣 3 分；举例不恰当，酌情扣 1～2 分。

9．授课时间不足 10 分钟，扣 2 分；授课时间超过 10 分钟但不足 13 分钟，扣 1 分；讲完题目相关内容后，为凑时间而讲述与题目无关内容，酌情扣 1～3 分。

考件制作要求：

1．模拟考件：

(1) 从指定教材专业知识中设计授课题目 10 道。

(2) 制作评分表 1 份，包括考生信息、授课题目号码和考核栏目(如仪表、语言表达、板书、授课环节、授课内容、授课时间等)及扣分情况。

2．用品用具：

(1) 白板 1 块、板擦 1 块，白板笔、彩笔、空白 A4 纸若干。

(2) 计时器 1 块。

(3) 考生自备讲课时需要用到的资料或物品，蓝色或黑色签字笔(圆珠笔、钢笔)。

鉴定分值：25 分。

备注：

1．考前考生随机抽取 1 道，准备时间 30 分钟，可自行编写授课提纲。

2．考评组成员不得少于 3 人，考生得分取考评人员平均分。

3．在考生授课到 10 分钟和 13 分钟时，由考评人员提醒考试时间；在 17 分钟时，应停止授课。

4．可对考生模拟授课情况进行录音，保留资料。

五、计算机操作

考核内容：

在计算机上完成以下操作：

1．计算机操作系统操作：

(1) 按照要求创建文件夹并命名。

(2) 复制文件。

2．文字处理软件操作：按照要求进行文字的编辑、排版。

3．表格处理软件操作：

(1) 按照要求完成电子表格的数据处理(包括排序、筛选)。

(2) 对筛选的数据创建图表。

4．演示文稿处理软件操作：按照要求在指定模板下进行演示文稿操作。

时限：50 分钟。

质量要求：

1．计算机操作系统操作：

(1) 按照要求在指定位置创建文件夹并正确命名。

(2) 将指定文字和表格文件复制到指定位置。

2．在已经复制到指定位置的文字文件中，按照要求正确完成相关文字的替换、字体段落设置、页面设置。

3．在已经复制到指定位置的表格文件中，按照要求正确完成电子表格的排序、筛选处理，将筛选结果保存在指定工作表并进行图表创建。

4．在指定模板下根据规定版式、内容、要求，制作 5 张演示文稿，并保存在指定位置。

5．在规定时限内完成，不允许超时。

评分标准：

在规定时限内按照质量要求完成，该项目得满分，具体扣分要求如下：

1．计算机操作系统操作：

(1) 未在指定位置创建一级文件夹或文件夹名称错误，扣 2 分。

(2) 未将文字和表格文件复制到指定位置，每个文件扣 0.5 分；此项最多扣 1 分。

2．在复制的文字文件中的操作：

(1) 未按照要求将相关文字替换，每处扣 0.1 分；此项最多扣 1 分。

(2) 字体设置(包括字体、字形、字号)错误，每处扣 0.5 分；段落设置(包括缩进、行距、段间距等)错误，每处扣 0.5 分；页面设置(包括纸型或纸张大小、页边距、页眉页脚)错误，扣 0.5 分。此项最多扣 2 分。

3．在复制的表格文件中的操作：

(1) 排序错误，扣 0.5 分；筛选错误，扣 0.5 分；未在指定位置保存，扣 0.5 分。此项最多扣 1.5 分。

(2) 未创建图表，扣 2.5 分；创建图表的类型、数据区域、标题、坐标、显示图例位置、图表位置错误，每处扣 0.5 分。此项最多扣 2.5 分。

4．在演示文稿操作中，未使用指定模板，扣 0.5 分；未按照要求版式制作演示文稿，每张扣 0.2 分；未按照要求编辑每张演示文稿的内容和格式(包括放映方式、字体、字号、颜色等)，每处扣 0.2 分。此项最多扣 5 分。

考件制作要求：

1．设备和环境：

(1) 装有计算机操作系统和办公软件的计算机。

(2) 制作考试用文字和表格文件，并复制到计算机内。

2．模拟考件：

(1) 制作纸制试卷1份，具体要求如下：

① 拟定计算机操作系统操作要求，包括创建的文件夹名称、位置的要求。

② 拟定复制的文件名称和位置的要求。

③ 拟定文字文件操作内容和要求：文字文件要求有3段文字，排版文档不超过一页(包括标题、正文、表格)，表格不超过5行×6列；操作要求包括文字替换的要求，字体、段落、页面设置的要求。

④ 拟定表格文件操作内容和要求：WPS 表格文件内要求只能有一个工作表；操作要求包括数据排序、筛选的要求，创建图表(包括类型、数据区域、标题、坐标、显示图例位置、图表位置等)的要求。

⑤ 拟定演示文稿文件操作要求，包括文件名称、保存位置的要求，使用模板的要求，每张演示文稿的内容、版式、格式的要求。

(2) 制作评分表1份，包括考生信息和考核栏目(如创建文件夹、复制文件和保存文件的位置、名称，在文件中的操作等)及扣分情况。

3．用品用具：

(1) 移动硬盘1个。

(2) 考生自备蓝色或黑色签字笔(圆珠笔、钢笔)。

鉴定分值：10分。

备注：

每组考生考试结束后，考评人员应与考生确认保存位置和文件名，及时将考试结果复制到移动硬盘上，并从计算机上清除。

六、业务英语

考核内容：

根据录音的内容，当场用英语逐题回答：

1．问候语。

2．回答问题。

3．告别。

时限：6分钟。

质量要求：

1．使用英语进行对话。

2．语言表达流畅、口齿清晰。

3．回答问题正确，思路清晰，内容严谨。

4．使用恰当的问候语、告别语。

5．在规定时限内完成，不允许超时。

评分标准：

在规定时限内按质量要求完成，该项目得满分，具体扣分要求如下：

1．语言不流畅、口齿不清，每处扣0.5分。此项最多扣1分。

2．未使用英语回答问题，每题扣1分；错、漏回答，每题扣1分；回答要点不完整，每题扣0.5分。

3. 未使用恰当的问候语、告别语，各扣0.5分。

考件制作要求：

1. 设备和环境：用于播放邮政储汇业务英语情景对话的设备。

2. 模拟考件：

(1) 制作纸质试卷5份，每份试卷包括10个问题，内容为指定教材相关知识。

(2) 将每份试卷的10个问题进行录音。

(3) 根据问题内容，设计要点分值。

(4) 制作评分表1份，包括考生信息，试卷号码和考核栏目(如语言表达，回答问题，问候语、告别语等)及扣分情况。

3. 用品用具：

(1) A4纸若干。

(2) 计时器1块。

(3) 考生自备蓝色或黑色签字笔(圆珠笔、钢笔)。

鉴定分值：10分。

备注：

1. 考生进入考场随机抽取1份试卷。

2. 考评时，考评人员按试题顺序依次播放录音。

3. 每题播放1次，考生可以当题要求重播1次，每题结束，考生需说“完毕”。

4. 问候语与告别语不计在考试时间内。

5. 考评组成员不得少于3人，考生得分取考评人员平均分。

6. 可对考生回答问题情况进行录音，保留资料。

附录3　储蓄存款利率表

储种	存期	1991.4.21	1993.5.15	1993.7.11	1996.5.1	1996.8.23	1997.10.23	1998.3.25	1998.7.1	1998.12.7	1999.6.10	2002.2.21	2004.10.29	2006.8.19	2007.3.18	2007.5.19	2007.7.21	2007.8.22	2007.9.15
活期		1.80	2.16	3.15	2.97	1.98	1.71	1.71	1.44	1.44	0.99	0.72	0.72	0.72	0.72	0.72	0.81	0.81	0.81
整存整取	三个月	3.24	4.86	6.66	4.86	3.33	2.88	2.88	2.79	2.79	1.98	1.71	1.71	1.80	1.98	2.07	2.34	2.61	2.88
	半年	5.40	7.20	9.00	7.20	5.40	4.14	4.14	3.96	3.33	2.16	1.89	2.07	2.25	2.43	2.61	2.88	3.15	3.42
	一年	7.56	9.18	10.98	9.18	7.47	5.67	5.22	4.77	3.78	2.25	1.98	2.25	2.52	2.79	3.06	3.33	3.60	3.87
	二年	7.92	9.90	11.70	9.90	7.92	5.94	5.58	4.86	3.96	2.43	2.25	2.70	3.06	3.33	3.69	3.96	4.23	4.50
	三年	8.28	10.80	12.24	10.80	8.28	6.21	6.21	4.96	4.14	2.70	2.52	3.24	3.69	3.96	4.41	4.68	4.95	5.22
	五年	9.00	12.06	13.86	12.06	9.00	6.66	6.66	5.22	4.50	2.88	2.79	3.60	4.14	4.41	4.95	5.22	5.49	5.76
	八年	10.08	14.58	17.10															
零存整取	一年	6.12	7.20	9.00	7.20	5.40	4.14	4.14	3.96	3.33	1.98	1.71	1.71	1.80	1.98	2.07	2.34	2.61	2.88
	三年	6.84	9.18	10.98	9.18	7.47	5.67	5.22	4.77	3.78	2.16	1.89	2.07	2.25	2.43	2.61	2.88	3.15	3.42
	五年	7.56	10.80	12.24	10.80	8.28	6.21	6.21	4.95	4.14	2.25	1.98	2.25	2.52	2.79	3.06	3.33	3.60	3.87
通知	一天									1.80	1.35	1.08	1.08	1.08	1.08	1.08	1.17	1.17	1.17
	七天									2.34	1.89	1.60	1.62	1.62	1.62	1.62	1.71	1.71	1.71

储种	存期	2007.12.21	2008.10.9	2008.10.30	2008.11.27	2008.12.23	2010.10.20	2010.12.26	2011.2.9	2011.4.6	2011.7.7	2012.6.8	2012.7.6 基	2014.7.6 挂	2014.11.22 基	2014.11.22 挂	2014.11.22 浮		
活期		0.72	0.72	0.72	0.36	0.36	0.36	0.36	0.40	0.50	0.50	0.40	0.35	0.35	0.35	0.35			
整存整取	三个月	3.33	3.15	2.88	1.98	1.71	1.91	2.25	2.60	2.85	3.10	2.85	2.60	2.85	2.35	2.60	2.82		
	半年	3.78	3.51	3.24	2.25	1.98	2.20	2.50	2.80	3.05	3.30	3.05	2.80	3.05	2.55	2.81	3.06		
	一年	4.14	3.87	3.60	2.52	2.25	2.50	2.75	3.00	3.25	3.50	3.25	3.00	3.25	2.75	3.03	3.3		
	二年	4.68	4.41	4.14	3.06	2.79	3.25	3.55	3.90	4.15	4.40	4.10	3.75	3，75	3.35	3.50	4.02		
	三年	5.40	5.13	4.77	3.60	3.33	3.85	4.15	4.50	4.75	5.00	4.65	4.25	4.25	4.00	4.00	4.80		
	五年	5.85	5.58	5.13	3.87	3.60	4.20	4.55	5.00	5.25	5.50	5.10	4.75	4.75		4.00			
零存整取	一年	3.33	3.15	2.88	1.98	1.71	1.91	2.25	2.60	2.85	3.10	3.10	2.60	2.85	2.35	2.60			
	三年	3.78	3.51	3.24	2.25	1.98	2.20	2.50	2.80	3.05	3.30	3.15	2.80	2.90	2.55	2.81			
	五年	4.14	3.87	3.60	2.52	2.25	2.50	2.75	3.00	3.25	3.50	3.25	3.00	3.00		2.81			
通知存款	一天	1.17	1.17	1.17	0.81	0.81	0.81	0.81	0.85	0.95	0.95	0.85	0.80	0.80	0.80	0.80			
	七天	1.71	1.71	1.71	1.35	1.35	1.35	1.35	1.35	1.49	1.49	1.39	1.35	1．35	1.35	1.35			

参考文献

[1] 全国人民代表大会常务委员会. 中华人民共和国邮政法. 北京：人民邮电出版社，1999.

[2] 中国邮政集团公司. 代理营业机构业务管理制度选编. 北京：人民邮电出版社，2010.

[3] 中国邮政储蓄银行. 中国邮政储蓄银行业务制度. 北京：人民邮电出版社，2010.

[4] 中国邮政储蓄银行. 中国邮政汇兑银行业务制度. 北京：人民邮电出版社，2010.

[5] 中国邮政储蓄银行陕西分行. 中国邮政储蓄银行陕西省分行储蓄业务制度实施细则. 西安：人民邮电出版社，2013.

[6] 中国邮政集团公司. 邮政通信特有职业技能鉴定规范. 北京：人民邮电出版社，2014.

[7] 中国邮政储蓄银行. 中国邮政储蓄银行代理保险业务管理办法. 北京：人民邮电出版社，2010.

[8] 中国邮政储蓄银行. 中国邮政储蓄银行储蓄系统逻辑集中业务操作手册. 北京：人民邮电出版社，2013.

[9] 中国邮政储蓄银行. 中国邮政储蓄银行代理保险业务操作规程. 北京：人民邮电出版社，2013.

[10] 中国邮政储蓄银行. 中国邮政储蓄银行代理储蓄国债系统操作手册. 北京：人民邮电出版社，2013.

[11] 中国邮政储蓄银行. 中国邮政储蓄银行代理开放式基金业务操作手册. 北京：人民邮电出版社，2013.

[12] 中国邮政储蓄银行. 中国邮政储蓄银行代理凭证国债系统业务操作手册. 北京：人民邮电出版社，2013.

[13] 中国邮政储蓄银行. 中国邮政储蓄银行代理基金系统公共业务操作手册. 北京：人民邮电出版社，2013.

[14] 中国邮政储蓄银行. 中国邮政储蓄银行个人理财业务操作手册. 北京：人民邮电出版社，2013.

[15] 石新红. 邮政储汇业务员. 北京：人民邮电出版社，2011.

[16] 中国邮政储蓄银行陕西分行. 个金业务. 北京：人民邮电出版社，2013.